Ich selbst als Kind -

Geständnisse

Alec Waugh

Writat

Diese Ausgabe erschien im Jahr 2024

ISBN: 9789361465154

Herausgegeben von
Writat
E-Mail: info@writat.com

Inhalt

ICH

Wenn die Mehrheit der Freunde in Kensington und Bloomsbury lebt und man gerne abends Partys macht, sollte man irgendwo in der Mitte zwischen diesen beiden Extremen von Charme und Kultur wohnen. Mit jeder neuen Einladung, die ich annehme, wird mir immer klarer, dass es nichts gibt, das einen mehr davon abhält, einen Abend zu genießen, als das Wissen, dass man am Ende noch in Golders Green sein muss. Wie angenehm die Gesellschaft auch sein mag, wie überschwänglich die Gastfreundschaft auch sein mag, irgendwann muss man immer den Moment kommen, in dem man die Kosten für ein Taxi gegen den Unterhaltungswert abwägen muss, den man wahrscheinlich hat, wenn man sich nicht von den Sirenen der letzten U-Bahn stören lässt.

Es ist fünfundzwanzig Minuten nach zwölf; in dreizehn Minuten werden die Rollläden der Warren Street Station geschlossen sein. Sie erheben sich aus Ihrer bequemen Polsterung. Sie teilen Ihrer Gastgeberin mit, dass es sehr spät ist, dass Sie gerade sehr beschäftigt sind, dass Sie am nächsten Morgen früh aufstehen müssen und dass Sie wirklich das Gefühl haben, dass die Zeit gekommen ist. Aber Sie kommen selten mit Ihren Erklärungen zu Ende. „Oh, aber nein, wirklich; müssen Sie das?", sagt sie. „Sie können doch sicher noch ein wenig länger bleiben. Ich erwarte ‚so-und-so' und ‚so-und-so' jeden Moment. Sie haben mir hoch und heilig versprochen, dass sie kommen würden. Sie werden furchtbar enttäuscht sein, wenn sie feststellen, dass Sie weg sind." Ihre Eitelkeit stellt sich vor Ihre Besonnenheit. Sie erinnern sich daran, dass ein Taxi nur zehn Schilling kostet; Sie überlegen, mit welcher Geschwindigkeit, mit dem Schreiben von wie wenigen zusätzlichen Wörtern Sie diese Summe am nächsten Morgen verdienen können; Sie erinnern sich an eine Platitüde aus dem Schreibheft über ein Schiff und eine kleine Menge Teer; Sie schwanken; und egal, wie Sie sich entscheiden, irgendwann werden Sie Ihre Wahl bereuen. Wenn Sie bleiben, ist es mehr als wahrscheinlich, dass die Inhaber der angesehenen Namen, die Ihnen als Köder vor die Nase gehalten wurden, überhaupt nicht kommen werden; oder, wenn doch, werden sie erschöpft von einer vorherigen Unterhaltung ankommen und schweigend und unnahbar in einer Ecke sitzen. Es besteht eine große Wahrscheinlichkeit, dass sich herausstellt, dass der letzte Siphon leer ist. Sicherlich werden Sie um halb zwei nicht in der Stimmung sein, mit dem Taxifahrer jene Formalitäten der Zurückhaltung und des Werbens auszutauschen, die jedem aufgezwungen werden, der nördlich der Marlborough Road lebt.

Müde werden Sie zu ihm sagen: „145 North End Road". „Fulham?" wird seine Antwort sein. „Golders Green", werden Sie ihn anfahren. „Oh, Sir!"

und er wird Ihnen sagen, wie spät es ist, wie kalt es ihm ist und dass er zurück nach Balham oder Brixton oder Upper Clapton muss. Eines Tages werde ich wohl „Fulham" sagen, nur aus Freude daran, zu erfahren, dass man in Barnet oder Finchley oder St. Albans Taxis mit Taxameter parken kann. Am Ende versichern Sie ihm wie immer, dass es sich für ihn lohnen wird; und während Sie in den schlecht gefederten, schlecht gepolsterten Sitz zurücksinken, fragen Sie sich, welche Torheit Sie dazu gebracht hat, diese Stunde länger zu bleiben; Sie denken darüber nach , mit welcher Abneigung Sie sich am nächsten Morgen an die Arbeit machen werden; Sie grübeln über den Einbruch des Literaturmarktes und die extreme Schwierigkeit nach, ihn für den Lebensunterhalt zu nutzen; Sie fragen sich, mit welchem Recht Sie zehn Schilling für eine Reise ausgegeben haben, die Sie für vier Pence hätten machen können; So erinnern Sie sich selbst daran, dass der Held Ihrer letzten Geschichte jenen Prozess der rücksichtslosen Degeneration in Gang gesetzt hat, dessen Einzelheiten Sie so meisterhaft offengelegt haben.

Und obwohl Sie neun Schilling und acht Pence reicher sein werden, werden Sie nicht weniger Opfer von Selbstkritik sein, wenn Sie den Zug um 12.38 Uhr von Warren Street nehmen. Während Sie müde die North End Road hinauffahren, werden Sie mit all den Argumenten konfrontiert, die Sie, wären Sie geblieben, im Taxi dem Spott ausgesetzt hätten.

Und in einer solchen Stimmung, nach einem solchen Entschluss, ging ich an einem nassen, atemlosen Januarabend nach Hause, vorbei an den wenigen melancholischen Bäumen, die einst Teil der stolzen Allee waren, auf der Dick Turpin plündernd galoppierte. Warum, fragte ich mich, hatte ich jenen Sparsamkeitsinstinkten nachgegeben, die das einzige Erbe sind, das meine schottischen Vorfahren mir für klug erachtet haben; warum hatte ich die Party für ein paar Pennys genau in dem Moment verlassen, als sie gerade wirklich unterhaltsam werden sollte? Partys sind wie Freudenfeuer: Sie schwelen ein paar Stunden lang erbärmlich; sie stoßen Säulen überriechenden, unansehnlichen Rauchs aus; dann brechen sie plötzlich, herrlich, unerwartet in einer Pracht lodernder Flammen aus. Eine solche Verwandlung, so fühlte ich jetzt, war im Begriff, diese Party für alle Zeiten in der Erinnerung der Anwesenden zu verankern, genau in dem Moment, als ich beschlossen hatte, sie zu verlassen. Harold Scott war gerade vom Everyman Theatre angekommen. Und es gibt nur wenige Menschen, die, wenn sie es wünschen, aufheiternder und belebender sein können als Harold Scott. Er hatte sich, nicht unangebracht, wie an jenem Abend, als er Feste imitierte, mit einem Krug Wein bewirtet, war ans Klavier geführt worden und hatte die ersten Akkorde von „Another Little Job for the Tombstone Maker" angeschlagen. Es war ein Lied, dessen Ruhm und Refrain mich oft erreicht hatten, die Worte jedoch nie: und warum, fragte ich mich, hatte ich eine so angenehme Gelegenheit, ihre Bekanntschaft zu machen, verstreichen lassen.

In einer Stimmung unbehaglicher Selbstironie, vorsichtig, damit der Hund nicht bellte und das Haus aufweckte, öffnete ich die Haustür und fand auf dem Hutschrank unter dem Fenster einen an mich adressierten Brief in einem hellgrünen Umschlag.

Es gibt nur eine Person, die mir in hellgrünen Umschlägen schreibt, und ich sehe diese Handschrift nie ohne Erregung. Was auch immer sonst mit der Zeit aus meinem Gedächtnis verschwinden mag, es ist unwahrscheinlich, dass ich jemals die Aufregung vergessen werde, die ich fühlte, als ich diese Handschrift zum ersten Mal sah und in der linken Hand des Umschlags die Worte „Grant Richards Ltd." las. Ich war zu der Zeit in Sandhurst, und der Tag hatte unglücklich begonnen. Ich war ohne Kordel zum frühen Appell erschienen und wurde gebeten, nach dem Frühstück im Büro der Firma zu erscheinen. Ich wartete tatsächlich im Gang, um vor den Major geführt zu werden, als die Post ankam, und unter den Briefen, die willkürlich auf dem Tisch im Vorzimmer verstreut waren, befand sich derjenige, der mir mitteilte, dass mein erstes Buch einen Verleger gefunden hatte. In einem solchen Moment hätte ich mit Gleichmut jede Strafe hingenommen, mit der die Behörden mich vielleicht hätten züchtigen wollen; aber selbst dann konnte ich nicht anders, als in meine Entlassung, ohne die Rüge, die meinen Wochenendurlaub aufgehoben hätte, ein gutes Omen für mein Buch hineinzulesen. Und auch nach sechs Jahren ist ein grüner Umschlag für mich noch immer ein Symbol der Romantik; das Wunder kann sich wiederholen. Ich bin nicht von besonders leichtgläubiger Natur, aber ich erwarte immer fast, dort eine ebenso sensationelle Ankündigung zu finden; und an diesem grauen Januarabend war meine Unzufriedenheit durch den Anblick sofort und wunderbar verschwunden.

Der Brief enthielt jedoch kein leichtsinniges Angebot für Filmrechte aus Amerika, sondern lediglich eine ermutigende Anfrage zu meinem neuen Roman. „Bald", hieß es darin, „werden wir unsere Frühlings- und Sommerliste vorbereiten. Können Sie uns nicht wenigstens den Titel Ihres Buches nennen?" Meine Unzufriedenheit kehrte zurück. Mein Roman war seinem letzten Kapitel kaum näher als damals, als ich seine Aussichten drei Monate zuvor mit Grant Richards besprochen hatte. Das ist das Schlimmste an einem kreativen im Gegensatz zu einem gewöhnlichen Verleger. Sie haben ein wunderbares Mittagessen genossen; Sie lehnen sich in einem tiefen und bequemen Sessel zurück; Sie rauchen eine gute ägyptische Zigarette; vor Ihnen lodert fröhlich ein Feuer; Ihre Augen werden angenehm von Sanchas Freskendekoration umgarnt, von den Fotos auf dem Kaminsims und an den Wänden derjenigen, deren Namen von Zeit zu Zeit in den Ankündigungen Ihres Verlegers aufgetaucht sind, und unter denen Sie erfreut Ihren eigenen auffällig ausgestellt sehen: Sie fühlen sich zufrieden, in Harmonie, beruhigt.

Sie beginnen, über Ihren neuen Roman zu sprechen. In dieser angenehmen Atmosphäre wird er Ihnen plötzlich sehr real.

„Großartig! Großartig!", sagt Grant Richards. „Jetzt werden Sie es mir rechtzeitig zum Frühjahr geben, nicht wahr?" Er steht mit dem Rücken zum Kamin, rückt sein Monokel zurecht und beginnt, Ihnen von dem Künstler zu erzählen, der den Umschlag entwerfen wird, von dem Stoff, in den es gebunden wird, von der Art, in der es gedruckt wird, von den besonderen Anweisungen, die er seinen Reisenden geben wird. Sie verlassen sein Arbeitszimmer mit dem Gefühl, dass Ihr Buch fertig ist und dass es in ein paar Tagen einer verzückten Welt präsentiert wird. Ihre Fantasie trägt Sie bereits in Ihren Club und Sie öffnen eine Zeitung nach der anderen, über die Sie sich unter einem Salven kritischen Applauses verneigen. Sie entdecken durch verwirrte Kanäle der Kopfrechnung das Ausmaß des Vermögens, das Ihnen zuteil werden wird, und bestellen auf dieser Grundlage zwei neue Anzüge. Dann gehen Sie nach Hause, nehmen eine Einladung zu einer Party an, spielen Fußball, rezensieren ein Buch, lesen im Büro ein paar Manuskripte und machen aus einer Anekdote, die Sie im Club aufgeschnappt haben, eine Kurzgeschichte. Und sechs Monate später finden Sie Ihren Roman dort vor, wo Sie ihn liegen gelassen haben, die Schneiderrechnung vor sich und Ihre Tantiemen sind ein Konto, das durch einen Prozess abnehmender Erträge lahmgelegt ist.

Bedauernd steckte ich den Brief wieder in den hellgrünen Umschlag. Im Kamin meines Arbeitszimmers glühten noch ein paar Kohlen; das Zimmer war warm und freundlich und sympathisch. Die himmelblauen Wände mit der tiefschwarzen Linie, die um die Tür und unter der Decke verlief, die lange, niedrige Reihe von Bücherregalen, die mich so oft von meiner Arbeit weggelockt hatten, die schwarz gerahmten Radierungen von Nevinson und Wadsworth, die beiden Aquarelle von Prout, die gemusterten Kacheln des Kamins und dieser schillernde Paravent von Roger Fry, den ich mit so freudigem Misstrauen beim Omega-Werkstattverkauf gekauft hatte und der seitdem so unauffällig seinen Platz vor einem Hintergrund vieler bunter Bände eingenommen hat; jedes Buch und jedes Ornament und jedes Bild in dem Zimmer, in dem ich so viele Stunden vergeudet hatte, schienen mich mit einem Lächeln liebevoller Nachsicht willkommen zu heißen. „Das macht nichts", schienen sie zu sagen. „Du warst sehr glücklich unter uns – all diese Stunden, die ich von einem Buch zum anderen, von einer Erinnerungskette zur nächsten verbrachte." Sie haben zweifellos viel Zeit in unserer Gesellschaft vertrödelt, aber das war so, wie wir es wollten, und nach allem, was wir wissen, sind Sie durch diesen Müßiggang vielleicht reicher geworden, reicher, als wenn Sie, wie Sie es vorhatten, mit auf den grünen Filz Ihres Schreibtischs gehefteten Augen dem Schicksal Ihrer wirklich ziemlich düsteren Heldin nachgegangen wären!"

Da unser Studium ein Ausdruck unserer selbst, unseres Geschmacks und unserer Persönlichkeit ist, wird es manchmal so beruhigend und überzeugend wie dieser schelmische Vertraute der Selbstbeobachtung – ein Freund, den wir davon überzeugen können, unsere Fehler mit unseren eigenen Augen und im Licht unseres Gewissens zu sehen.

Ich machte Feuer, drehte den Schalter meiner elektrischen Lampe höher, rückte meinen Sessel in den schmalen Lichtkreis und hielt inne, um zu überlegen, mit welchem Buch, mit welcher Begleitung ich die Stunde oder so verbringen sollte, bevor ich müde genug wäre, um ins Bett zu gehen. Zu einer solchen Stunde kann man nicht einfach willkürlich ein Buch aus dem Regal nehmen und zulassen, dass es seine ganz eigenen Gefühle in einem hervorruft. Das Buch muss zur Stimmung passen, muss zu ihr passen, wie die Worte eines Liedes zu der Begleitung. Die verschiedenen Ereignisse des Tages, die Menschen, die wir gesehen und mit denen wir gesprochen haben, die Worte, die wir geschrieben und gelesen haben, haben nach und nach die Art und Intensität des Gemütszustands geschaffen, der uns zu dieser späten Stunde befällt.

Langsam ließ ich meinen Blick über die Regale gleiten. Dort in der Ecke der Wand standen die Romane, aufgestellt wie Soldaten bei einer Parade, in einer gleichmäßigen Reihe, mit ihren einfachen Leineneinbänden und Tintenschrift - größtenteils brauchbares Zeug; dazu gemacht, einen Bedarf zu decken; stark genug, um einer sechsmonatigen Belastung in den Regalen von Smith und Boot und Mudie standzuhalten, und dünn genug, um danach ohne allzu großen Widerstand in einen einbandlosen, eselsohrigen Verfall zu versinken. Daneben die höheren, stolzeren, exklusiveren Demy- Oktavs; die strahlend weißen Rücken der George Moore-Limited-Ausgabe; die schmalen, in Wadenleder gebundenen Maupassants; die schweren, furchterregenden Nachschlagewerke und Kritiken; und dahinter die heiteren Abenteurer; die in vielen Größen, vielen Farben und vielen Einbänden; Theaterstücke und Gedichtbände und Essaybände; „Jürgen", Max Beerbohm und Petronius; Anthologien, groß und quadratisch und gedrungen und länglich; persönliche Bücher, deren Form und Format das Ergebnis vieler Überlegungen sind; für die viele Musterseiten und Einbände an ihren Schöpfer zurückgegeben wurden; und ganz links, im Schatten des Paravents, die Cricket-Bücher, ein Regal mit Erinnerungen und Mahnungen; und darunter eine lange Reihe zerfledderter *Wisdens* und daneben die verblichenen rostroten *Lillywhites* . Eine kleine Bibliothek, wahrscheinlich nicht mehr als tausend Bücher; aber ich hätte lieber wenige Freunde als viele Bekannte, und es gibt dort kaum ein Buch, das nicht irgendeine persönliche Bedeutung hat.

Und doch fiel mir an diesem Abend die Wahl eines Buches keineswegs leicht. Ich war nicht in der Stimmung für ein Buch, das sich ausschließlich mit einem einzigen Thema befasste, und suchte vergeblich nach einem Buch, das beiläufig und verantwortungslos, wie es Gespräche tun, von einem Thema zum nächsten übergeht. Ich erinnerte mich an die vielen Abende, die ich müde nach einem Arbeitstag oder einem Fußballnachmittag in einem Studio am Edwardes Square verbracht hatte, wo ich über Cricket und Poesie, über Leben, Literatur und Liebe sprach und daran dachte, wie schnell die Stunden vergangen waren, während ich dort herumsaß und redete. Und mir kam die Erinnerung an einen bestimmten Abend in den Sinn, als wir die Aussichten einer neuen Zeitung diskutiert hatten, die in Kürze der Welt vorgestellt werden sollte und an der wir beide interessiert waren: Clifford Bax als Herausgeber, ich als Verleger; ich war gefragt worden, wie glücklich ich die Aussichten dieser Zeitung einschätzte. Aber ich lehnte die Rolle des Propheten ab.

„Das kann man nicht einmal ansatzweise erraten", sagte ich. „Eine Zeitschrift ist wie ein Roman: Sie ist Ausdruck des persönlichen Geschmacks des Herausgebers. Wenn der Herausgeber anfängt, Werke aufzunehmen, die ihm nicht gefallen, weil er glaubt, sie könnten Erfolg haben, wird er ebenso sicher scheitern, wie ein guter Romanautor scheitern würde, wenn er versuchen würde, einen Schundroman zu schreiben. Das wäre unaufrichtig. Denken Sie an *Tit-Bits* . Es gab eine Zeitung, die von einem Mann herausgegeben wurde, der eine Tatsache feststellte und sich selbst eine Frage stellte. Eine Zeitung, sagte er, ist etwas, das ein Mann lesen möchte, wenn er am Ende des Tages müde ist. Und die Frage, die er sich stellte, war diese: ‚Was würde ich selbst unter ähnlichen Umständen gerne lesen?‘ Er entschied, dass *Tit-Bits* die Art von Zeitung war, die er gerne lesen würde, und da er insofern ein Durchschnittsmensch war, als er auf wundersame Weise mit dessen Geschmack im Einklang war, wurde *Tit-Bits* ein großer Erfolg. Ebenso wird der Erfolg oder Misserfolg Ihrer Zeitung von der Zahl der Leute abhängen, die Ihren Geschmacksvorstellungen so weit entsprechen, dass sie bereit sind, ihre jährlichen Ausgaben um eine Guinee zu erhöhen. Es ist und bleibt ein reines Glücksspiel."

Und ich erinnere mich, dass ich dachte, dass dies zweifellos der Grund dafür ist, dass die Karriere der literarischen Zeitschrift so ausnahmslos kurzlebig ist. Es ist immer dasselbe . Die Zeitung wird frisch gestrichen und mit fröhlich wehenden Flaggen auf den Markt gebracht. An den Rudern sieht man berühmte Seeleute: Männer, die sich für die Sache der Literatur auf edle Wagnisse eingelassen haben. Vom Ufer erklingt Beifall. „Niemals", heißt es, „wurde ein Schiff unter glücklicheren Vorzeichen vom Stapel gelassen. Sehen Sie, wie es durch die Wellen schneidet! Sehen Sie, wie die Ruder gleichzeitig auf- und absteigen! Es wird mit Sicherheit sicher zu den glücklichen Inseln gelangen."

Doch bevor das Schiff viele Meilen vom Land entfernt ist, bemerken die Beobachter vom Land Anzeichen von Unruhe und Zwietracht. Die Flaggen beginnen zu sinken. Die Segel hängen schlaff herab. Die Ruderer arbeiten nicht mehr harmonisch zusammen. Einige von ihnen haben tatsächlich aufgehört zu rudern, und andere treffen Vorbereitungen, um an Land zurückzukehren, solange das Wasser noch ruhig ist. Die rasante Geschwindigkeit dieser ersten Überfahrt ist vergessen. Das Schiff schwankt auf hoher See und ist der Flut und Strömung ausgeliefert. Die wenigen Getreuen haben alle Mühe, das Boot über Wasser zu halten. Sie kommen nicht voran, und die Beobachter vom Land verlieren das Interesse und lauschen den Geschichten eines neuen Seemanns, der auf einer anderen Route Nachrichten von Waren und Schätzen und gefährlichen Reisen bringt.

Eine traurige Geschichte, deren Einzelheiten uns jedoch so vertraut geworden sind, dass sie uns fast nicht mehr traurig machen. Wir sprechen vom Literaturmarkt. Wie, fragen wir, kann ein Privatunternehmen hoffen, gegen die Interessen von Druckern, Verlegern und Buchhändlern in die Listen zu gelangen? Wenn der Herausgeber eine Reihe von Freunden hat, kann er zwei oder drei gute Ausgaben produzieren. Aber wenn seine Mitarbeiter überhaupt bezahlt werden, erhalten sie eine so niedrige Vergütung, dass sie praktisch einer Beleidigung gleichkommt. Und wie sehr die Künstler der neuen Welt, die Evangelisten der Morgendämmerung der Brüderlichkeit, auch von den heiligen Aufgaben der Kunst sprechen mögen, ein Mann ist nicht bereit, eine Ware für drei Guineen zu verkaufen, für die er anderswo fünfzehn bekommen kann. Der Herausgeber einer solchen Zeitung erhält von einem „etablierten Autor" nur solche Werke, die auf dem freien Markt nicht zufriedenstellend verkauft werden können. Aus zwei Gründen können solche Werke unverkäuflich sein. Entweder sind sie schlecht oder sie sind für den Familienkonsum ungeeignet. Der Student der Literaturgeschichte wird tatsächlich feststellen, dass die meisten Beiträge zu solchen Zeitschriften von bleibendem ästhetischem Wert so beschaffen sind, dass ihre Aufnahme in den „Index" gerechtfertigt ist. Aus kommerzieller Sicht ist das bedauerlich, denn man ist nicht besonders bereit, sechs Schilling für eine Produktion auszugeben, die man nicht anständig zu Hause stehen lassen kann.

Dies ist zweifellos eine der Hauptströmungen, die den Fortschritt der mutigen Abenteurer behindern. Aber es gibt noch andere, und ich bin nicht sicher, ob die größte davon nicht die mangelnde Harmonie zwischen dem Herausgeber und der Öffentlichkeit ist. Die Zeitschrift ist ein Ding, mit dem man die Abendstunden von halb zehn bis elf verbringt; und der Mann, der den Tag mit Büchern verbracht hat, dessen Augen vom Anblick des Gedruckten müde sind, würde nach getaner Arbeit lieber tanzen oder Bridge spielen oder ins Theater oder auf eine Party gehen. Der Smoking und das weiße Hemd, in die wir nach unserem abendlichen Bad schlüpfen, sind das Symbol einer Veränderung der Atmosphäre. Wir haben den Verkehr des

Tagesgeschäfts hinter uns gelassen ; und diejenigen von uns, deren Lebensunterhalt von Briefen abhängt, finden es schwierig, Kontakt mit dem Beamten und dem Bankdirektor aufzunehmen, der sich nach dem Abendessen damit zufrieden gibt, sich vor einer soliden wissenschaftlichen Zeitschrift niederzulassen.

Der Redakteur hat seine Zeitung zu Bett gebracht, er lehnt sich erschöpft in seinem Stuhl zurück. „Gott sei Dank ist das vorbei", sagt er, „und Gott sei Dank", fügt er hinzu, „dass ich es nicht lesen muss."

Das ist das Problem für einen Redakteur. Wenn er das druckt, was er selbst zu einem solchen Zeitpunkt gerne lesen würde, wird seine Wahl höchstwahrscheinlich den Mann nicht zufriedenstellen, der den ganzen Tag am Telefon verbracht hat und dessen Ohren vom Anhören von Überziehungsanträgen müde sind; wenn er dagegen das druckt, was seiner Meinung nach sein Publikum gerne lesen würde, und er dafür einen anderen Entscheidungsmaßstab als „Gefällt mir" oder „Gefällt mir nicht" ansetzt, wird seine Zeitung kein Ausdruck seiner eigenen Persönlichkeit mehr sein und unaufrichtig sein. Der ideale Redakteur teilt den Geschmack des Publikums, das er anspricht.

Und ich glaube, es war am selben Abend, als Clifford Bax mich fragte, wie die Zeitung beschaffen sein würde, die ich selbst mit größter Freude begrüßen würde; und ich antwortete, dass die Zeitung die Stelle eines Freundes einnehmen müsse und dass ich mir eine Zeitung wünschen würde, die die Essenz des Abends wiedergeben würde, den wir zusammen verbracht hatten.

„Wir haben viel über Cricket gesprochen", sagte ich, „über die großartigen Spiele, die wir gesehen und von denen wir gelesen haben. Wir haben uns gefragt, wie wir den MCC dazu überreden könnten, ein Single-Wicket-Match zwischen Hearne und Woolley zu veranstalten. Wir haben alte Schlachten erneut geschlagen und Waffen gezogen, die lange verrostet im Regal lagen. Und wir haben über unsere eigenen Leistungen gesprochen, wie es zwei so mittelmäßige Spieler wie wir mit völliger Angemessenheit tun. Wir brauchen keine Bescheidenheit zur Schau zu stellen. Unsere Zahlen beweisen unsere Qualität hinreichend. Wir legen an unser Cricket nicht die gleichen Maßstäbe an wie an Hendrens. Wir gehen freundlich miteinander um, wie Rezensenten mit jenen freundlichen, wertlosen kleinen Gedichtbänden umgehen, die niemandem schaden und ihren Autoren und ihren Freunden durchaus harmlose Unterhaltung bieten können. In meiner Zeitung könnte also ein solches Gespräch über Cricket stattfinden.

„Und da wir über die Schreibtechnik und den Literaturmarkt gesprochen haben, sollte ich zu diesen Themen Artikel in Auftrag geben? Wir haben eine Reihe von Anekdoten wiederholt, die meisten davon leicht skandalös, und die Kurzgeschichte in meiner Zeitung sollte weder anspruchsvoll noch obskur oder modern sein: ein Stück geradliniger, konkreter Erzählung, das weniger auf Schwung als auf Charme abzielt. Ich hätte es gern hübsch und sentimental, mit hier und da einem Hauch von Zügellosigkeit, von Aufruhr. Es sollte Persönlichkeiten geben; denn der Spanner, der in uns allen steckt, schreit nach Befriedigung. Und wir verbringen einen Großteil unserer Zeit damit, die Eigenheiten unserer Bekannten zu besprechen.

Jede Nummer sollte eine Charakterskizze einer Persönlichkeit des öffentlichen Lebens enthalten, und ich hätte nichts dagegen, wenn sie böswillig wäre. Es ist ein Zeichen von Vulgarität, so sagt man mir, wenn man neugierig auf den Alltag anderer Leute ist. Mehrere Kritiker gingen sehr hart mit Mrs. Watts-Duntons Büchlein über Swinburne ins Gericht. Er war ein Dichter, sagten sie, ein großer Dichter. Sein Werk bleibt. Das ist alles, was zählt. Welchen Zweck erfüllt dieser triviale Klatsch über Stiefel und Bettdecken und Strumpfbänder? Ich persönlich fand ihr Buch bewundernswert unterhaltsam. Nach der Lektüre hatte ich das Gefühl, Swinburne besser zu kennen als zuvor. Der Alltag ist schließlich der Rahmen für das Leben eines Menschen; und für einen Schriftsteller ist es interessant zu erfahren, wie andere arbeiten; zu welcher Zeit sie schreiben; wie viele Wörter sie pro Tag schreiben; ob sie das ganze Jahr über gleichmäßig arbeiten oder in kurzen Phasen intensiver Konzentration. Es kann die Illusion zerstören, ein Theaterstück von den Seiten eines Theaters aus statt vom Parkett aus zu betrachten. Aber es gibt Dinge über den Schausteller, die man nur hinter den Kulissen erfährt. Das ist jedenfalls die Art von Sachen, die ich gerne in meiner Zeitung lesen würde."

Das Feuer hatte fröhlich im Kamin zu brennen begonnen; das warme Licht fiel in einem glühenden Dunst sanft auf Bücher, Stühle und Bilder; und ich wandte mich ihm von den Bücherregalen zu, die mir unwirtlich geworden waren, und fragte mich, warum man seine Interessen in der Literatur trennen sollte, wenn dies im Leben nicht der Fall ist; warum ein Buch ausschließlich der Belletristik gewidmet sein sollte, ein anderes der Kritik, ein weiteres den Erinnerungen und ein weiteres dem Sport. Wäre es nicht zur Abwechslung amüsant, die Einheit von Thema und Gegenstand zugunsten einer Einheit des Tons aufzugeben? Und plötzlich wusste ich, mit welchen Worten ich Grant Richards am Morgen antworten würde.

„Mein lieber Richards", sollte ich schreiben, „ich fürchte, ich habe keine Neuigkeiten für Sie über meinen Roman. Aber ich werde Ihnen, glaube ich, bald ein Buch schicken, das Ihnen hoffentlich sehr viel besser gefallen wird. Es wird kein Roman sein, obwohl es Kurzgeschichten enthalten wird, und auch kein Sportbuch, obwohl sowohl Fußball als auch Cricket darin vorkommen werden: Es wird viel über Bücher gesprochen, aber es wird keine

Literaturkritik sein. Tatsächlich weiß ich nicht, in welches Regal der Bibliothekar des *Times* Book Club es legen wird.“

Es wäre eine Art Cousine meiner Traumzeitung; nur ein Merkmal würde weggelassen. Es gäbe keine böswilligen Persönlichkeiten. Es gibt einige Dinge, die man gerne liest, aber nicht schreiben möchte. Für ein paar Cent und ein paar Absätze würde ich nicht das Risiko eingehen, eine Freundschaft zu zerstören.

Und während ich mich in die Tiefen meines Sessels zurücklehnte und die trüben Schatten des Feuerscheins über die Decke gleiten sah, wie die Wellen an einem ruhigen Tag mitten im Kanal, dachte ich, wie angenehm es wäre, ein Buch zu schreiben, das wie ein Gespräch vom Buch zum Leben und vom Leben zum Cricket und wieder zurück zum Buch übergeht. Wie angenehm, die Feder der Fantasie der Anekdote folgen zu lassen, Eindruck in Eindruck fließen zu lassen, die Scheuklappen der Technik des formalen Erzählens und der Kritik abzulegen. Müde, zufrieden und schläfrig ließ ich meine Gedanken auf ihrer trägen, planlosen Reise unkontrolliert wandern.

II

etwa einem Jahr baten mich meine amerikanischen Verleger, ihnen einiges persönliches Material für die Presse zu schicken, und ich verbrachte einen heißen Sommernachmittag damit, meine Herkunft, meine Vorlieben, meine Abneigungen und wie ich meine Tage und Stunden verbrachte, zu beschreiben. Jetzt erhalte ich mit jeder zweiten Post syndizierte Ausschnitte meiner Geständnisse. Ich lerne ziemlich viel über mich selbst. Ich habe festgestellt, dass ich eine methodische und fleißige Person bin. Jeden Montag und Freitag gehe ich in das Büro eines Verlegers in der Henrietta Street, wo ich Manuskripte lese, Anzeigen entwerfe und mich und meine Arbeitgeber im Allgemeinen unterhalte. An den drei mittleren Tagen der Woche schreibe ich.

An meinen Schreibtagen folge ich einer regelmäßigen Routine. Ich frühstücke um halb neun. Von neun bis zehn gehe ich über Hampstead Heath. Von zehn bis eins schreibe ich. Nachmittags gehe ich ins Kino. Von fünf bis sieben schreibe ich wieder. Ich arbeite mit einer Geschwindigkeit von 3500 Wörtern pro Tag. Am Wochenende amüsiere ich mich. Ich tanze, spiele Fußball oder Cricket, je nach Jahreszeit. Ich treffe meine Freunde. Es ist tatsächlich ein Bild von der Art junger Mann, der in der Sonntagsschule Preise gewinnt und im Wirtschaftsroman gut abschneidet.

Ich nehme an, dass ich die Woche vor meiner Beichte auf die eine oder andere Weise verbracht habe. Oder vielleicht hatte ich das Gefühl, dass ich mich organisieren musste, dass meine Zeit nach diesen Grundsätzen eingeteilt werden sollte und dass ich mich allein durch das Aufschreiben eines Zeitplans dazu „coué" machen würde, ihn einzuhalten; jedenfalls ist es nicht sehr ähnlich, das muss ich wohl kaum sagen. Ich beschränke meine Unterhaltung nicht ausschließlich auf die Wochenenden. Normalerweise verbringe ich im Sommer drei Tage pro Woche faul auf einem Cricketfeld. Wenn ich ein durchschnittliches Tempo von zehntausend Wörtern pro Woche beibehalten würde, würde ich etwa eine halbe Million Wörter pro Jahr produzieren, und der Himmel weiß, was ich damit anfangen würde. Und ich bin auch nicht sehr oft um halb neun beim Frühstück.

Dieses Geständnis ist eine verlogene Chronik. Aber wir stellen dann nicht ständig Pläne und Zeitpläne auf. Zu Beginn des Jahres schätzen wir die Höhe unseres Einkommens. Wir erstellen zwei Spalten. Wir notieren die allgemeinen Ausgaben: Miete, Versicherung, Einkommensteuer, Vereinsbeiträge, Kleidung und Wäsche. Und wir entscheiden, wie viel für persönliche Genüsse übrig bleibt. „Ich kann mir", sagen wir, „drei oder vier oder fünf oder sechs Pfund pro Woche als Taschengeld gönnen, und ich werde", fahren wir fort, „keinen Penny mehr ausgeben." Und das tun wir auch eine Woche lang oder so, bis wir so von einem Gefühl der Leistung entflammt sind, dass wir unserer Sparsamkeit eine würdige Anerkennung zusprechen, und wir veranstalten eine Dinnerparty und zwölf Pfund gehen an einem einzigen Abend weg. Mit Zeitplänen ist es genauso. Sie geraten immer irgendwo durcheinander, und die Leute, die sich an sie halten, sind eine teuflische Plage.

Ich erinnere mich an einen gewissen Kriegsgefangenen, dessen Tag merkwürdig und erschöpfend in eine Schublade gesteckt war. „Komm und mach einen vierten Bridge", sagte man. „Tut mir leid", antwortete er, „aber in fünf Minuten fange ich an, meine zweite Pfeife zu rauchen." Und wenn man wollte, dass er über den Platz ging, war sein nächster Drink fällig. Und wenn man wollte, dass er sich eine Flasche teilte, war es Zeit für Bewegung. Sogar seine romantische Natur war in Fesseln gefangen. Das unumstößliche Gebot seines Zeitplans befahl ihm, die Stunde zwischen halb vier und dem Tee einer „Siesta sinnlicher Träumerei" zu widmen.

Aber so ist das nun einmal mit Fahrplänen. Es scheint keinen Kompromiss zu geben. Entweder man muss sie abschaffen oder ihr Sklave werden.

Gewohnheiten sind jedoch anders. Es ist schön zu wissen, dass man zu einer bestimmten Tageszeit immer eine bestimmte Person an einem bestimmten Ort finden kann. ESP Haynes zum Beispiel. Sie wissen, dass Sie an jedem beliebigen Tag der Woche nur um halb drei in das Hinterzimmer eines bestimmten Austernladens gehen müssen, um ihn zu finden, wo er Austern, weißen Burgunder und Portwein zum Mittagessen isst. Und dass er, wenn Sie hereinkommen, mit einer großen, freundlichen Hand winkt und anfängt, Gläser für Sie einzufüllen.

Der Mensch mit Gewohnheiten hat etwas grundlegend Kameradschaftliches an sich. Eine Gewohnheit ist ein Beweis für Zufriedenheit, für Befriedigung. Der Mensch mit Gewohnheiten akzeptiert das Leben im Wesentlichen als etwas Gutes. Sonst hätte er Experimente gemacht. Er hätte neue Clubs, neue Restaurants, neue Häuser ausprobiert. Ich bewundere die alten Herren, die Tag für Tag im selben Club und am selben Tisch zu Mittag essen. Es ist schön, einen Mann sagen zu hören: „Ich gehe jetzt seit dreißig Jahren zum selben Schneider, und er hat mir keinen schlechten Anzug gemacht." Wir selbst verspüren keinen Anreiz, unsere Kundschaft in dieses bestimmte Haus zu tragen; aber in diesen Tagen des Wandels und der Revolution ist Treue, sogar gegenüber einem Schneider, eine lobenswerte und rechtschaffene Tat. Faulheit? Vielleicht. Aber ist Faulheit nicht eine Philosophie, der Ausdruck einer sanften, ruhigen, harmonischen Natur? Der Krieg bot uns kaum einen erbärmlicheren Anblick als den der müden, geplagten Sterblichen, die aus beschlagnahmten Hotels vertrieben wurden, ziellos in einer fremden Welt treibend, losgerissen von den Gewohnheiten, die ihnen zwanzig oder dreißig

Jahre lang Schutz geboten hatten. Sie waren dort alt geworden und hatten gehofft, dort zu sterben. Sie waren Bäume, die fest und glücklich in angenehmen Boden gepflanzt waren. Es war grausam, sie auszureißen.

Durch unsere Gewohnheiten streben wir nach Harmonie. Sie sind die Fühler, die unsere Ängstlichkeit in einer vergänglichen und flüchtigen Welt nach einer Illusion von Beständigkeit ausstreckt. Es gibt einen Rhythmus in der täglichen Wiederkehr einfacher Geschmäcker, denen nachgegeben wird, geschmeichelter Vorurteile. Nur die oberflächlichen Menschen haben keine Gewohnheiten; die orientierungslosen, inkonsequenten Menschen und die wenigen Glücklichen, die in der Stabilität ihres eigenen Temperaments ein Gleichgewicht, ein Gefühl der Kontinuität in sich tragen; und weil wir in Literatur und Leben nach diesem Zustand der Ausgeglichenheit streben, weil wir in unserem Leben und in unserer Arbeit nach einem Muster, einem Rhythmus suchen, erstellen wir Zeitpläne und beschreiben uns in Interviews als Menschen mit Routine und Methode.

An einem Samstag im vergangenen November entdeckte ich auf einem Fußballfeld in Tonbridge, dass der menschliche Kopf ein weitaus festerer Körper ist als das menschliche Knie. Zwei Wochen lang blieb ich drinnen, mein Bein auf einer Reihe von Kissen gestützt. Irgendwie, sagte ich mir, würde ich in vier oder fünf, in sechs oder sieben Jahren mit dem Rugby aufhören. Nicht viele Leute spielen Rugby, wenn sie erst dreißig sind. Wie viele waren noch übrig, fragte ich mich, von den 45 oder 50 Leuten, die zu diesen ersten Nachkriegs-Testspielen im Old Deer Park erschienen waren? Wie viele von denen, die 1919 in der A-Mannschaft gespielt hatten, spielten noch? Ein halbes Dutzend? Kaum mehr vielleicht. Man bemerkt sie nicht, wenn sie verschwinden. Eine Mannschaft verändert sich so wenig von einer Woche zur nächsten, von einer Saison zur nächsten. Man scheint immer mit denselben Leuten zu spielen. Aber wenn man das Mannschaftsfoto von 1919 mit dem von 1923 vergleicht, wird einem klar. Wo sind sie alle hin, fragt man sich. Sind sie ins Ausland gegangen, haben sie geheiratet oder mit Golf angefangen? Normalerweise kommt das Ende abrupt. Es gibt keinen allmählichen Ruhestand. Rugby ist ein Spiel, das man jeden Samstag spielt, oder überhaupt nicht. Man kann nicht damit anfangen und es dann wieder aufgeben, wie man es mit Cricket, Golf und Tennis kann. Man spielt weiter, bis ein Knie, ein Knöchel oder eine Schulter kaputt geht und der Arzt einem sagt, dass Rugby ein Spiel für junge Männer ist.

Vielleicht ist das der Grund, warum wir es so hoch schätzen: warum wir bereit sind, so viel dafür zu opfern, was uns reizt. Wir wissen, dass es eine Aufregung ist, die uns bald genommen wird. Ich bin fünfundzwanzig. Es ist neun Jahre her, dass ich einen Tag im Bett verbracht habe. Aber schon jetzt fange ich an, Fußball als eine Art Belastung zu empfinden. Die Steifheit, die früher selten über den Sonntag anhielt, ist am Dienstagabend immer noch da. Und als ich darüber nachdachte, begann ich zu erkennen, in welchem Ausmaß Fußball in den letzten vier Jahren meinem Leben Form gegeben hat. Vier Jahre lang konnte ich im Winter keine Einladung zum Mittagessen am Samstag annehmen. Ich konnte nie übers Wochenende wegfahren. Samstagabends habe ich mich sehr bemüht, Partys fernzubleiben; und auch am Freitagabend habe ich mein Bestes getan. Zwischen Oktober und Ende März konnte ich nie länger als sechs Tage am Stück irgendwohin wegfahren.

Aber das, werden Sie sagen, ist Torheit, ein Paradebeispiel für die perverse Sklaverei der Gewohnheiten. So sei es: Es gibt nur eine Art, Rugby zu spielen: regelmäßig zu spielen, frisch auf das Feld zu kommen und sich in den letzten fünf Minuten, wenn so viele Spiele verloren und gewonnen werden, keine Sorgen darüber zu machen, ob Sie den einzigen Zug erwischen, der es Ihnen ermöglicht, sich bequem für diesen Tanz umzuziehen. Und Sie müssen entscheiden, ob die Sache es wert ist oder nicht. Es ist eine Frage der persönlichen Vorlieben. Ich selbst weiß, dass Rugby für mich einen Nervenkitzel hat, ein Gefühl, das in keiner anderen Sportart und bei keinem anderen Interesse vergleichbar ist. An einem kalten Oktobertag, wenn Ball und Boden vom Morgenregen schmierig sind und die Halb- und Rückspieler sich hinsetzen müssen, um einen Ansturm zu stoppen, ist das Leben für den Stürmer eine sehr reiche, eine sehr großartige Sache. Es ist ein schönes Gefühl, einen Halbvolley beim Abschlag des Schlägers zu spüren, zu sehen, wie die Deckung danach schnappt und ihn verfehlt. Es ist ein schönes Gefühl, fünfzehn Meter rückwärts und seitwärts ins tiefe Wasser zu rennen, das heiße, prickelnde Stechen zu spüren, wenn der Ball in der Handfläche landet, den plötzlichen Herzschlag zu spüren, der einem sagt: „Er ist da, du hast ihn gehalten." Es ist ein schönes Gefühl, einen Mann nach vorn spielen zu sehen und den Wurf zu verfehlen, zu beobachten, wie der Ball zwischen Schläger und Bein hindurchgeht, das Klappern der Stümpfe zu hören. Schöne und edle Dinge, denn das Leben ist in solchen Momenten wunderbar reich. Aber es ist ein noch schöneres Gefühl, als an einem nassen Tag mit einem rutschigen, springenden Ball zu dribbeln; ein noch schöneres Gefühl, dieses hart erkämpfte Kampfgefühl, wenn deine Schienbeine gegen den Halbspieler prallen, der vor dir fällt. Seine Finger klammern sich an den Ball. Du trittst blindlings nach ihnen; du taumelst; aber der Ball ist frei; er springt ins Freie; du folgst ihm keuchend, ein Singen in deinen Ohren. Der Rücken stürzt sich auf den Ball. Deine Füße sind schwer vom Schlamm und dem langen Schubsen eines Tages. Irgendwie kommst du vor ihm an den Ball. Du schießt knapp an ihm vorbei. Der Flügelspieler drei kommt hinter dir an. Er ist frischer, er ist schneller als du. Zehn Meter – wird der Ball für dich richtig aufspringen? Deine Zehen drehen ihn ganz leicht nach links; die Linie ist schlammig weiß unter dir. Du hechtest nach vorne, wirfst dich auf den Ball, deine Arme sind fest um ihn geschlungen. Der Dreiviertelball stürzt über dich hinweg und betäubt dich fast. Es ist dir egal. Du merkst es kaum. Du hast einen Versuch erzielt.

Beim Rugby bekommt man etwas, was man sonst nirgendwo bekommt. Es ist das Spiel der Jugend, der höchste Ausdruck der Jugend, und es wird uns, vielleicht nicht unpassend, in jungen Jahren genommen.

Wenn Sie mit dem Fußball aufhören, ändern Sie Ihr Leben. Sie werden plötzlich eine ganze Reihe von Gewohnheiten aufgeben. Jemand wird Sie für das Wochenende nach Winchester einladen; man wird Ihnen sagen, dass es am Freitagabend einen wunderbaren Zug von Waterloo gibt. Ohne nachzudenken werden Sie anfangen, sich zu entschuldigen. Es tut Ihnen sehr leid, aber Samstage ... und dann fällt Ihnen plötzlich ein – das ist jetzt alles vorbei. Sie können gehen, wann und wohin Sie wollen. Und Sie sind entsetzt über die enorme Bedeutung Ihrer Befreiung und beginnen hastig, sich andere Gewohnheiten anzueignen, neue Fühler auszustrecken, mit Golf anzufangen oder sich Restaurantclubs anzuschließen, die sich am zweiten und vierten Mittwoch des Monats treffen; Sie werden wieder in das Muster wiederkehrender Verpflichtungen verstrickt; Sie werden wieder der Lakai der Gewohnheit sein, ein Geschöpf von Gewohnheit und Gewohnheit.

Cricket gibt es jedoch immer; und der Sommer webt in seinen vier kurzen Monaten ein sichereres, klareres Muster als der Winter. Jeden Tag gibt es Cricket und es gibt die Bezirksmeisterschaft. Und wenn Sie die Geschicke einer Grafschaft genau verfolgen, so wie ich die von Middlesex verfolge, haben Sie einen festen Rahmen für Ihre persönlichen Erlebnisse. Ich finde es selbst jetzt, zu diesem frühen Zeitpunkt, schwierig, das Datum eines bestimmten Winterereignisses sofort genau zu bestimmen. „Wann ist das passiert?", frage ich mich. Ich versuche, darum herum einen Rahmen von Assoziationen aufzubauen. Was geschah sonst noch ungefähr zu dieser Zeit? Welches Buch las ich? Welchen Anzug trug ich? Welchen Freund hatte ich gerade gesehen?

Und nach und nach, Detail für Detail, stelle ich die Szene nach. Aber das braucht Zeit. Und Fußball hilft mir nur gelegentlich. Im Rugby gibt es keine Meisterschaften. Es gibt keine Zahlen, keine Einzelergebnisse, die einem helfen könnten. Ein Spiel gleicht dem anderen. Saison für Saison spielt man gegen dieselben Mannschaften, auf denselben Plätzen und mit nur leicht unterschiedlichen Ergebnissen. Manchmal ist es sogar schwierig, ein bestimmtes Spiel spontan der richtigen Saison zuzuordnen. Und überhaupt ist Fußball nur ein Schlüssel zu Wochenendtreffen. Bei der Datierung eines Treffens, das mitten in der Woche stattfand, ist er kaum hilfreich.

Beim Cricket ist es allerdings anders. Manchmal sagen mir die Leute, ich hätte ein unheimliches Gedächtnis für Daten. „Haben Sie jemals", werden sie sagen, „den Film ‚The Old Nest' gesehen, der vor etwa zwei Jahren im

Alhambra lief?" „Ja", werde ich antworten, „ich war am letzten Montag im August 1921 dort – ich glaube, es war der 29.." Aber es ist nicht „The Old Nest", an das ich mich erinnere. Ich erinnere mich nur durch die Assoziationen an Lord's und den zweiten Tag dieses wunderbaren Spiels zwischen Middlesex und Surrey; den Morgen des unerklärlichen Scheiterns; Donald Knights großartige Innings am Nachmittag; die Teezeit, als Surrey in einer uneinnehmbaren Position war. Zwei fünfzig Runs Vorsprung und noch acht Wickets zu spielen. Und dann dieser überraschende, dieser glorreiche Zusammenbruch. Nigel Haig holt sich ein Wicket nach dem anderen vom Nursery End. Fender versucht, um den Sieg zu spielen, und wird von Murrell auf der Beinseite von Hearne weit geschlagen. Das Spiel ist wieder ein Spiel.

Und ich erinnere mich noch, wie ich an jenem Abend mit dem Bus die Oxford Street hinunterfuhr und die roten Plakate der Zeitungen las, die gedruckt worden waren, während Knight und Shepherd zu Hause waren. Ich erinnere mich noch an das Geschrei der Zeitungsjungen: „Surrey sorgt für Sicherheit. Zeitung! Surrey sorgt für Sicherheit!" Und weil es der Höhepunkt eines unvergesslichen Tages war, erinnere ich mich noch daran, wie ich danach mit meiner Mutter im Spanish Restaurant zu Abend aß und sie ins „The Old Nest" in der Alhambra mitnahm.

Aber das, werden Sie sagen, ist ein außergewöhnlicher Anlass. Es hat nur drei solcher Spiele gegeben, seit Sie im Mai 1904 im Matrosenanzug zum ersten Mal nach Lord's gingen und weinten, als Plum Warners Wicket fiel. Aber in einer kleineren Art und Weise der kleineren Dinge; ich erinnere mich an die Bücher, die ich gelesen habe, die Freunde, die ich getroffen habe, die Partys, auf denen ich war, anhand der Spiele, die damals im Gange waren. Wenn ich zum Beispiel in der Lage wäre, das Datum des Eröffnungsbanketts in den Connaught Rooms dieser unglückseligen League of Youth festzulegen, hätte ich auf dem Weg dorthin nicht in der Abendzeitung das Ergebnis des Unentschiedens zwischen Somerset und Sussex gelesen; und wenn ich zwei Leute fragen hören würde, in welchem Jahr und in welchem Monat Compton Mackenzies *Rich Relatives* veröffentlicht wurde, würde mich das Bild eines sonnendurchfluteten Tages in Lord's leiten, an dem Greville Stevens mich fragte, was ich von dem leuchtend roten Band halte, der ungeöffnet auf dem Sitz vor mir lag. Ich habe nie ein Tagebuch geführt. Das werde ich nicht brauchen, solange *Wisdens Almanach* erscheint – zumindest im Sommer. Es gibt immer eine Verbindung. Sie haben eine Person zum ersten Mal getroffen. Sie gehen die Bedford Street hinunter zum Strand. Ein Zeitungsjunge eilt mit der ersten Ausgabe der Spätnacht-Sonderausgabe an Ihnen vorbei. Sie lesen in der Kurzzeit-Kolumne, dass Fender in Trent Bridge acht Wickets geschlagen hat. Datum und Uhrzeit dieser ersten Begegnung bleiben Ihnen für immer im Gedächtnis. Und wenn Sie Ihre

Erinnerungen niederschreiben, müssen Sie zur Bestätigung nur den *Wisden* für 1921 zu Rate ziehen.

Doch ich spüre, wie sich beim Leser eine unheilvolle Verärgerung breitmacht. „Hat dieser Mann", beginnt er sich zu fragen, „keinen Sinn für Proportionen? Glaubt er etwa, dass ein Buch oder ein Bild oder eine romantische Episode weniger wichtig ist als ein Cricketspiel? Diskutiert er ernsthaft in einem Atemzug ein Innings von Knight und einen Roman von Mackenzie? Cricket und Fußball! Was bedeuten die denn schon?"

Wenig genug, ohne Zweifel; aber ist angesichts der Ewigkeit überhaupt irgendetwas so wichtig? Was sind wir und unsere Werke, unsere Triumphe, unsere Ambitionen, unsere Katastrophen anderes als Zufälle im langen Prozess von Wirkung und Ursache. Wir sprechen von den ewigen Wahrheiten, aber die Blüte der Kunst ist ebenso vergänglich wie die Freude, die wir an ihr haben. In sechzig Jahren werden wir nicht mehr hier sein, um El Grecos Gemälde zu bewundern. Und in sechshundert Jahren werden seine Farben verblasst sein, die Leinwand wird ihre Schönheit verloren haben. Sie wird wertlos sein. Und was sind angesichts der Ewigkeit sechs Jahre, oder sechzig, oder sechshundert?

Wir hören bereits auf, die Klassiker zu lesen. Lateinische und griechische Zitate sind aus den Leitartikeln und den Parlamentsdebatten verschwunden. Die Vergangenheit geht rasch in der immer größer werdenden Flut moderner Literatur unter. Vergangenheit und Gegenwart liegen ständig im Krieg miteinander. China hat seit zweitausend Jahren keine Poesie mehr hervorgebracht. „Es gibt bereits", sagen sie, „eine so gewaltige Sammlung hervorragender Werke, dass es töricht wäre, zu versuchen, sie zu erweitern." In China hat die Vergangenheit die Gegenwart erstickt und getötet. Hier in der westlichen Welt sind wir damit beschäftigt, Griechenland und Rom ein Ende zu bereiten. Wird in den achtziger Jahren noch jemand Vergil lesen? Und Shakespeare genauso wie Vergil.

Wir fragen uns immer: „Wer wird 1980 was lesen?" Wir haben immer die ungeborene Generation im Sinn, die wir beeinflussen und ansprechen möchten. Aber ist das so oder so wichtig? Diese Gebäude, diese Restaurants, Geschäfte und Kinos, die wir so rücksichtslos und planlos aus praktischen und repräsentativen Gründen um uns herum errichten, werden den Männern und Frauen des 22. Jahrhunderts viel deutlicher von uns erzählen als diese Gedichte, Theaterstücke und Bilder, diese Musik und diese Romane, die wir in so großer Menge produzieren.

Das zeitgenössische politische Denken und die daraus resultierenden Gesetzesentwürfe, Maßnahmen und Verteidigungen werden ebenso veraltet sein wie heute die Politik Gladstones. Unsere Streitpunkte in Religion und Moral werden zweifellos Anlass für Spott in Varietés sein . Aber unsere

Gebäude werden da sein; und wie für die Mehrheit von uns heute das Gefühl augusteischer Ruhe, Eleganz und Förmlichkeit am leichtesten durch die rechteckigen Fenster und niedrigen Linien der Londoner Plätze hervorgerufen wird; und wie die Vulgarität und die Anmaßung, Feierlichkeit und Solidität, die die schlimmsten Merkmale des frühen viktorianischen Zeitalters waren, uns ständig durch die kunstvollen Portiken und Säulen aufgedrängt werden, die Theatralik der Überdekoration, die für uns so viel von dem verdeckt, was damals ausgezeichnet war, und uns verächtlich ausrufen lässt: „Wie typisch viktorianisch", so werden auch wir unsererseits beurteilt werden.

Während ich auf dem Oberdeck eines Busses die Oxford Street hinunterfahre und am Ende dieser Allee mit den bunt geschmückten Fenstern die majestätische Fassade von Peter Robinsons Kaufhaus sehe und mir vorstelle, wie klein sie den Zirkus ist, auf den sie blickt, und wenn ich vom oberen Ende der Regent Street, weit hinter der gezackten Reihe von Dächern und Schornsteinen, die schöne, niedrig geschwungene Rundung sehe, die die Ansprüche der Zweckmäßigkeit als unbrauchbares Dekorationsstück verdammen, werde ich ein wenig wehmütig, nicht so sehr, weil uns etwas Schönes genommen wird, sondern aus Misstrauen darüber, welche Art von Gebäuden an seine Stelle treten werden. Ich blicke nervös in die Zukunft. Ich sehe einen jungen Mann, dessen Mantel und Weste mit dem Brokat der Mode des frühen 22. Jahrhunderts geschmückt sind, der hier vorbeikommt, mit welchem Fortbewegungsmittel auch immer das junge Blut dieser Zeit zu ehren beschließt. Ich sehe, wie sein Blick verächtlich auf diesem gezackten Mosaik aus Fehlzusammenstellungen ruht. „Diesen Schlamassel haben sie angerichtet", wird er zu seinem Begleiter sagen, „zu Beginn des zwanzigsten Jahrhunderts." Ich fürchte, er wird von den Dichtern und Romanautoren aus Georgia ebenso wenig wissen wie die meisten von uns heute von den obskuren Zeitgenossen Wordsworths; er wird eine Geschichte unserer politischen Praktiken ebenso langweilig und korrupt finden wie jene aus anderen Epochen, mit denen er sich zur Zufriedenheit seiner Universitätsprüfer vertraut machen musste. Er wird sich in seiner Freizeit nur beiläufig dafür interessieren, wie das Leben des Durchschnittsmannes und der Durchschnittsfrau im Jahr 1923 aussah, und da er von uns die liebenswerte Eigenschaft der Faulheit geerbt hat, wird er den kürzeren Weg bevorzugen; er wird sich damit begnügen, die Atmosphäre unserer öffentlichen Gebäude zu betrachten und in sich aufzunehmen, und ich habe mehr als nur ein bisschen Angst, dass er, wenn er durch die Regent Street zum Oxford Circus geht, erschauern wird, wie wir es tun, wenn wir aus einem schlechten Traum erwachen, mit dem Schaudern, das zu einem Lächeln wird, mit der langsamen Beruhigung durch vertraute Gegenstände, dass ein Übel abgewendet wurde. Und er wird lachen und auf die Fassade von Peter Robinsons „Typisches 20. Jahrhundert!" zeigen.

Aber wird es eine Rolle spielen? Wird es uns beeinflussen, wie die Menschen im Jahr 1990 auf dieser Erde leben? Wir werden nicht mehr hier sein, um sie zu sehen. Sie werden nicht in der Lage sein, uns mit ihrer Intelligenz oder Dummheit abzulenken, zu verwirren und zu belästigen. Es ist nur unser Egoismus, der uns demütig vor ihnen niederwerfen lässt. Es gilt als unwürdig, wenn sich ein Schriftsteller an die Männer und Frauen seiner eigenen Generation wendet. Aber es ist doch geselliger von uns, unseren Freunden von Nutzen und Unterhaltung sein zu wollen, als ihren Enkeln, die sich, soweit wir wissen, zu ausgesprochen unangenehmen Menschen entwickeln könnten. Persönlich würde ich es viel lieber sehen, wenn meine Bücher jetzt von meinen Zeitgenossen gelesen würden, von Leuten, die ich kenne und mag, als von Fremden, wenn ich tot bin und meine Bücher nebenbei nicht mehr urheberrechtlich geschützt sind.

George Moore hat behauptet, dass jeder Mensch den Himmel auf seine eigene Weise findet, und hat bezeichnenderweise behauptet, er selbst habe ihn im Schlafzimmer jener Geliebten gefunden, die so treulos und so beständig war. Und ich könnte als Zeugen zu seiner Verteidigung einen Pfarrer aus meinem Bekanntenkreis vorbringen, der den Himmel in der Galerie von Lord's entdeckt hat. Ein kleiner, runzliger, wettergegerbter Pfarrer in einem langen Chesterfield-Mantel, der im Sonnenlicht traurig grün aussieht; ein Meerschweinchen, vermute ich. Denn wenn er eine Herde hat, kann sie selten gehütet werden.

Eine vertraute, unverwechselbare Figur; ich kenne seinen Namen nicht, obwohl wir uns ein- oder zweimal unterhalten haben. Er trägt immer ein kleines schwarzes Notizbuch bei sich, in das er jeden Spielstand über fünfzig einträgt, den er je gesehen hat. Wenn ein Wicket fällt und ein neuer Schlagmann die Stufen des Pavillons herunterkommt, nimmt er sein Buch heraus, überprüft die Identität des Neulings mit Hilfe der Punktekarte und des Telegrafen und beginnt, seinen Rekord zu prüfen. „Ah, ja", sagt er zu seinem Begleiter, „Miles Howell; er hat eine Reihe guter Innings gespielt. Lassen Sie mich nachdenken – 99 gegen Kent. Ich erinnere mich daran; der dumme Kerl! Hat sich selbst rausgerannt: ein unmöglicher Run. Ich glaube nicht, dass er jemals einen Hunderter für Surrey machen wird; er wird in den Neunzigern so nervös. Genauso war es in Lord's in seinem großen Innings. Er hätte den Rekord leicht erreichen können; nur zwei weitere Runs. Dann wirft er sein Wicket weg. Nachdem er drei Bälle zuvor auch verfehlt worden war."

Er ist ein alter Mann, fast achtzig. Während des Krieges fragte ich mich immer, ob ich ihn je wiedersehen würde, ob er in seinem Alter vier Jahre Rationierung, Luftangriffe und Überarbeitung überleben würde. Und kein Cricket. Er muss sehr einsam gewesen sein, völlig ratlos. Er muss viele Stunden damit verbracht haben, sein kleines schwarzes Buch zu studieren und sich zu fragen, ob die guten Tage zu seinen Lebzeiten je wiederkehren würden.

Aber er war am 16. Mai da, am ersten Morgen des Spiels Notts *gegen* Middlesex in Lord's. Und sein kleines schwarzes Buch war in seiner Hand. „Ach ja", sagte er, „AW Carr – das letzte Mal, dass ich ihn spielen sah, war am Dienstag vor dem Krieg gegen Surrey. Er hat, wenn ich mich recht erinnere, dreißig Punkte gemacht. Und er hat auch einen bemerkenswert guten Fang gemacht, im Aus. Ich nehme an, sie haben ihm ein Telegramm überbracht, während er am Schlag war, und ihn zur Nationalmannschaft zurückgerufen. Einen Monat später wurde er verwundet."

Ich glaube, dass mich der Anblick dieses alten Mannes in jenem Waffenstillstandssommer mehr als alles andere davon überzeugt hat, dass das menschliche Herz unveränderlich ist und unter wechselnden Bedingungen stabil bleibt. Und ich glaube, an diesem Tag habe ich zum ersten Mal die angeborene Weisheit dieses alten Mannes zu schätzen gelernt.

Vor dem Krieg hatte ich immer das Gefühl, dass er seine Pflicht gegenüber seiner Gemeinde kläglich vernachlässigte. Er sah die ganze Woche Cricket, er dachte die ganze Woche über Cricket nach ; was konnte er seiner Gemeinde sonntags schon sagen? Aber an diesem ersten Tag des Nachkriegscrickets lernte ich, dass man, solange man das Leben in festen Begriffen betrachtet, einen wahren Sinn für menschliche Werte entwickeln kann, und dass County Cricket ein ebenso brauchbarer Spaten ist wie Literatur, wenn man das Absolute ausgraben will.

Jemand, ich glaube fast, es war Flint, hatte Saville gerade ziemlich verfehlt. Der alte Mann schüttelte den Kopf. „Arm, arm", murmelte er, „und in den Achtzigern waren sie eine schlechte Feldmannschaft." Plötzlich sah ich das Leben des Pfarrers mit Erleichterung. Er hatte das Leben im Hinblick auf das County Cricket gesehen. Er hatte in den wechselnden Schicksalen des Feldes die Arroganz und Vergänglichkeit des Erfolgs, den Mut der Verzweiflung und die Eitelkeit des Ehrgeizes gesehen, so sicher wie der Historiker den Aufstieg und den Zusammenbruch von Imperien. Er hatte Männer zu Ruhm aufsteigen und in Mittelmäßigkeit versinken sehen. Die Grafschaften hatten ihre Stunde gehabt. Es hatte die Jahre der Dominanz von Surrey gegeben, dann die von Yorkshire, dann die von Kent. Jetzt war Middlesex die aufstrebende Macht. In seiner Erinnerung an „Nottinghams schwache Feldmannschaft in den Achtzigern" steckte die ganze Geschichte. Und ich spürte, dass er seiner Herde am Sonntag wahre Weisheit vermitteln könnte; er würde sich nicht so leicht durch das Geschrei auf dem Marktplatz irreführen lassen; er hätte ein Wertegefühl. Er hätte eine Norm, mit der er den Verkehr und die Verwirrung des modernen Lebens beurteilen könnte. Wir sind Kinder, würde er sagen, und das Recht eines Kindes, sich die

Spielsachen auszusuchen, die ihm gefallen; oder vielleicht sind wir eher auf der Suche nach einer schäbigen Wäscheklammer für eine halbe Krone, an die wir den sechzig Guineen teuren, pelzgefütterten Mantel unserer unsterblichen Natur hängen können. Man muss eine Klammer haben; aber es ist der Mantel und nicht die Klammer, auf die es ankommt.

Und damit zurück zu meinen Spuren. Gewohnheiten sind eine gute Sache; ein Rahmen gibt dem Leben einen Sinn, und Cricket und Fußball sind ebenso gute Hüte für Literatur, Romantik und Freundschaft wie der Alltag eines Beamten, Bankangestellten oder Steuerberaters. Für leuchtende Farben muss es einen Hintergrund geben, und das ist meiner.

Drittes Kapitel

JEDER hat eine Art Rahmen, eine Reihe von Schubladen, die das Jahr willkürlich in seine Bestandteile aufteilt. Für Mayfair gibt es Ascot und Goodwood und die Londoner Saison. Für den Sportler gibt es den 12. August. Für den Kricketspieler beginnt der Sommer am 1. Mai mit dem Aufschlagen des ersten Wickets und endet, wenn Mitte September der letzte Ball geworfen wird. Er kann nicht sagen, anders als der Gärtner: Der Sommer hat dieses Jahr früher begonnen als letztes Jahr. Vielleicht kommt der St. Martinssommer Ende Oktober, die Tage mit blauem Himmel und mildem Sonnenlicht, wenn die Mädchen wieder ihre leichten Kleider anziehen, im Garten Tee getrunken wird und die Schmetterlinge aus ihrem Winterschlaf erwachen. Aber es wird ihm egal sein, wie blau der Himmel ist oder wie warm die Luft. Das Fußballspiel hat begonnen; die weißen Leinwände sind zwischen Pavillon und Mauer windgeschützt aufgestapelt.

Im Großen und Ganzen neigt er dazu, das für die Jahreszeit untypische Wetter zu verabscheuen. Er hält es für eine Verschwendung von Sonnenschein. Er erinnert sich an die nassen Junitage, als er in seinen Stollenstiefeln das Pavillon auf und ab stapfte, dem Regen zuhörte, der auf das Wellblechdach prasselte, und zusah, wie sich das Wicket langsam in einen Sumpf verwandelte. Wintersonnenschein weckt in ihm selten ein Gefühl von Heimweh. Fast schon Cricketwetter, denkt er, und er erinnert sich, dass der Mai noch vier Monate entfernt ist. Ebenso misstraut er dem Sommer, der fast schon vor Ende des März beginnt. Er hätte lieber einen Monat Regen und Kälte im April. Wir haben jedes Jahr nur Anspruch auf eine bestimmte Anzahl schöner Tage, denkt er. Wir werden so viele wie möglich davon haben wollen, wenn wir wieder Cricket spielen. Sonnenschein ist verschwendet, wenn er nicht sanft auf weiße Flanellhemden und Sonnenschirme und das Geräusch von Schlägern auf Bällen fällt.

Er hätte es vorgezogen, wenn der April kalt und nass wäre, obwohl er, wahrscheinlich aufgrund der besonderen Form der Hutablage seiner Zeit, gezwungen sein wird, im Laufe des Monats Urlaub zu nehmen, gezwungen, weil dieser Monat eine Lücke zwischen den Anforderungen von Cricket und Fußball bietet. Der September bietet keine Lücke. Wir spielen unser letztes Cricketspiel irgendwann um den 13. herum, und am nächsten Samstag bringt uns die District Railway zum Old Deer Park und den Rugby-Wettkämpfen. Im September gibt es keine Verschnaufpause. Aber im April gibt es kein Cricket und nur ein paar planlose Rugby-Spiele; der Boden ist zu hart, die Sonne ist zu heiß, und sieben Monate mit einem Spiel sind völlig genug. Wir pflegen unsere Stiefel, stellen sie ins Regal, beginnen, unsere Schläger zu ölen, und verbringen ein paar Samstagnachmittage in angenehmer Muße.

Ich selbst fahre im April fast immer weg, nicht weil ich es besonders möchte, nicht weil ich eine Pause brauche – steht Cricket, die vollkommenste aller Pausen, nicht unmittelbar bevor?, sondern weil ein Urlaub, der ein plötzliches Aufgeben von Routine, Interessen und Beziehungen mit sich bringt, unsere einzige Chance ist, den Sinn für Proportionen wiederzuerlangen, den wir in London so schnell verlieren. Es ist das Äquivalent zum katholischen Exerzitien; eine Pause; die Bereitstellung eines Abstandswinkels. Wenn man ein abwechslungsreiches und unterhaltsames Leben hat; wenn man seine Arbeit genießt; wenn einem weder Ort noch Person besonders auf die Nerven geht, dann ist ein Urlaub, vom reinen Genuss her, eine unnötige Extravaganz. Ich kehre selten von einem Urlaub nach Hause zurück, ohne zu denken, dass ich mich in London gründlicher und weniger kostspielig hätte amüsieren können. Ich betrachte einen Urlaub, einen formellen Urlaub, das heißt, keinen improvisierten viertägigen Aufenthalt in Brüssel oder Paris, als eine Art Pflicht.

In London treffen wir immer dieselben Leute. Jeder weiß alles über jeden, seine literarischen und häuslichen Verwicklungen, seine Vorlieben, seine Ambitionen, seine Eigenheiten; und das gibt uns ein übersteigertes Gefühl unserer eigenen Ohnmacht. Es ist gesund für uns, in eine Gesellschaft versetzt zu werden, in der keine Bücher gelesen und über Schriftsteller nicht gesprochen wird, in der wir uns alle fremd sind.

Das ist der Hauptreiz abgelegener Landgasthöfe. Man weiß nie, wen man trifft, man begegnet ständig neuen Typen und es ist oft einfacher, sich mit einem Bekannten vertraulich zu unterhalten als mit einem Freund.

Vor drei Jahren fuhr ich für vierzehn Tage in ein kleines Dorf in Sussex, zehn Meilen von jedem Bahnhof entfernt. Es liegt direkt unter den Downs, und von meinem Schlafzimmerfenster aus konnte ich die Schatten am frühen Morgen über sie ziehen sehen. Wenn ich von einem Balkon in Hammersmith auf sie hinunterblickte, dachte ich manchmal, dass ich nie ein Naturobjekt sehen würde, das abwechslungsreicher ist als der Fluss. Seine Grau-, Grün- und Brauntöne gehen ständig ineinander über, die Lichter und das Wasser nehmen unter dem Einfluss der Gezeiten und Strömungen unterschiedliche Schattierungen an. „Ich werde nie etwas Schöneres als den Fluss sehen", sagte ich immer, und ich weiß nicht, ob ich das jemals getan habe. Nicht besser; aber die Downs sind genauso gut. Sie sind so farbenfroh wie der Fluss – braun, grün, schwarz, in manchen Aspekten fast rot. Es ist wunderbar zu sehen, wie das Sonnenlicht über sie zieht; die langen Schatten, die im Laufe des Nachmittags ihre Position ändern und unerwartete Vorsprünge des Bodens enthüllen. Ich nehme an, es sind die Downs, die die Leute an diesen Ort ziehen; keine Berühmtheit lebt dort, es gibt keine Künstlerkolonie, keine lokale Industrie; Die Sussex Cyder School hat darüber nichts geschrieben.

Und dennoch gibt es genügend Besucher, um ein wirklich ganz passables Hotel zu betreiben.

Es ist nicht gerade schick; ich kann unserem Gastgeber kaum ein Kompliment für seinen Keller machen, und es gibt nicht viel Auswahl an Speisen; aber die Schlafzimmer sind groß, und zwei der Fenster im Raucherzimmer können geöffnet werden. An einem verregneten Tag ist es nicht allzu fröhlich, aber ich habe mich in einem schicken Hotel in Brüssel für 80 Francs pro Tag schon weniger wohl gefühlt.

Und man trifft tatsächlich merkwürdige Leute. Lustige alte Paare, die über die Einkommensteuer diskutieren; junge Leute auf Hochzeitsreise; pensionierte Politiker, die unter der *Morning Post begraben liegen* . Es war ein echtes Erlebnis an diesem ersten Abend im Downs Hotel. Ich nahm nach meiner Reise ein langes heißes Bad, zog mich in aller Ruhe um, strich mir sorgfältig das wenige Haar zurück, das mir mein Stahlhelm noch hinterlassen hatte, und wartete auf den Gong zum Abendessen. Ich ging sofort hinunter, suchte mir einen Tisch so weit wie möglich von der Tür entfernt aus und beobachtete, wie die Stammgäste langsam herunterströmten. Und als an meinem zweiten Abend der Kellner auf mich zukam und fragte, ob ich etwas dagegen hätte, wenn noch ein anderer Herr an meinem Tisch säße, konnte ich ihm ehrlich versichern, dass es mir eine wahre Freude wäre.

Eine halbe Stunde später musste ich jedoch gestehen, dass er mich vielleicht als interessantere Begleitung gefunden hätte.

Er war ein schwerer, untersetzter Mann mittleren Alters mit kantigem Kinn, glattrasiert; die Art von Kerl, die in amerikanischen Filmen den starken Geschäftsmann spielt, der sich in einem Sessel zurücklehnt, eine Zigarre in die Wange geklemmt, die Hand auf dem Telefonhörer, während eine Sekretärin in der Ecke die Tonbandgeräte beobachtet. Tatsächlich die Art von Mann, dem man in London zu oft begegnet, als dass man ihn im Urlaub mit Begeisterung begrüßen könnte.

Und er wollte nicht reden.

Ich wagte ein paar Bemerkungen über den Handelsrückgang, denen er mit Interesse zuhörte und zustimmte, dass die Dinge in einer schlimmen Lage seien. Wir diskutierten die Situation in Russland und er war der Meinung, dass drastische Maßnahmen erforderlich seien. Er stimmte mit allem überein, was ich sagte, und man kommt in einem Gespräch nicht sehr weit, wenn der Gesprächspartner nie viel mehr sagt als: „Ja, ich denke, das ist ganz richtig. Genau das empfinde ich auch."

Er zeigte sich etwas aufgeregter, als ich sagte, dass das schöne Wetter England beim Internationalen Spiel zugutekommen würde, aber seine Meinung war die der Tagespresse. Er meinte, wir hätten Glück gehabt,

Frankreich zu schlagen, Davies und Kershaw seien die einzigen Männer im Team, die dem Standard von 1913 entsprochen hätten, und Lowe würde wie üblich ausgehungert. Ja, er ging oft nach Twickenham. Hatte ich Pillmans Versuch in letzter Minute gegen Wales kurz vor dem Krieg gesehen und FE Chapmans Versuch in der ersten Minute im Jahr 1910? Er wusste sicherlich etwas über Fußball, aber nichts, was er nicht auch aus den Kolumnen des *Sportsman gelernt hätte* , und außerdem war ich nicht nach Sussex gekommen, um über Fußball zu reden. Ich begann zu bereuen, dass ich seine Gesellschaft so bereitwillig angenommen hatte. Er sah aus wie einer, der bei einer Sache bleibt und wahrscheinlich am nächsten Tag nach dem Frühstück auf mich zukommen und sagen würde: „Na, und wie wär's mit einem Spaziergang heute Morgen?"

Ich könnte nicht ablehnen. Er würde darauf bestehen, bis ganz nach oben zu wandern. Was hatte ich mir da nur aufgebürdet? Gleich nach dem Abendessen ging ich direkt in mein Schlafzimmer, um einer noch intensiveren Intimität bei einer Zigarette und einem Likör aus dem Weg zu gehen.

Als ich am nächsten Morgen aufwachte, sah ich, dass die Hügelkette in Nebel und Regen gehüllt war. „Einen Tag im Raucherzimmer verbracht", sagte ich mir, „und an einem so kleinen Ort werde ich meinem Kameraden von gestern Abend nicht aus dem Weg gehen können. Vielleicht spielt er Schach." Mit dieser Hoffnung gestärkt, nahm ich ein Bad, rasierte mich, zog mich an und ging hinunter ins Frühstückszimmer. Mein Freund war vor mir da gewesen. Auf dem Tisch standen eine Teekanne und ein schmutziger Teller. Ich war froh über die Ruhepause.

Doch dann fand ich ihn im Raucherzimmer. Wie vermutet saß er im besten Sessel, die Füße zu beiden Seiten des Kamins. Er las ein Buch. Ich schaute ihm über die Schulter, um zu sehen, was es war, und las oben auf der linken Seite: *Einsteins Relativitätstheorie* .

Das war es also. Ein Schulmeister. Warum war mir das nicht schon früher eingefallen? Ein Schulmeister, der sich schon lange nicht mehr an unabhängiges Denken gewöhnt hatte, der sich für wenig anderes als Leichtathletik interessierte und selbst dort misstraute und seine Meinungen auf Standardautoritäten stützte. „Ein Geist", sagte ich, „der schon seit vielen Jahren tot ist, aber weiterhin Informationen sammelt. Er hat jemanden im Gemeinschaftsraum über Einstein sprechen hören und ist der Meinung, dass ein Schulmeister über alles etwas wissen sollte. Also kauft er sich am Bahnhof ein Handbuch – eine Abkürzung zum Wissen, das ist seine Vorstellung von Bildung."

Und an diesem Abend beim Essen beschloss ich, ihn auf sein eigenes Terrain zu locken. Ich sprach über die Bildungssysteme Frankreichs und Deutschlands. Ich verglich das Lycée mit der öffentlichen Schule.

„Wir verstehen in England nichts von Bildung", sagte ich. „Wir schicken die Jungen von einem Klassenzimmer ins andere, ein bisschen Latein hier, ein bisschen Französisch dort, eine halbe Stunde Mathematik und ein bisschen Naturwissenschaften. Wir nennen das Allgemeinbildung. Es ist nichts dergleichen. Man weiß ein bisschen über verschiedene Dinge, aber nichts gründliches; und es ist besser, eine Sache gründlich zu wissen, als fünfzig Dinge in Stücken."

Ich hielt inne und wartete auf einen Widerspruch.

„Da haben Sie vielleicht recht", sagte er. „Aber ich bin nicht in der Position, das zu beurteilen. Ich weiß nichts über öffentliche Schulen."

"Aber sicher--"

„Nein, ich habe nie eine besucht, und obwohl ich in meinem Leben viele Privatschüler kennengelernt habe, hatte ich nur wenige Gelegenheiten, ihren Intelligenzstandard mit dem der Franzosen und Deutschen zu vergleichen. Ihre Kritik trifft nicht auf die Männer zu, die ich kenne, denn wir sind alle mehr oder weniger Spezialisten in der Armee."

Ein Soldat! Und er liest Einstein. Ich wäre kaum erstaunter gewesen, wenn ich einen Gemeindepfarrer beim Lesen von Casanova entdeckt hätte.

„Sie sind überrascht?", sagte er.

„Nun, ein bisschen. Ich hatte nicht an dich als Soldaten gedacht."

„Das würde ich annehmen. Man würde das nicht tun, aber ich bin es. Ein Major in den Inniskillings."

Und um meine Überraschung zu verbergen, begann ich ihn über den Krieg auszufragen: Welche Division war seine gewesen? Wo war er in Cambrai gewesen? War er in Ypern gewesen?

Doch nach dem Abendessen im Raucherzimmer lenkte ich das Gespräch auf Philosophie und Wissenschaft. Ich habe vergessen, wie ich das geschafft habe, wahrscheinlich über Platon. Die Theorie der platonischen Liebe bietet eine einfache Brücke, um eine Diskussion über das Leben beim Militär in das Feld der Spekulation zu führen. Und der Major fuhr mit echter Begeisterung fort, den Unterschied zwischen der sokratischen und der aristotelischen Sicht des Wissens zu erklären. Seine Augen glühten, als er sprach. Aber nichts von dem, was er sagte, war originell. Seine Ausführungen waren eine Zusammenfassung des Vorworts zu den Sokratischen Dialogen in der

Everyman Edition. Zu keinem Thema war er zu unabhängigem Denken fähig.

„Sie müssen ein beträchtliches Studium der Philosophie absolviert haben“, sagte ich.

„Ja. Das ist das Einzige, was mir wirklich am Herzen liegt. Ich habe mich in der Armee nicht schlecht geschlagen und war im Großen und Ganzen wohl auch glücklich dort. Aber ich habe immer gedacht, dass mein Geist eher zur Spekulation als zur Tat neigt. Es hat mich immer Mühe gekostet, meine Aufmerksamkeit auf meine Arbeit in der Armee zu konzentrieren. Ich hätte ein Leben des ruhigen Lernens vorgezogen.“

Ein Ausdruck wehmütiger Resignation huschte über sein Gesicht, und ich wartete darauf, dass er fortfuhr. Er war in der Stimmung, in der Vertrauen leicht fällt, und es ist weniger schwierig, einem Fremden, einer Person, die man noch nie zuvor getroffen hat und aller Wahrscheinlichkeit nach auch nie wieder treffen wird, selbst die intimsten Geheimnisse seines Lebens anzuvertrauen, als einem Bekannten, mit dem man täglich in Kontakt kommt.

„Ja“, sagte er, „ich hätte ein Leben als Student vorgezogen. Ich wollte nie zur Armee. Es war eine Frage des Geldes. Ich war ein Einzelkind. Mein Vater, ein Beamter, starb, als ich drei Jahre alt war, und ich wurde von meiner Mutter großgezogen. Ich ging nie zur Schule. Ich hatte nur wenige Freunde. Wir saßen oft stundenlang zusammen und lasen; es gab die Idee, dass ich in die Kirche gehen sollte. Aber meine Mutter starb, als ich fünfzehn Jahre alt war, und ich zog zu einem Onkel von mir – dem ältesten Bruder meines Vaters. Er war nicht wohlhabend. Ich bezweifle sehr, dass es ihm möglich gewesen wäre, mich auf die Universität zu schicken, selbst wenn er es gewollt hätte. Aber er hat diesen Plan nie in Erwägung gezogen. Er hielt die Kirche nicht für eine geeignete Karriere für einen Mann – jedenfalls nicht für den Sohn seines Bruders. Etwa einen Monat nach dem Tod meiner Mutter war er geduldig und mitfühlend mit mir. Aber als er dachte, der erste Kummer sei vorüber, nahm er wieder seine übliche Geschäftsmanier an. Eines Morgens nach dem Frühstück bat er mich, in sein Arbeitszimmer zu kommen.

„ ‚Ach, komm schon, John‘, sagte er. ‚Jetzt komm, stell deinen Stuhl vor das Feuer und lass uns darüber reden, was mit dir passieren wird!‘

„Ich bin sicher, dass er sein Bestes tat, um mich zu verstehen. Ich weiß, dass er mich damals – das hat er mir später immer wieder gesagt – für einen absurden Verwöhner hielt.

„ ‚Du wärst nicht der Mann, der du jetzt bist, John, wenn ich dich nicht zur Armee geschickt hätte.‘

„Das hat er mir erst vor ein paar Monaten gesagt. Und ich vermute, er hatte recht. Ich war überhaupt nicht der Typ Junge, den er bewunderte. Ich muss ihm große Sorgen bereitet haben."

„Und er hat Ihnen keine Wahl gelassen?", sagte ich.

„Praktisch keine, und ich war zu dieser Zeit zu unglücklich, um mich groß darum zu kümmern, was mit mir geschah. Ich saß im Sessel und sagte ‚Ja' und ‚Ja' und ‚Ja'. In zwanzig Minuten war der Lauf meines ganzen Lebens festgelegt. Es ist ziemlich seltsam, wenn man darüber nachdenkt. Wir leben siebzig Jahre. Aber alles, was uns während dieser siebzig Jahre widerfährt, kann vom Verlauf eines Gesprächs abhängen, das zwanzig Minuten dauert und stattfindet, bevor wir ein Viertel unseres Lebens gelebt haben, wenn wir überhaupt keine Erfahrung mit der Welt haben.

„Am Anfang hatte ich es nicht leicht. Es war, wie mein Onkel es nannte, ‚eine Art Aufpäppeln'. Sandhurst ist kein Spaß für einen Mann, der nie zur Schule gegangen ist. Sie haben mich in ein Tintenbad gehauen, weil ich auf der falschen Seite des Vorraums saß. Ich war nicht gut in Spielen und ich konnte sehen, wie die Stabsfeldwebel und Offiziere mich verachteten. Aber schließlich schaffte ich es, in meine Loge zu passen."

„Ich glaube, Sie haben mehr erreicht, als Sie sich gegen so viele Widrigkeiten durchgesetzt hätten", sagte ich, „als wenn Sie in Ihrem Arbeitszimmer gesessen hätten. Sie haben aus einer Karriere, die Ihnen nicht zusagte, einen Erfolg gemacht. Das ist eine große Sache."

Er schien erfreut über meine Aussage zu sein.

„Ja. Ich glaube, ich habe es geschafft", sagte er, „und es war nicht einfach. Es war ein Kampf gegen den Strich, und ich musste Versuchungen erdulden – eine große Versuchung."

"Ja?"

„Zumindest nehme ich an, dass es eine große Versuchung war, und ich nehme an, dass ich richtig daran getan habe, ihr zu widerstehen; ich weiß nicht. Ich konnte mich nie entscheiden. Ich würde lieber …"

Er hielt ein wenig unsicher inne und blickte mich unter seinen großen, dichten Augenbrauen hindurch eindringlich an.

„Ich wäre sehr interessiert und würde natürlich alles, was Sie mir erzählen, als vertraulich betrachten", sagte ich.

„Daran habe ich nicht gedacht", sagte er. „Aber, na ja, es ist jetzt auch nicht mehr so wichtig. Ich kann es dir genauso gut erzählen."

Und ich lehnte mich in meinem Stuhl zurück und bereitete mich auf die übliche Geschichte vor – ein Konflikt zwischen Liebe und Pflicht; das hatte ich erwartet. Die Frau eines Offizierskollegen; eine Szene der Leidenschaft und Resignation; und dann das lange Bedauern, das mit den Jahren immer tiefer wird. Es ist eine Geschichte, die häufig genug vorkommt, obwohl jeder seine eigene Version davon als seine eigene betrachtet. Aber die Geschichte von der Versuchung des Majors war ganz anders, oder vielleicht wäre es richtiger zu sagen, dass es dieselbe Geschichte von einer anderen Seite gesehen war. Es war ein Konflikt zwischen Ehre und dem, was er am meisten auf der Welt schätzte. Denn er war die Art von Mann, in dessen Leben Frauen nur eine beiläufige Rolle spielen. Jedenfalls war dies seine Geschichte, wie er sie mir erzählte.

„Es war im Osten", sagte er, „aber ich werde Ihnen nicht sagen, wo; und es gab Ärger, ich werde Ihnen nicht sagen, was. Es kam nie in die Zeitungen und hat nichts mit der Geschichte zu tun. Ich war damals ein ziemlich hochrangiger Subalternoffizier und bewachte mit einer halben Kompanie die Mündung eines kleinen Flusses. Unsere Hauptaufgabe bestand darin, dafür zu sorgen, dass kein Boot unerkannt den Fluss hinauffuhr. Es war eine ziemlich bequeme Arbeit; nicht viel Ärger, und drei Meilen flussabwärts gab es eine nette kleine Stadt, wo ich abends immer hinging, um etwas zu trinken und zu rauchen. Hier traf ich eines Abends einen jener Europäer, die so lange im Osten gelebt haben, dass sie ihre Staatsangehörigkeit verloren haben. Sein Gesicht und seine Hände waren braun, und er hatte sich seit mindestens sechsunddreißig Stunden nicht rasiert. Er sah schmutzig aus und hatte keinen Selbstrespekt.

„Wir unterhielten uns eine Weile über belanglose Dinge, und die ganze Zeit über spürte ich, wie er mich mit seinen schlauen Augen aufmerksam beobachtete. Dann machte er plötzlich ein Freimaurerzeichen. Ich antwortete. Und er stieß einen Seufzer der Erleichterung aus.

„ ‚Das hatte ich gehofft', sagte er, ‚aber ich war mir nicht sicher; das macht alles so viel einfacher. Jetzt kann ich sagen, was ich will, und es bleibt ein Geheimnis zwischen uns. Sie werden Ihr Vertrauen nicht brechen.'

"Ich nickte.

„Er beugte sich über den Tisch nach vorne und vergrub sein Gesicht in seinen Händen.

„ ‚Haben Sie heute Morgen ein Schiff auf See gesehen?'

„ Ja ", sagte ich.

„ Ich bin auf diesem Schiff. Ich habe sehr wichtiges Material, das ich in dieses Dorf bringen möchte, und wegen Ihrer Außenposten kann ich das nicht."

„ Aber wir lassen sämtliche Waren passieren, nachdem wir sie durchsucht haben."

„ Sie erlauben dem, was ich mitbringe, nicht durchzukommen?"

„ Gewehre ?"

„ , Opium. Ich habe Opium im Wert von vielen tausend Pfund auf diesem Schiff und kann es nicht ins Landesinnere bringen.'

„Er hatte erwartet, dass ich meine Überraschung zeige, aber ich habe in der Messe viel Poker gespielt und gelernt, meine Emotionen nicht durch mein Gesicht zum Ausdruck zu bringen.

„ , Nun', sagte ich, „und was hat das mit mir zu tun?'

„ , Du kannst mir helfen, es durchzukriegen.'

„ , Ist das alles, was Sie zu sagen haben?' und ich machte mich bereit aufzustehen.

„ Nein , nein", sagte er. „Setzen Sie sich. Seien Sie kein Narr. Hören Sie mir zu."

„Ich sah ihn einen Moment lang direkt an.

„ , Ich werde nicht tun, was du von mir willst.'

„ Wenn Sie nur zuhören würden."

„ , Ich weiß nicht, was mich davon abhalten könnte, durch den Raum zu diesem Polizisten zu gehen und Sie verhaften zu lassen.'

„ , Ihren Eid.' Und ein Lächeln blitzte in seinen verschlagenen Augen auf. ,Sie würden Ihren Eid als Maurer niemals brechen. Ich würde das nicht tun und mich nicht einen Ehrenmann nennen. Ich weiß, dass ich sicher bin, wenn es um einen Maurer geht.' Und er beugte sich über den Tisch und berührte meinen Ärmel und zog ein wenig daran. ,Es wird so einfach sein', sagte er leise. ,Es gibt nur einen Wachposten auf dem Fluss. Um fünf Minuten vor zehn gehen Sie auf Ihre Runde. Um zehn Uhr bringt der Koch eine Pappschachtel voll Kakao vorbei. Ich könnte Ihnen ein wenig Pulver geben, das Sie in die Tasse des Wachpostens streuen könnten. Er würde ohnmächtig werden. Eine Stunde lang würde er nichts wissen. In dieser Zeit könnte ein Boot den Fluss hinaufgebracht und wieder weggebracht werden. Der Wachposten würde sich erholen. Er würde sich schütteln, wieder auf seinem Posten stehen und nichts sagen. Es ist ganz sicher.'

„ , Es hat keinen Sinn, dass du redest', sagte ich. ,Das werde ich nicht tun.'

„ Aber warum nicht? Wenn Sie mich nicht durchlassen, wird es jemand anders tun, weiter oben an der Küste. Es heißt warten, und ich würde lieber nicht warten, aber früher oder später werde ich meinen Freund finden. Mit zweitausend Pfund kann man alles machen."

„ , Zweitausend Pfund!'

„ Das ist mein Angebot. Mit Opium kann man große Profite machen."

„ Aber einen britischen Offizier werden Sie nicht bestechen können."

„Darüber hat er gelacht.

„ Jeder Mann hat seinen Preis, und es war der Premierminister von Großbritannien, der das gesagt hat. Sogar britische Offiziere sind froh über ein kleines Taschengeld. Und?"

„Ich sagte nichts. Ich nahm meinen Hut und meinen Stock und stand auf.

„ , Na gut', sagte er, ,aber beeilen Sie sich nicht und denken Sie daran, wenn Sie es nicht tun, wird es jemand anderes tun. Warum sollte er das Geld bekommen und nicht Sie?'

„Ich verließ rasch das Restaurant, hatte aber kaum hundert Meter zurückgelegt, als ich in die Tasche griff, um nach einer Streichholzschachtel zu suchen, und plötzlich eine glatte Lederbörse berührte. Ich nahm sie heraus, öffnete sie und sah darin einen kleinen grauen Umschlag. Darin befand sich ein rötliches Pulver.

„Ich werde nie vergessen, was ich in den nächsten Stunden ertragen musste. Ich brachte alle Argumente vor, die mir einfielen – Pflicht, Patriotismus, meinen Namen, aber in meinem Hinterkopf blieb immer dieser Gedanke: ,Zweitausend Pfund bedeuten ein Einkommen von hundert Pfund im Jahr. Ich kann meinen Auftrag aufgeben und den Rest meines Lebens in Ruhe studieren.' Ich begann mir die langen Abende vor einem Kamin vorzustellen, mit einer Lampe, die ein mildes Licht auf mein Buch warf, und verglich sie mit der rauchigen Atmosphäre der Messe und den endlosen Anekdoten des Obersts. Und es gab keinen wirklichen Grund, warum ich diese Gelegenheit ausschlagen sollte. Jemand anderes würde sie annehmen. Das Opium würde bestimmt durchkommen. Dies war die Chance, auf die ich mein ganzes Leben gewartet hatte: Sie würde nie wieder kommen."

„Aber Sie haben abgelehnt?", sagte ich.

„Ja, das habe ich, und ich weiß nicht, ob ich klug gehandelt habe. Ich durchlebte große Seelenqualen, und als mein Ordonnanzoffizier um halb zehn kam, um mir zu sagen, dass es Zeit für meine Runde sei, wusste ich, dass ich nicht widerstehen könnte, wenn ich erst einmal dort wäre. Also holte ich eine Flasche Whisky heraus, füllte mein Glas, schüttete das Pulver hinein, und bevor das rote Pulver Zeit hatte, den Boden zu erreichen, hatte ich das Glas an meinen Mund geführt und es geleert.

„Es war ein gutes Medikament für den Zweck, für den es benötigt wurde. Ich setzte mich in meinen Stuhl. Ich fühlte mich weder krank noch schwindelig. Ich war einfach weg, und als ich wieder zu mir kam, war es nach halb elf, und ich war in Sicherheit. Ich spürte keine Nebenwirkungen."

„Und das war das Ende?", sagte ich.

„Soweit es mich betrifft. Aber ich nehme an, dass die Geschichte hier nicht wirklich zu Ende ist. Ich traf denselben Mann ein paar Monate später in einem anderen Café ein paar Meilen weiter die Küste hinauf. Er sah sauberer und gepflegter aus als bei meinem letzten Treffen , und er begrüßte mich überschwänglich und stellte mir Getränke zur Verfügung. Nach einer Weile nahm er mich beiseite.

„ , Du warst ein Narr', sagte er.

„Ich zuckte mit den Schultern.

„ , Dann bin ich froh, dass ich es war.'

„ , Sie waren ein Narr', wiederholte er, ,und was ist passiert? Sie haben zweitausend Pfund weggeworfen, und jemand anders hat sie aufgehoben.'

„ , Also, hast du es geschafft?'

„ , Natürlich. Was habe ich dir gesagt? Die Welt ist nicht voller Josephs.'

„Und zwei Wochen später beantragte einer der Offiziere meiner Kompanie Urlaub, um in die Heimat zu fahren und zu heiraten. Wir waren alle überrascht, denn er hatte nicht viel Geld – nur seinen Sold – und man hatte ihn oft über die lange Dauer seiner Verlobung klagen hören. Als jemand fragte, ob seine Großmutter gestorben sei und ihm ein Vermögen hinterlassen habe, errötete er verlegen und sagte etwas von ein bisschen Glück mit Pferden.

„Er ist nach seiner Heirat nie wieder zu uns zurückgekehrt."

Er hielt inne und wir sahen uns einen Moment lang an.

„Und Sie fragen sich, ob das, was Sie getan haben, richtig war oder nicht?"

„Ja, das frage ich mich schon seit zwölf Jahren, und ich werde es mir bis zum Ende fragen. Wenn ich das Pulver dem Wachposten gegeben hätte, statt mir selbst, hätte ich den Rest meines Lebens so verbringen können, wie ich es gerne tun würde. Und ich weiß nicht, ob das falsch gewesen wäre. Ich neige dazu, zu glauben, dass der Zweck die Mittel heiligt, und das Zeug musste sowieso durchkommen."

„Aber", sagte ich, „waren Sie in der Armee im Großen und Ganzen glücklich?"

„Oh ja", sagte er, „ich war ziemlich glücklich, aber das ist nicht das Leben, das für mich bestimmt war. Es ist nicht leicht zu erklären, aber ich glaube, es hätte viel glücklicher sein können – wenn die Ecken und Kanten nur ein wenig abgeschliffen worden wären."

Und lange saß er schweigend da. Zweifellos dachte er an die stille Tragik eines glücklichen, aber nicht intensiv gelebten Lebens. Aber ich dachte an die gütige Vorsehung, die uns die Kontrolle über unser Schicksal entzieht und diesen neugierigen alten Soldaten vor einer Spekulationskarriere bewahrt hatte, die nur mit einem kläglichen Misserfolg hätte enden können.

IV

ABER wir können diesen Abstand nicht nur und nicht einmal hauptsächlich durch die Begegnung mit neuen Menschen gewinnen. Wir brauchen einen völligen Tapetenwechsel. Der unterbewusste Einfluss unserer Umgebung auf uns kann kaum überschätzt werden. Ein plötzlicher Geschmacks- und Geruchssinn ruft uns eine Reihe damit verbundener Erinnerungen in Erinnerung. Der Blick durch das Fenster eines Eisenbahnwaggons auf ein Satteldach, einen quadratischen Kirchturm, einen bestimmten Farbton des Sonnenlichts auf roten Ziegeln öffnet die Seiten eines Kapitels, dessen Existenz wir fast vergessen hatten; er enthüllt uns in einer Perspektive und mit einer objektiven Realität, die wir damals nicht hatten, eine Facette der Vergangenheit. Das Offensichtliche, die oberflächliche Reflexion über solche Ereignisse wäre ein Ausdruck der Überraschung darüber, dass eine so triviale Angelegenheit wie der Geschmack von Kakao, der Geruch von nassem Stein, der Anblick einer Kirche mit quadratischem Turm zu einem Fenster in die Kindheit werden sollte. Der Wahrheit näher käme jedoch wahrscheinlich die Annahme, dass diese Augenblicke des Sehens und Genießens, deren Existenz wir damals kaum wahrnahmen und denen wir keinen Wert beimaßen, ein wesentlicher Bestandteil des Gerüsts unserer Gedanken, Hoffnungen und Handlungen waren und dass das, was wir in unserem Leben als persönlich und wichtig erachten, aus ihnen seine Nahrung, Farbe und Richtung bezog.

So wie die Romane von Alphonse Daudet vom Sonnenschein des Südens und der einfachen, trägen Freundlichkeit durchdrungen sind, die dieser hervorbringt, so sind Maupassants Geschichten Kinder des Schlamms, der Lichter, des Regens und der Galanterie von Paris. Und so liegt über den Gedichten und Romanen von Thomas Hardy der tiefe Schatten der Landschaft von Wessex. Und unter diesen vielen Einflüssen, die unser Leben, ohne dass wir es wissen, heiter oder düster, tief oder oberflächlich machen, oder es wäre vielleicht zutreffender zu sagen, die dazu neigen, in uns jene Eigenschaften hervorzuheben, die heiter oder düster, tief oder oberflächlich sind, gibt es nur wenige, die uns sicherer oder intensiver berühren als die Beschaffenheit der Gebäude, Straßen, Geschäfte und Kirchen, in deren Mitte wir leben.

Es wäre in der Tat der Mühe wert, darüber zu diskutieren, ob der klassische Gelehrte einer alten Schule sein Gefühl für die Antike, jenes Wissen, dass wir Teile eines Musters sind, dessen Fäden auf beiden Seiten von uns ausgehen, das eine so menschliche, so tolerante Grundlage für seine Ideen und seine Handlungen bildet, eher aus dem Studium von Homer und Catull als aus der beruhigenden Präsenz alter Gebäude, gotischer Bögen und Kreuzgänge und merkwürdiger Innenhöfe auf allen Seiten von ihm bezieht. Was auch immer gegen sie gesagt werden mag, der britischen Verwaltung wurde immer eine freundliche Toleranz zugeschrieben, eine bewundernswerte Weigerung, sich durch Kleinigkeiten aus der Ruhe bringen zu lassen, eine Politik des „Lass es durchgehen". Diese Eigenschaft ist ein hervorragendes soziales Schmiermittel. Und ich frage mich, ob es zu phantasievoll wäre, zumindest einen Teil dieser Gelassenheit in der Klasse, aus der die Mehrheit der Offiziere und Beamten stammt, dem mildernden Einfluss der Schulgebäude zuzuschreiben, in denen sie ihre prägendsten Jahre verbringen. Eine solche Wirkung muss es geben, da bin ich mir sehr sicher. Ein Geist, der ständig mit den Überresten früherer Generationen konfrontiert ist, gewinnt eine Distanz zur unmittelbaren Gegenwart. Ein Junge, der auf seinem Weg von einem Klassenzimmer zum anderen, vom Aufenthaltsraum zum Cricketfeld und von der Bibliothek zur Kapelle immer die stummen graubraunen Zeugen der Kontinuität und Tradition vor sich hat, kann nicht umhin, oft bewusst und unbewusst unzählige Male zu denken: „All dies geschah vor zweihundert Jahren, und ohne jede wesentliche Änderung wird es auch in zweihundert Jahren so weitergehen."

Dieses Gefühl haben wir in London selten, wenn überhaupt. Ich bezweifle, dass in der Straße, in der ich lebe, auch nur ein einziger Ziegelstein steht, der 55 Jahre alt ist. Vor zwanzig Jahren gab es Golders Green noch nicht. Ich kann mir diese Straße im North End kaum so vorstellen, wie sie im Frühjahr 1907 war, als mein Vater beschloss, hier ein Haus zu bauen und es Underhill zu nennen. Soweit ich mich erinnere, war es eine schlammige, ungepflasterte Angelegenheit, mit Feldern auf beiden Seiten: und das sollte auch so bleiben, sagte man uns, denn die U-Bahn von Hampstead war im Bau, und es wäre unmöglich, auf dem schmalen Spalt zwischen ihr und der Straße Häuser zu bauen. Nach unseren neun Jahren in einer schmuddeligen Durchgangsstraße in West Hampstead kam es uns eine Zeit lang wie Land's End vor. An den Cross Roads gab es damals keine Geschäfte. Wir mussten über die Heide nach Hampstead laufen. Tatsächlich kam nur jeder vierte oder sechste Zug durch Golders Green. Hampstead, Highgate, Golders Green; so lautete damals die elektrische Anzeige auf dem Bahnsteig von Euston. Es gab keine Nonstop-Züge. Und man musste entscheiden, ob es schneller und angenehmer wäre, über die Heide zu laufen oder auf einen Zug nach Golders Green zu warten.

Und dann kam die Garden Suburb, und die Bauarbeiter entdeckten, dass zwischen der Eisenbahn und der Straße reichlich Platz für eine Häuserreihe war, und Smith and Boots und Sainsbury fügten ihren Aktivitäten jeweils einen weiteren Zweig hinzu. Und Busse hielten nicht mehr in Child's Hill und U-Bahnen nicht mehr in Hampstead. Und innerhalb von vier Jahren wurden die Kreuzungen zu einem ebenso guten Ort, um die Unvorsichtigen zu überfahren wie Piccadilly.

Als ich am Ende des ersten Trimesters an meiner Vorbereitungsschule nach Hause kam, konnte ich die North End Road kaum wiedererkennen. Ich glaube, wenn ich nachts mit einem Auto dorthin gefahren worden wäre, hätte ich nicht gewusst, wo ich war, ebenso wenig wie ich gewusst hätte, wo ich war, wenn ich mich im Frühjahr 1920 plötzlich neben dem Schloss Potije auf der Straße von Ypern nach Zonnebeke befunden hätte. Golders Green erwachte ebenso schnell und planlos zum Leben wie die verwüsteten Gebiete. Das riesige Hippodrom, das einem gegenübersteht, wenn man aus dem Bahnhof nach links abbiegt; als ich im Herbst 1913 nach Sherborne zurückkehrte, hatten sie noch nicht mit den Arbeiten begonnen; aber am zweiten Weihnachtsfeiertag ging der Vorhang auf. In weniger als drei Monaten hatten sie es gebaut; sie arbeiteten von Anfang bis Ende gegen die Uhr. Sie hatten keine Zeit, eine Heizung einzubauen. An diesem ersten Abend froren wir in Mänteln; aber innerhalb einer Woche waren die Feuer angefacht. Die Wärme tropfte von der Decke auf uns herab . Zweifellos eine Leistung. Golders Green ist ein angenehmer und geräumiger Ort. Es gibt die Heide für Bewegung, das Hippodrom für Unterhaltung, Friseure und Bäder und Kinos, Straßenbahnen und U-Bahnen und Busse und einen Taxistand, eine beleuchtete Uhr an der Kreuzung, zwei Restaurants. Ein Ort, so wurde mir gesagt, an dem man sogar tanzen kann.

Ein eindrucksvoller Außenposten, zweifellos des neuen Londons: eine schöne Hommage an den Fortschritt und die technische Erfindung. Aber es gibt eine Sache, die Sie, so sehr Sie auch suchen, in Golders Green nie finden werden. Sie werden nirgendwo einen Hinweis darauf finden, dass die Welt vor hundert Jahren bewohnt war.

Auch in Tottenham, Balham oder Upper Clapton werden Sie derartige Hinweise nicht finden: neue Straßen, neue Geschäfte, neue Häuser. Fahren Sie auf welcher Straße Sie auch durch die Londoner Vororte fahren: Sie werden überall dieselben Kreuzungen mit ihren Polizisten und ihren Elektroautos finden; und das Kino mit der weißen Scheinsteinfassade; und das örtliche Imperium und die lange Reihe von Ein- und Zweifamilienvillen mit ihren Garagen und Schrebergärten, sehr angenehm, sehr sauber, sehr komfortabel: billige Unterhaltung und gute Unterhaltung; wie sie Großeltern nicht kannten. Aber dieses Gefühl von Altertümlichkeit; diese Erinnerungen in den Giebeln an den Straßenecken an andere Menschen und andere Vermögen, das ist für uns verloren gegangen. Die alten Straßen und die alten Gebäude werden weggefegt. Geschichte findet man in London nur an den Orten, an denen man sich das Leben nicht leisten kann, und an den Orten, an denen man nicht leben möchte. Wir haben keine ewige Landschaft, die uns vom Lauf des menschlichen Lebens erzählt. Wir haben kein Äquivalent für die Sussex Downs; die Downs, die sich kaum verändert haben, seit die Römer dort lagerten. Wir besitzen weder die Bescheidenheit noch den Stolz der Abstammung. Das Familiengefühl stirbt, wo es keinen Familiensitz und keine Familienbesitztümer gibt. Wir sind Emporkömmlinge, wir Städter. Nur wenn wir uns von unserer Umgebung lösen, durch Reisen oder die Beschäftigung mit Büchern, ganz besonders vielleicht durch Momente intensiver Selbstverwirklichung, wenn wir mit ewigen Instinkten oder ewigen Kräften in Berührung kommen, gewinnen wir unseren Sinn für Werte zurück und sehen uns selbst einfach als Teil eines Musters, als einen Schritt im Geräusch des Vorübergehenden.

Und vielleicht waren es die Suche nach einem solchen Amulett, die Clifford Bax und ich im vergangenen April auf die Reise über die Nordsee nach Norwegen machten.

Es war eine lange Reise, mit guten vierundzwanzig Stunden auf offener See, vierundzwanzig Stunden, in denen wir uns fragen konnten, welche verrückte Pracht, welche Torheit verantwortungslosen Ehrgeizes unsere Wikingervorfahren dazu trieb, ihre geschützten Fjorde in ihren flachbödigen, hochbugigen Schiffen zu verlassen. Für mich jedenfalls eine lange, unheroische Reise. Ich lag auf dem Rücken, rührte mich nicht und aß nichts, sondern tröstete mich, so gut es ging, mit Geoffrey Moss' unterhaltsamem, wenn auch skandalösem „*Sweet Pepper*".

Doch die zwei Stunden ruhige Überfahrt durch die Fjorde am späten Abend haben diese anstrengende, mühselige Reise auf sich genommen. Es gibt kein Land, das seine Gäste weniger pompös begrüßt als Norwegen, das sich einfacher auf seine eigenen Errungenschaften verlässt. Es gibt keine Parade von Häfen und hohen Gebäuden und imposanten Statuen. Nur die langen, sich zurückziehenden Wasserstraßen, reglos, viele farbige Wasserstraßen, grün und grau und violett; ein Violett, das hin und wieder in das satte, transparente Rot von Homers Meer schimmert, Homers weinfarbenem Binnenmeer; die verblassenden Wasserstraßen und um sie herum die langen, endlosen, niedrigen, kreisenden Hügel. Kaum ein Lebenszeichen, nur hin und wieder unterhalb der Felsvorsprünge ein Warnlicht und daneben auf dem Land ein kleines Holzhaus.

Aber Norwegen ist ein leeres Land. Es ist so groß wie England und hat drei Millionen Einwohner. Auf der langen, vierzehnstündigen Reise von Bergen nach Christiania sieht man keine Städte. Nur hier und da eine Ansammlung verstreuter Hütten und die langen Fjorde. Und es ist bemerkenswert, dass eine so kleine Nation einen so bedeutenden Beitrag zur europäischen Literatur geleistet hat. Wir hatten das Gefühl, dass es dem jungen Norweger manchmal wie eine nutzlose, hoffnungslose Aufgabe erscheinen musste. „Ich schreibe", so kann man sich vorstellen, wie er sagte, „in einer Sprache, die nur drei Millionen Menschen verstehen. Es ist möglich, dass mein Werk eines Tages in den fremden Städten Europas gelesen und geschätzt wird; aber es wird dort in Übersetzung gelesen werden; und die Ausdrucksweise, die Farbe, der Rhythmus, für die ich so viel Arbeit aufgewendet habe, werden verloren gegangen sein. Wäre ich doch nur in Amerika geboren!"

Und dann erinnerten wir uns daran, dass die Bevölkerung Englands zu Shakespeares Zeiten kaum größer war als die Norwegens heute; dass es ihm die Mühe wert schien, für drei Millionen Menschen zu schreiben; dass diese wie alle anderen Dinge relativ sind; dass es ohne Distanz, ohne ein Gespür für die ewigen Werte unmöglich wäre, ein Meisterwerk zu schaffen; und dass jemand wie Björnson aus der direkten Einfachheit seiner Natur heraus wüsste, dass es ausreicht, seine Furche bis zum Ende zu pflügen.

Wir waren auf dem Weg nach Finse und zu den dortigen Wintersportmöglichkeiten, und es war aufregend, am Ufer des Wassers nach den ersten Anzeichen von Eis und Schnee Ausschau zu halten und bei jedem Halt auf dem Weg zu beobachten, wie das Thermometer fiel. Uns schien allerdings etwas kälter zu werden, denn das ist der Charme Norwegens. Die Sonne scheint aus einem blauen Himmel, und Ihr Gesicht kribbelt im grellen Licht, das der Schnee darauf wirft. Es ist allerdings schade, dass Sie zum Schutz Ihrer Augen eine getönte Brille tragen müssen. Sie raubt dem Himmel seine Farbe, und wenn man diese Formulierung erlauben darf, scheint sie den Schnee zu bleichen, was den Effekt einer unwirklichen Dämmerung erzeugt. Nur ab und zu kann man in flüchtigen Blicken, meist durch Fenster, die Landschaft so sehen, wie sie wirklich ist.

Aber man fährt ja nicht wegen der Landschaft nach Finse; die langen Schneeflächen haben zwar eine gewisse ferne, kalte Schönheit, aber der ständige Anblick von Schnee allein kann deprimierend sein. Finse ist, sagen wir mal, kein idealer Ort für Alte und Gebrechliche; es wäre für sie nicht gerade erheiternd, den ganzen Tag dort zu sitzen und aus dem Wohnzimmerfenster zu schauen. Finse ist beinahe der höchstgelegene Ort an der Bergen-Christiania-Bahn. Er liegt weit oberhalb der Vegetationsgrenze. Er besteht aus einem Bahnhof, einem Hotel und etwa einem halben Dutzend Hütten. Es ist ganz einfach ein Lager in den Hügeln, und aus den Fenstern des Hotels sieht man nichts als Schnee und Berge.

Aber man geht nicht nach Finse, um in Salons zu sitzen, das heißt, nicht bis zum Einbruch der Nacht, wenn man erschöpft nach einem Tag auf Skiern zwischen Kissen zusammensackt. Finse ist der beste Ort der Welt zum Skifahren; in seiner Saison, das heißt im März und April und in den ersten Maiwochen. Während der Schweizer Saison ist es ein Ort voller Nebel und Dunst und etwa drei Stunden unsicherem Sonnenlicht, aber der Schnee ist dort fein und hart, wenn Mürren zu einem Moor geworden ist.

Wir, Clifford Bax und ich, waren als Anfänger dort. Und Finse ist ein guter Ort für Anfänger. Es ist neben einem See gebaut, der den größten Teil des

Jahres zugefroren ist; und die Ufer, die sanft zu ihm hinabführen, bieten eine Skala von steigendem Schwierigkeitsgrad. Am ersten Morgen stolpert man hilflos etwa hundert Meter vom Hotel entfernt über einen Hang mit einer Steigung von etwa eins zu fünfzig, schätze ich. Am Nachmittag hat man ihn gemeistert. Und wenn man müde zu seinem Tee zurückkehrt, blickt man nach Süden über den See und sagt: „Ich glaube, wir werden diesen Hang morgen versuchen."

Man kann nicht, oder zumindest konnten wir, in sechs Tagen aufhören, ein Anfänger zu sein. Aber wir haben es geschafft, uns beim Hinauf- und Hinunterfahren von Abhängen richtig zu amüsieren. Vielleicht hätten wir es weniger genossen, wenn wir geübter gewesen wären. Eine Sache hört auf, aufregend zu sein, wenn man sich des Erfolgs sicher ist und den Abhang vermeidet, den man zehnmal hintereinander ohne Katastrophe hinuntergefahren ist. Wie aufregend ein Fahrrad in jenen frühen Tagen war. Wie stolz wir waren, einen Hügel hinunterzurollen, wie wir uns auf den Tag freuten, an dem wir auf- und absteigen konnten, ohne dass unsere Hosen Schaden nahmen. Wie wir den blasierten Handwerker beneideten, der einfach den Lenker aufzuheben schien und auf das Rad sprang. Und jetzt, da wir Fahrrad fahren können, wäre das Letzte, was wir tun würden, zum Vergnügen Fahrrad zu fahren.

Aber das ist kaum eine faire Parallele. Radfahren ist eine Sportart, deren Umfang durch Kreuzungen, Verkehrsregeln und Polizei begrenzt ist. Sie können Ihr Handwerk nicht erweitern. Aber Skifahren muss wie Cricket sein und muss immer neu sein. Sobald Sie etwas auf eine Art können, lernen Sie, es auf eine andere zu tun. Wir verbringen Stunden in der Schule im Netz und lernen, einen geraden Halbvolley über den Kopf des Bowlers oder am Midoff entlang über den Rasen zu schlagen. Und sobald wir es geschafft haben, versuchen wir, ihn zum Mid-Wicket zu schlagen, sodass wir das Ding heute wohl nicht gerade schlagen könnten, selbst wenn wir wollten, genauso wenig wie Nevinson, ein genauer Zeichner und Preisträger beim Slade, ein Pferd zeichnen könnte, das einem Foto davon ähnelt.

Und in Finse muss es immer neue Welten zu erobern geben. Und immer muss es dieses herrliche, ausgleichende Hochgefühl geben, das von einer vollkommenen körperlichen Fitness herrührt. Ein gesünderes Leben kann man sich kaum vorstellen. Es gibt dort keine Bar und keine späten Stunden. Man ist eine Stunde vor Mitternacht im Bett. Und man erwacht wunderbar fit zum üppigsten Frühstück, das ich je gesehen habe.

In der Mitte des Esszimmers steht ein großer Tisch, auf dem eine unglaublich vielfältige Auswahl an Gerichten ausgebreitet ist. Eines Morgens haben wir sie gezählt: es waren achtundvierzig; alle Arten von Aufschnitt, alle Arten von Käse, alle Arten von *Vorspeisen*. Und es gibt Garnelen, Krabben,

Hummer und Fischpudding; es gibt Eieromeletts und Schinkenomeletts, kurioses kaltes Wild und Obst und Marmelade und Konfitüre. Das Frühstück war ein großes Abenteuer. Außerdem bekam man ein gekochtes Ei und einen Becher kalte Milch serviert. Wir wussten nie genau, ob es als Cocktail, Likör oder Tafelwein getrunken werden sollte. Wir probierten es auf alle drei Arten und es war in jeder Hinsicht gleichermaßen köstlich. Das norwegische Frühstück ist, glaube ich, die feinste Art von Mahlzeit, die ich je gegessen habe; und ich war erfreut, bestimmte persönliche Eigenheiten im norwegischen Geschmack zu finden. Wenn ich zu Hause zu Mittag esse, esse ich immer Marmelade und Käse, vorzugsweise Gruyère-Käse, zusammen. Es ist ein Schutzgefühl, das sich allmählich entwickelt hat, seit ich in meiner Grundschule vier Jahre lang jeden Tag Milchpudding essen musste. Das war zweifellos eine sehr bewundernswerte Form der Disziplin. Aber seitdem habe ich überhaupt keinen Pudding mehr gegessen und stattdessen eine, wie mir mein Bruder erzählt, widerliche Angewohnheit entwickelt, die die Norweger aber anscheinend gutheißen würden. Jedenfalls stellen sie auf ihren Mitteltisch Berge von Gruyère-Käse und Schüsseln mit Marmelade nebeneinander. *Coldt bord* nannten sie ihn, diesen Mitteltisch, und wir dachten darüber nach, eine Ballade darauf zu schreiben, in deren jeder Zeile der Name eines neuen Gerichts stehen sollte.

Dieses Frühstück war eine edle Grundlage für einen langen Tag im Freien; und wenn der Abend kam, war man froh, ruhig sitzen und plaudern zu können; das Gehirn war frisch und der Körper müde. Es ist nicht meine Absicht, hier Bilder meiner Freunde zu zeichnen – und ich hoffe halbwegs, dass es nie meine Absicht sein wird. Es genügt zu sagen, dass die Abende sehr glücklich vergingen, mit so zwanglosen, zwischendurch stattfindenden Gesprächen, wie sie nur zwischen zwei Freunden stattfinden können, die sich so gut kennen, dass sie kaum Geheimnisse voreinander haben.

Von Finse nach Christiania dauert die Fahrt acht Stunden. Aber achtstündige Auslandsreisen scheinen nicht wichtiger zu sein als eine Wochenendfahrt nach Brighton. In London haben wir Angst vor jedem Ort, den wir nicht auf einem U-Bahn-Plan finden. Ich habe noch nie ein County-Spiel in Leyton gesehen. „Himmel", sage ich, „aber das ist meilenweit entfernt. Ich könnte nicht daran denken, dorthin zu gehen." Vor drei Jahren kam es mir nicht einmal in den Sinn, mir das Spiel zwischen Middlesex und Yorkshire am dritten Tag in Bradford anzusehen, obwohl dort die Meisterschaft auf dem Spiel stand. Und doch wäre es, denke ich, keine so schrecklich ermüdende Angelegenheit gewesen. Ich hätte wahrscheinlich gegen zehn Uhr einen Zug nehmen können. Ich hätte ein paar Romane zur Besprechung lesen, unterwegs zu Mittag essen und kurz nach zwei am Stadion ankommen sollen. Ich hätte das Ende des Spiels sehen sollen. Um sechs Uhr hätte ich im Zug gesessen, einen Roman vor dem Abendessen besprochen, den anderen danach und sicherlich vor Mitternacht zu Hause angekommen sein sollen.

Ich erinnere mich, wie überrascht ich letzten Sommer war, als mir ein Offizier auf Indienurlaub erzählte, er würde eine Woche in Blackpool verbringen, um die Gilbert- und Sullivan-Opern der D'Oyly Carte Company zu sehen. „Herrgott", sagte ich, „was, den ganzen Weg dorthin?" „Es scheint nicht sehr weit zu sein", antwortete er, „wenn man den ganzen Weg von Poona gekommen ist." Wir hatten jedenfalls nicht das Gefühl, ein großes Unterfangen zu unternehmen, als wir die Berge und den Schnee von Finse hinter uns ließen.

Christiania ist eine schöne Stadt, sauber, frisch und kompakt, mit breiten Straßen und einer ordentlichen Portion Restaurants und Cafés. Sagen wir mal, eine gute Stadt, um vier Tage darin zu verbringen.

Nach vier Tagen hat man genug von Schaufenstern, Museen, öffentlichen Gebäuden und dem ständigen Hin- und Herlaufen in Cafés. Aber vier Tage lang war es sehr angenehm, das geschäftige Treiben in einer fremden Hauptstadt zu beobachten. Der Tagesablauf scheint sich sehr von unserem zu unterscheiden, zum Beispiel die Essenszeiten. Vor den wichtigsten Restaurants finden Sie ein Schild: Frühstück 11–14 Uhr, Mittagessen 14–18 Uhr, Abendbrot 20–23 Uhr. Das heißt, zwischen 18 und 20 Uhr gibt es keine richtige Mahlzeit, und die große Mahlzeit des Tages wird gegen halb vier eingenommen. Die Restaurants waren um 14 Uhr, wenn wir zu Mittag aßen, völlig leer.

Soweit wir wissen, kennt Norwegen unser schweres Mittagessen um halb zwei, bei dem so viele lukrative Geschäfte abgewickelt werden, nicht. Wenn der Norweger sich an einen Tisch setzt und ein Menü und eine Weinkarte vor sich liegen hat, ist sein Arbeitstag beendet. Wenn er das Bedürfnis nach einer kleinen Stärkung verspürt, geht er in ein Café und nimmt eine Kleinigkeit zu sich.

Christiania hat den Imbiss zu einer Spezialität gemacht. Ich vermute, jeder Fremde im Ausland muss sich fragen, wer die Arbeit macht und wann. Nirgendwo findet man Anzeichen von Industrie. Der Italiener, der an einem Wochentag ins Oval mitgenommen wird, würde sich sicherlich fragen, wie sich zehntausend Arbeiter es leisten können, an einem Montag Cricket zu schauen. Tatsächlich muss ich noch herausfinden, wie sie das können. Wenn sie arbeiten, sollten sie in Fabriken und Büros sein, und wenn sie arbeitslos sind, würde man annehmen, dass sie mittellos sind. In Christiania gibt es kein Oval, aber es gibt, wie gesagt, eine ansehnliche Anzahl Cafés; und die *kalte Tafel* ist reichlich gedeckt und willkommen. Vielleicht nicht ganz so üppig wie in Finse. Aber immer noch üppig genug, um einen Engländer ein wenig beschämt zu machen über die Gastfreundschaft, die die Bodega ihren Gästen bietet. Große Tabletts mit verschiedenen *Vorspeisen* , Aufschnitt und kalten pochierten Eiern und Käsesandwiches: Sandwiches, die eine enorme Verbesserung gegenüber unseren eigenen sind; Dabei ist der Käse bzw. das Fleisch auf einer und nicht zwischen zwei Brotscheiben angeordnet, so dass man sieht, was man kauft und nicht durch die Täuschung zum Kauf eines Schinkensandwiches verleitet wird, das nur aus Fett besteht.

Vielleicht spreche ich zu viel über die Freuden des Essens, aber Essen hat einen großen Anteil an der richtigen Reihenfolge eines Feiertags. Ein Gefühl moralischer Empörung ist keine Eigenschaft, mit der wir die einnehmende und fantastische Persönlichkeit von Herrn Norman Douglas in Verbindung bringen würden. Aber er hat solche Momente erlebt; und diejenigen von uns, die gutes Essen und guten Wein als zwei der größten Geschenke Gottes an den Menschen betrachten, erinnern sich dankbar an seine Haltung gegenüber dem Reisenden, der gestand, dass es ihm egal sei, was er aß; und in Wahrheit war es eine entwaffnende Offenbarung. „Der Mann, dem Frauen gegenüber gleichgültig sind", lässt George Moore eine seiner Figuren sagen, „ist allen Dingen gegenüber gleichgültig", und das gilt auch für den Mann, dem Essen und Wein gleichgültig sind. So jemand ist unvollständig. Ihm fehlt der Sinn. Er ist eine Anomalie. Und ich selbst würde genauso verletzt sein, wenn jemand zu mir sagen würde: „Oh, lass uns irgendwo hingehen, es ist mir egal, wo ich esse." Ich wäre so verletzt und im Übrigen so schockiert, als würde jemand, der mich um ein Buch bittet, sagen: „Ach, egal welcher Roman, das ist mir egal!" Viel besser wäre die Dame, die zum Gehilfen bei Bumpus sagte: „Ich habe ein grünes und ein rotes Buch, jetzt hätte ich gerne ein blaues Buch." Sie hatte zumindest ein Gespür für Ambiente, für *Dekoration* . Ihr Salon wäre, da bin ich mir sicher, eine sehr zarte Symphonie in Blau und Grau gewesen, und das Licht der elektrischen Lampe wäre sanft auf ein erlesenes Durcheinander von Kissen gefallen. Ganz bestimmt hätte sie nie gesagt: „Ach, lass uns irgendwo hingehen. Es ist mir egal, wo ich esse." Sie wüsste, dass der Abend der Künstler des Tagesverkehrs ist, der glättet, komponiert und auswählt und aus der Unordnung Harmonie schafft; dass es an uns liegt, durch die Wahl des richtigen Buches, der richtigen Begleitung und des richtigen Ambientes zusammenzuarbeiten.

Deshalb ist die Wahl des richtigen Restaurants so wichtig. Wenn wir in Gesprächslaune sind, gibt es unseren Club oder das Café Royal; wenn wir allein sind und es uns amüsieren würde, anderen Leuten beim Tanzen zuzusehen, oder wenn wir der Musik und dem Tanzen eine leichte Note flüchtiger Romanzen hinzufügen möchten, gibt es den Balkon des Café Elysée. Vielleicht sind wir sentimental und erinnern uns an einem bestimmten Tisch in einem bestimmten Restaurant zur Begleitung von „Tango Dream" oder einer anderen Melodie aus vergangenen Zeiten, die wir das Orchester speziell haben spielen lassen, an eine abgeschlossene

Lebensphase und zitieren mit angemessener Melancholie: Ach, ach, mit welch anderem Herzen ...! Und es gibt auch Zeiten, in denen wir einfach um ein ruhiges Essen in unserer eigenen Gesellschaft bitten.

Vielleicht war es Glück oder unser geschulter Instinkt, dass wir an unserem ersten Tag in Christiania das Theatercafé entdeckten: Das Restaurant lag im ersten Stock, und auf dem Balkon über dem Café im Stockwerk darunter spielte eine Band, sodass die Musik sanft und geheimnisvoll durch den Boden drang und es uns leicht machte, Geschichten zu den verschiedenen Paaren an den anderen Tischen zu spinnen.

Dieser Mann mittleren Alters und das junge Mädchen am Tisch am Fenster, waren sie Vater und Tochter, oder waren wir Zeugen der ersten Szene, des Auftakts einer grauen Verführung? Dieses junge Paar zwei Tische von uns entfernt achtete nicht darauf, was es aß. Sie sprachen kaum ein Wort miteinander, aber ihre Blicke trafen sich immer wieder, und als sie sich trafen, lächelten sie. Sie trug keinen Verlobungsring, und wir fragten uns, ob er ihr an diesem Nachmittag einen Heiratsantrag machen würde oder ob er ihr bereits einen Antrag gemacht hatte, als sie an diesem Morgen im Taxi dorthin gefahren waren. Sitzen sie jetzt schüchtern und glücklich in der Erinnerung an ihre ersten Küsse? Wir fragten uns, ob sie ihr gemeinsames Leben erfolgreich gestalten würden. Sie waren sehr jung, dachten wir. Würde sie in zehn Jahren noch hübsch sein? Würde ihr zerbrechlicher Charme als Frau erhalten bleiben? Und wir entschieden, dass dies weitgehend von dem Leben abhing, das sie erwartete, und dass ihre Schönheit nicht ausreichte, um viele Stunden harter Arbeit und Hausarbeit zu überstehen; und wir hofften in dieser Atmosphäre unsichtbarer Musik, dass das Glück ihr hold sein würde, dass ihr Mann ihr Geld klug anlegen und ihr ein großes Haus mit vielen Bediensteten schenken würde.

Auf Einladung der Direktion gingen wir ein paarmal ins Nationaltheater, einmal zu einem modernen Stück – einer Galsworthy-ähnlichen Aufführung – das andere Mal zu einem Kostümdrama – *Madame Legros* von Heinrich Mann. Ich glaube, wir waren beide nicht in der Lage, der Handlung wirklich zu folgen; aber dafür konnten wir jene kleinen Manierismen der Kleidung und des Schauspiels genauer studieren, die durch die schnelle Handlung des Stücks verdeckt werden; dass zum Beispiel der norwegische Dandy seine Hose nicht hochzieht, wenn er sich hinsetzt. Und wir konnten unsere Aufmerksamkeit mehr als sonst auf die Bühneneffekte, die Beleuchtung, die Technik und die Tischlerarbeit konzentrieren.

Aber ich glaube, es war die Bildhaftigkeit, die uns das Theater dort am meisten ansprach. Das Theater einer Kleinstadt wird tendenziell zu einem gesellschaftlichen und intellektuellen Zentrum, was in London nie möglich ist. Man schien dort mit dem Leben von Christiania in Berührung zu kommen. Und es war angenehm, zwischen den Akten die lange Promenade hinter dem Parkett entlang zu schlendern und zu beobachten, wie die verschiedenen Gruppen sich begrüßten, vermischten und wieder trennten; die breite Treppe ohne Säulen hinaufzugehen und in die großen Empfangsräume mit ihren vergoldeten Stühlen und der unvermeidlichen Bar für Snacks einzutreten; die Greyerzer- und Schinkensandwiches und das Hansa Ol; und es war angenehm, in die kühle Luft des Balkons hinauszugehen und über die Stadt zu blicken, die in Licht und Schatten unter uns lag. Unmittelbar im Vordergrund die strengen Statuen von Ibsen und Björnson; die Bäume, die Gärten und der Musikpavillon; dahinter das Parlamentsgebäude mit seinen Türmchen; und auf beiden Seiten verlaufen parallel die hellen Durchgangsstraßen Carl Johansgate und Storthingsgarten mit ihren Straßenbahnen, Restaurants und Menschenmassen.

Ein hübsches Bild, aber eines, das zu einer solchen Stunde im Herzen des jungen Norwegers ein trauriges Gefühl wecken könnte, als würde ihm das Leben davonlaufen. Sein ganzes Leben schien von den hellen Grenzen dieser Straßen umschlossen zu sein und nicht weiter zu reichen, als das Auge reichte. Eine Nation, würde er sagen, mit drei Millionen Einwohnern, eine Hauptstadt mit zwei Straßen und ein paar Restaurants, und er würde mit Bedauern an die Größe und Freiheit anderer Länder und anderer Städte denken – London, Amerika, New York.

Eine Geschichte könnte gut dort auf dem Balkon des Nationaltheaters in Christiania beginnen, mit einem jungen Mann, der plötzlich mit der Herausforderung seines Lebens konfrontiert wird; einem jungen Mann, der von einer größeren und glanzvolleren Welt als seiner eigenen träumt, einer Welt, die passende Beschäftigung für seine Jugend, seinen Mut und seinen Ehrgeiz bereithält. Er würde sich mit einem Schmerz vom Balkon abwenden, und vielleicht würde er sich in dem großen Empfangsraum dahinter plötzlich neben dem Mädchen wiederfinden, deren Bild nie lange aus seinen Gedanken verschwunden war, und der Anblick ihrer kühlen Haut, ihres hellen, flachsblonden Haares und ihrer blassen kornblumenblauen Augen wäre ein Trost für ihn, Augen, die ihm sanft ins Gesicht lächeln würden, die ihm zu sagen scheinen würden, „das Leben so leicht zu nehmen, wie das Gras auf den Wehren wächst". Und ihre Süße würde sich wie ein Netz um ihn legen, das seine Träume und seine Absichten und seine Unzufriedenheit gleichermaßen verstricken würde. Sie würden nichts sagen: Worte werden nicht nötig sein; aber sie werden sich umdrehen und aus dem großen Zimmer gehen und allein und schweigend zusammen auf dem Balkon in der Abendluft stehen, glücklich, unsagbar glücklich in ihrer Nähe, einer neben dem anderen.

Und er wird die Stadt nie verlassen: Er wird seinem Traum untreu sein; er wird ein Chalet auf den Hügeln von Majorstuen bauen. Und seine Jugend wird vergehen; und eines Abends wird er wieder allein auf dem Balkon stehen und sich daran erinnern, wie er vor dreißig Jahren dort gestanden und von einer größeren Stadt geträumt hatte, und der alte Schmerz wird in ihm aufsteigen und er wird sich fragen, ob es klug von ihm war, das unmittelbar bevorstehende Abenteuer anzunehmen, das Abenteuer, das sich ihm bot. Er wird sich fragen, ob er nicht anderswo eine Beschäftigung für den Glauben und die Energie hätte finden können, die ihm die Jahre geraubt haben.

Oder vielleicht bleibt er seinem Traum treu, aber seiner Liebe untreu; er geht nach Amerika und hat dort Erfolg, und seine ganze andere Seite, alles, was nicht stark, hart und entschlossen ist, wird im wilden Antagonismus der Finanzwelt, im unbarmherzigen Kampf um Reichtum, erdrückt, und er kehrt schließlich als alter Mann in das Land seiner Jugend zurück, in die Stadt, die sich unverändert in Licht und Schatten unter ihm ausbreitet: die strengen Statuen, die Bäume und der Garten und die helle, belebte Durchgangsstraße Carl Johansgate; und am Ende des Balkons steht ein junger Mann, der, wie er dreißig Jahre zuvor, an den Stein der Balustrade gelehnt hat, und er wird schnell und unerklärlich von Neid auf die Möglichkeiten dieses jungen Mannes erfüllt. „Ich war einmal", denkt er, „alles, was er jetzt ist. Auch ich war jung, frisch und anmutig." Auch ich stand mit den Zwanzigern und Dreißigern zu meinen Füßen, und was habe ich aus ihnen gemacht? Während andere spielten, arbeitete ich. Und während ich arbeitete, zogen die Magie und die Schönheit des Lebens an mir vorbei. Ich machte Gold aus den Jahren, die andere in Poesie verwandelten." Und er fühlt sich einsam und wendet sich schaudernd den warmen Lichtern hinter ihm zu. Und er erschrickt, denn es scheint ihm, als sei plötzlich neben ihm eine Gestalt aus der Vergangenheit aufgetaucht: ein blasses, schlankes Mädchen mit kühler weißer Haut und flachsblondem Haar und blassen, kornblumenblauen Augen, und er verliert jene Zuversicht, die ihm so viele Aufträge eingebracht hat, und er stammelt und sagt: „Aber sicher, irgendwo – verzeihen Sie mir bitte; aber haben wir nicht ..." Und es ertönt ein leises Lachen, und neben ihm eine Stimme: „Aber du solltest sie kennen, sie ist meine Tochter."

Und als er sich umdreht, sieht er, was aus ihrer Mutter geworden ist, und als er das sieht, sieht er auch seine eigene Jugend dort begraben. Und das Leben erscheint mir als etwas völlig Leeres und Wertloses.

Eine Geschichte, die Maupassant vielleicht gern geschrieben hätte. Denn das war eines seiner Lieblingsmittel, um einen Mann plötzlich mit dem Überleben seines abgelegten Selbst zu konfrontieren, und das Thema ist Maupassant selbst: Wir bekommen immer das, worum wir bitten, aber nie so, wie wir es verlangen, nie so, wie wir es uns wünschen.

V

SEHR schnell und sehr angenehm verging unsere Woche in Christiania, mit einem Besuch in Cafés und Besuchen im Chalet eines alten Freundes von Clifford, Von Erpecom Sem, auf den Höhen von Holmenhollen, von wo aus wir weit unter uns den Hafen und die Fjorde von Christiania sehen konnten. Wir haben es nie im Sonnenlicht gesehen, in all seiner vielfarbigen Schönheit, aber nachts sahen wir es; eine lange, verstreute Strecke funkelnder Lichter über dem Wasser; und wir waren uns einig, dass es alles verdiente, was die Reiseführer jemals darüber gesagt haben.

Ich bin mir allerdings nicht sicher, ob das Beste an diesem Urlaub nicht das Aufwachen im Schlafwagen um 7.30 Uhr an einem Montagmorgen in King's Cross war, in dem Wissen, dass ich in einer Stunde zu Hause sein würde. Ich wusste, dass zwischen fünfzig und sechzig Briefe auf mich warten würden, denn ich habe es mir zur Regel gemacht, mir nie Briefe nachschicken zu lassen, wenn ich wegfahre. Es würde sicherlich etwas Aufregendes für mich sein, wenn ich die Briefe der letzten zwei Wochen anhäufte. Es war die erste Maiwoche; die Sonne schien von einem blauen Himmel und versprach die Pracht des Sommers. Lord's und Cricket und lange, faule Nachmittage mit Lesen in einem Liegestuhl im Garten.

Wieder einmal würde die Zeitung interessant werden. Ich würde jede Ausgabe der *Evening News kaufen* , um zu erfahren, ob Hearne noch nicht bei Lord's war. Und wieder würde mich gegen drei Uhr die Unzufriedenheit mit dem Manuskript überfallen, das unvollendet vor mir auf meinem Schreibtisch lag. Meine Hand würde sich zum Telefonhörer ausstrecken. „Paddington 144. Ja: ist das Lord's? Middlesex schlägt – 189 für 3. Vielen Dank." Und innerhalb einer halben Stunde würde ich auf der sonnendurchfluteten Galerie des Pavillons sitzen.

Diese vier goldenen Monate vergehen so schnell, dass wir uns ihres Vergehens kaum bewusst sind, bis für uns die Zeit kommt, am Ende des letzten Spiels wehmütig über das sich leerende Feld zu gehen.

Acht Monate lang wird Lord's geschlossen sein; wir werden mit dem Bus daran vorbeifahren, und die weißen Sitze auf dem Hügel werden leer sein. Ein paar Platzwarte werden herumwerkeln; jemand wird den Übungsplatz walzen. Wir werden im Bus stehen, wenn wir vorbeifahren, denn man steht immer im Bus, wenn man an Lord's vorbeifährt; aber wir werden nicht mehr unsere Hälse recken, um die Zahlen auf dem Telegraphen zu lesen, oder eifrig spähen, um die Spieler zu unterscheiden, um zu sehen, ob Hearne oder Hendren noch nicht draußen sind. Die Saison ist natürlich noch nicht vorbei; es gibt noch das Scarborough Festival, und die Champion-County muss im Oval gegen England antreten. Aber diese Spiele waren letztlich ein

Antiklimax; für den wahren Cricketspieler ist die Saison zu Ende, wenn der letzte Ball in Lord's geworfen wird.

Zunächst tut es uns nicht allzu leid. Vier Monate sind selbst bei den besten Spielen eine lange Zeit, und es ist angenehm, daran zu denken, dass wir in vierzehn Tagen unsere Footballtrikots herausholen und neue Riegel an unsere Stiefel machen können. Es wird ein großer Spaß, zu den Testspielen in den Old Deer Park zu gehen und unsere alten Freunde zu treffen. Bald geht die Saison richtig los und jeden Dienstagmorgen wird es die gelbe Karte geben: „Sie wurden ausgewählt, für ‚A' XV *gegen* Exiles, Harlequins ‚A' oder Old Alleynians zu spielen." Und am Samstag lassen wir uns dann von der District Railway an seltsame Orte bringen – Northfields und Boston Manor – Orte, deren Namen uns aus der U-Bahn vertraut sind, die in unserer Vorstellung aber weit weg sind, wie Chimborazo und Cotopaxi, Orte, an denen wir nie erwarten würden, dass jemand lebt. Für Mitglieder einer ‚A' XV ist das Leben immer ein Abenteuer; und dann, wenn das Spiel vorbei ist und wir uns faul und müde in den Wagen zurücklehnen, ist es amüsant, die Fußballergebnisse in der Abendzeitung durchzulesen und zu erfahren, dass in Stamford Bridge 40.000 Menschen „Cock überlistet den Torwart und netzt den Ball in den ersten drei Minuten ein" gesehen haben. Und danach gehen wir zu Dehem's und treffen unsere Freunde von den anderen Spielen, essen viel Roastbeef und trinken viel Bier. Oh ja, es gibt viele Entschädigungen für den verlorenen Sommer! Der Herbst vergeht schnell und angenehm, aber gegen Weihnachten wird, wie immer, ein Abend kommen, an dem wir am Feuer sitzen und uns plötzlich daran erinnern werden, dass es vier Monate her ist, seit wir einen Cricketschläger in der Hand gehalten haben, dass der Mai noch weit weg ist und die Reihe der Samstage endlos scheint. An einem solchen Abend nehmen wir *Wisden zur Hand* und studieren, lange nach unserer üblichen Schlafenszeit, die alten Ergebnisse.

Denn *Wisden* ist die Bibel des Cricketspielers, auch wenn die Ungetauften sich darüber lustig machen. „Was ist das denn anderes als ein Rekord", sagen sie, „als ein Rekord? Wir können verstehen, dass Sie sich die Ergebnisse von Spielen ansehen möchten, die Sie gesehen haben und die Sie an angenehme Stunden in angenehmer Gesellschaft erinnern werden. Aber welchen Spaß können Sie aus den nackten Zahlen und Berichten von Spielen ziehen, die Sie nie gesehen haben, auf Plätzen, auf denen Sie nie waren? Für den Statistiker ist es zweifellos ein bewundernswertes Nachschlagewerk, aber als Literatur, als etwas, das man zum Vergnügen liest! Nun, es erinnert uns an den Major mit halbem Sold, der seine Abende damit verbrachte, die Armeeliste von 1860 zu lesen!"

Es ist schwer zu erklären. So wie die Buchstaben x und y für den Mathematiker eine Bedeutung haben, so sind diese nackten Zahlen für den Cricketspieler ein Symbol und eine Geschichte. Wir können das Skelett mit

Fleisch bekleiden. Wir können uns die Szene vorstellen. Wir wissen, wie die Anzeigetafel aussah, als das siebte Wicket fiel; wir können den Wert von Strudwicks 5 nicht aus abschätzen. Wenn wir lesen: „Ducat, lbwb Woolley 12", können wir uns die Emotionen des Mannes vorstellen, der am Ende der freien Sitze unter dem Telegraphen sitzt. „Wenn Ducat nur drin bleiben kann", hatte er gedacht, „Surrey könnte noch gewinnen. Es gibt mehrere Leute, die am anderen Ende stehen bleiben könnten, während er die Runs macht." Aber der Finger des Schiedsrichters hob sich, und wir wissen, mit welcher Niedergeschlagenheit er auf die mit dem Daumen markierte Anzeigekarte „lbw b. Woolley 12" schrieb und sich dann zusammenriss, bereit, „in einem Traum ohne Hoffnung" dem unvermeidlichen Ende zuzusehen, das von Smith und Rushby um ein paar Minuten verzögert wurde.

Das gilt für die Spiele, die man nicht gesehen hat. Aber für die, die man gesehen hat – für die wird *Wisden* tatsächlich fast zu einer Autobiographie. Unser Cricket-Leben, oder vielmehr die passive, die kontemplative Seite davon, ist dort niedergeschrieben; und ich bin nicht sicher, ob die rezeptive Seite nicht wichtiger ist. Wir schreiben nur, denke ich manchmal, um uns selbst dem großen Schreiben näher zu bringen; damit wir durch unsere eigenen Versuche, uns auszudrücken, zu einem Verständnis der Schwierigkeiten gelangen, mit denen große Schriftsteller konfrontiert waren, und zu einer daraus folgenden Wertschätzung ihrer Triumphe. Wenn wir nicht stundenlang an einem Netz gekratzt hätten, um zu lernen, unsere linke Schulter über die Linie des Balls zu bringen, würden wir sicherlich nicht so intensiv den Nervenkitzel der Freude empfinden, den Spooners Off-Drive uns bereitet. Es kann gut sein, dass die Stunden der verbrauchten Energie eine Ausbildung für die intellektuelle Ruhe eines Nachmittags bei Lord's sind.

Allerdings ist es nicht immer ruhig. Cricket ist trotz all seiner Muße in seiner langwierigen Erwartung das emotionalste aller Spiele. Es gibt zweifellos nichts Vergleichbares zum Delirium eines Versuchs in Twickenham. Aber Cricket zielt auch nicht auf diese besondere Sensation ab. Es ist Drama, kein Melodrama. Die Atmosphäre ist hoch aufgeladen, die Nerven liegen blank, man zappelt unbehaglich auf seinem Sitz herum. Der Effekt ist, als ob die Handlung ständig in der Schwebe wäre. Man ist immer in Verlegenheit. Die Spannung lässt oft nach. Der Höhepunkt wird nie erreicht. Ich habe mir viel Cricket angeschaut, aber nur vier, fünf, höchstens sechs große Endspiele gesehen.

Da war das Spiel zwischen Middlesex und Essex im Jahr 1910. Insgesamt bin ich geneigt, es für das bemerkenswerteste Spiel zu halten, das ich je gesehen habe. Es war von Anfang an bemerkenswert. Ich kam zur Mittagszeit an und sah Essex am Schlagen, mit 93 Runs auf dem Scoreboard und dem Verlust von zwei Wickets. Eine halbe Stunde später waren sie alle ausgeschieden mit

110. JW Hearne, damals ein unbekannter Bowler, nahm sieben Wickets ohne Runs. Und ich werde die Aufregung und den Stolz jenes letzten Nachmittags nicht so schnell vergessen, als Middlesex mit 242 zu gewinnen acht Wickets für 142 verlor. Der Pitch war schlecht. Buchenham bowlte, wie damals nur Buchenham bowlen konnte. Warner war noch dabei; aber es kam nur noch Mignon, ein schlechter Schlagmann selbst unter schnellen Bowlern, und ein Neuling im County Cricket, der im ersten Innings einen Nullpunkt erreicht und in der Vorwoche gegen Surrey ziemlich mittelmäßig geschlagen hatte. Aber nach einer Stunde hatten Warner und SH Saville das Spiel gewonnen.

Ein denkwürdiger Abend. Wir hatten uns mit der Niederlage abgefunden. „Sie schaffen das nicht", hatten wir gesagt; „es hat keinen Sinn, sich Sorgen zu machen. Kaufen wir eine Abendzeitung und schauen wir, wie Somerset gegen Kent abschneidet." Und wir hatten nachsichtig gelächelt, als die Grenzen zu fallen begannen. „Feuerwerk", hatten wir gesagt und bemerkt, dass es ziemlich dumm war, eine Teepause einzulegen. „Sie hätten das Ding genauso gut vorher zu Ende bringen können", sagten wir. Aber etwas warnte uns, das Spielfeld nicht zu verlassen.

Und sie kamen in vierzig Minuten, die letzten dreiundsiebzig Läufe; herrliche vierzig Minuten. Unsere Gleichgültigkeit verwandelte sich in eine fragende Hoffnung: „Können sie das? Ist es möglich?" Und dann die wiederkehrende Gewissheit, dass sie es tun würden. Vierzig solche Minuten gibt es selten im Leben.

Dann war da das Kent-Spiel 1921, als Middlesex, das die Meisterschaft gewinnen wollte, in vier Stunden über 300 Runs machte und das Spiel gewann; dann der große Kampf vier Tage später gegen Surrey. Und während ich diese Korrekturen korrigiere, habe ich das Gefühl, dass es trotz der Druckerrechnung kleinlich von mir wäre, dem zweiten Tag des diesjährigen Sussex-Spiels in Lord's keine Anerkennung zu zollen. Es begann ziemlich düster, mit einem trüben Himmel und kaltem Wind, und HL Dales brauchte neunzig Minuten, um sechzehn zu machen. Aber glücklicherweise verbrachte ich diese erste Stunde oder so im warmen Komfort einer U-Bahn. Und nach dem Mittagessen kam die Sonne heraus; das Cricket wurde spannend und der Nachmittag wurde zu einem der glücklichsten, die ich je in Lord's verbracht habe. Die Aufregung konzentrierte sich seltsamerweise auf einen Kampf um die Führung im ersten Innings. Normalerweise schwärmt man nicht von Punkten im ersten Innings. Aber an einem Pfingstmontag ist man aus, um Spaß zu haben. In der Gegenwart einer großen Menschenmenge kann man von Herdengefühlen angesteckt werden. Und das Cricket war wirklich sehr gut. Sussex ist die beste Feldmannschaft Englands; ich bin mir nicht sicher, ob JW Hearne heute nicht der beste Schlagmann der Welt ist. Und der Nachmittag war ein langer Kampf zwischen Hearne und Sussex.

Ich habe die genauen Zahlen nicht bei mir, aber Middlesex wollte für seine zwei Punkte 311 Runs, und sieben Wickets waren gefallen, als Twining als Partner von Hearne eingewechselt wurde. Auf einige seiner Partner muss Hearne meiner Meinung nach einen magnetischen Einfluss ausüben. Sicherlich sieht Twining, wenn er mit ihm zusammen ist, wie ein um fünfzig Prozent besserer Spieler aus und ist es auch, als wenn Lee oder Hendren am anderen Ende sind. Er hat nie etwas Vergleichbares zu der großartigen Partnerschaft mit Hearne erreicht, die Middlesex 1921 die Meisterschaft einbrachte. Tatsächlich glaube ich eher, dass seine 57 Runs an jenem Pfingstmontagnachmittag sein zweithöchster Score in einem County-Match sind. Vielleicht eher ein nützliches als ein gutes Innings, aber er hat es durchgehalten; und ich bezweifle, dass ich jemals ein besseres Innings gesehen habe als Hearnes 140.

Manche Leute finden Hearne langweilig, so wie manche Leute Tolstoi langweilig finden. Er hat nicht die vulkanische, eruptive Energie von Hendren und Dostojewski. Er bewegt sich mit äußerster Ökonomie der Anstrengung auf ein sehr weit entferntes Ziel zu. Wo andere Schlagmänner in Fünfzigern denken, denkt er in Doppeljahrhunderten. Er weiß die ganze Zeit genau, was er tut. Schlagmänner wie Holmes, Mead und Ducat kommen am Ende irgendwie ans Ziel; aber sie haben nicht die ganze Zeit das Ziel im Blick, oder besser gesagt, vielleicht hat der Zuschauer, der ihnen zusieht, das Ziel nicht im Blick. Holmes sieht, ob er nun eine Cypher oder eine Century schlägt , immer wie ein gewöhnlicher Spieler aus. Hearne ist ein großartiger Schlagmann, sobald er das Feld betritt. Niemand, der etwas von Cricket versteht, könnte ihn einen Schlag spielen sehen und an seiner Qualität zweifeln.

Aber erst als Hearne mit dem Bein vor Gilligan ausschied und Murrell gescheitert war, ging die Aufregung richtig los. Ich glaube, es fehlten zwölf Runs, als Durston zum Schlagen kam. Sie schafften sie irgendwie, erstaunlicherweise, aber sie schafften sie. Jedes Mal, wenn der Ball die Mitte des Schlägers traf und sicher zur Mitte rollte, ertönte ein hysterischer Aufschrei. Es gab Byes und einen Überwurf, und wie durch ein Wunder drehte Durston Gilligan zum Bein und über den Boden. Es ist der einzige gute Schlag, den ich je von ihm gesehen habe. Manchmal denke ich, dass ich Durston gegenüber unbarmherzig bin. „Er ist nicht so schrecklich schlecht", sage ich mir, „nicht schlechter, wirklich, als Mignon oder Rushby. Es ist nur so, dass er zu viel an sich hat, das ihn inkompetent erscheinen lässt." Und dann sehe ich ihn wieder schlagen und sage: „Nein, wirklich, er ist absolut der Schlechteste, ohne Ausnahme der Schlechteste." Es gibt wohl keinen lebenden Menschen, den der Kapitän, es sei denn als Scherz, auf Platz 11 einer Mannschaft stellen könnte, der Durston angehörte." Aber als er am Pfingstmontag gegen Gilligan diesen Schlag zum zweiten Platz machte, wurde er bejubelt wie selten ein Schlag von Hobbs bejubelt wurde, und die große, fröhliche Feiertagsmenge strömte noch glücklicher über seine Leistung nach Hause.

Jeder Sommer hat seine eigenen Meilensteine, seine eigenen Sensationen, seine eigenen großen Spiele; sogar dieser kalte und elende Frühling mit seinen tauben Fingern und verpassten Fängen. Es gibt keine Jahreszeit, die so schlecht ist, dass wir nicht dankbar auf sie zurückblicken könnten. Und die Zukunft wird genauso gut sein, vielleicht sogar besser. Und doch – ich frage mich, ob es in Lord's jemals wieder einen Tag geben wird, der dem 31. August vor drei Jahren gleicht.

Kein Cricketspieler braucht mich, um ihn daran zu erinnern, was damals geschah, oder um die Geschichte von „Plum" Warners letztem und großartigsten Spiel zu erzählen. Es genügt zu sagen, dass es das dramatischste und passendste war, was je in irgendeinem Sport in irgendeinem Land passiert ist. Selbst wenn nicht einmal die Meisterschaft auf dem Spiel gestanden hätte, wäre es ein großartiges, denkwürdiges Spiel gewesen. Da die Meisterschaft vom Ergebnis abhing, war es ein Kampf der Titanen. Aber mit der zusätzlichen Emotion von Warners letztem Auftritt – so etwas passiert nur einmal in einer Generation.

Am ersten Tag war ich nicht da. Ich spielte Cricket in Hayward's Heath und ich erinnere mich noch an die Aufregung, mit der ich die erste Ausgabe des *Evening Argus aufriss* , um zu sehen, welche Seite den Münzwurf gewonnen hatte. Middlesex am Schlag. Ich stieß einen Seufzer der Erleichterung aus. Das wird schon gut gehen, dachte ich. Ein klares Wicket. Surrey bowlt nicht gut. Sie haben gestern den ganzen Tag gebraucht, um Northampton rauszuwerfen. Um sechs Uhr werden dreihundert auf der Anzeigetafel stehen; und dann kam eine Ausgabe nach der anderen mit der Nachricht, dass es in Lord's nicht gut lief. Lee raus, Hearne raus. Hendren nur 41; 109 für 5; 149 für 6. Und dann spät in der letzten Ausgabe die Nachricht, dass ein Unentschieden zwischen Warner und Greville Stevens beginnt.

Aber trotzdem war es nicht gut genug. Den ganzen Tag schlagen und nur 250 Punkte machen. Und den ganzen Montag über sah ich, wie mir das Spiel und die Meisterschaft Stunde für Stunde entglitt. Fänge wurden gemacht, das Bowling hatte keinen Biss. Und in den Pausen konnte man auf dem Tonbandgerät lesen, was für ein Chaos Lancashire gegen Worcester im Norden anrichtete. Ich verließ das Spielfeld, als Fender sein Innings für beendet erklärte. 73 Runs im Rückstand. Nur noch ein Tag bis zum Ende. Wenn wir wollten, könnten wir wahrscheinlich ein Unentschieden erreichen. Aber nur mit einem Sieg konnten wir die Meisterschaft gewinnen. Es war sinnlos. Es war vorbei. Besser, man sollte das Ende nicht erleben.

Und doch ging ich am Dienstag dorthin. Es bestand noch eine Chance; sollten wir gewinnen, würde ich es mir nie verzeihen, nicht dort gewesen zu sein, um die Mannschaft anzufeuern. Und die Hoffnung kam zurück, als ich „Skipper" Pawling auf den Stufen des Pavillons traf. „Es ist alles in Ordnung, mein Junge", sagte er; „es ist alles in Ordnung. Wir werden es schon hinkriegen." Mrs. Warner war mit weißem Heidekraut für die Profis gekommen. Und ich kann immer noch die eifrige, hohe Spannung ihrer Stimme hören: „Wir werden es schaffen, nicht wahr, Mr. Pawling." Ich bin mir nicht sicher, ob Sydney Pawling nicht meine lebhafteste Erinnerung an diesen langen Augusttag ist. Ich kann ihn sehen, wie er seine große Hand über den Mund fährt; ich kann ihn murmeln sehen, als Hearne zum Schlagen hereinkam: „Er sieht krank aus; gut gezogen. Ich muss ihm Champagner rüberschicken; Champagner." Und ich kann mich erinnern, wie er am Ende des Tages fast in Tränen ausbrach, als die Surrey-Wickets fielen.

Aber ich glaube, wir waren alle am Ende dieses großartigen Abends den Tränen nahe. Als ich im Frühjahr 1904 zum ersten Mal im Matrosenanzug nach Lord's ging, weinte ich, als Warners Wicket fiel, und ich glaube, ich weinte am Ende des Abends um zwanzig nach sechs am 31. August, als die riesige Menschenmenge über das Spielfeld strömte und ihn auf den Schultern zum Pavillon trug.

Wird Lord's jemals wieder eine solche Szene erleben? Wird Lord's jemals wieder etwas erleben, das der Aufregung jener letzten Stunde gleichkommt, von dem Moment an, als Hendren Shepherd hoch über seiner linken Schulter fing, als er sich gegen den Schirm lehnte? Dieser Fang war der Wendepunkt. In der Hälfte der Zeit hatte Surrey die Hälfte der Runs gemacht, und nur zwei Wickets waren gefallen. Dann kam dieser Fang, bei dem nur Hendren einen Schlag abwehren konnte, der vom anderen Ende aus ein Sechser gewesen wäre. Es war wieder ein Match. Als nächster kam Fender; es herrschte schreckliche Stille. Eine halbe Stunde Fender und das Match gehörte Surrey. Aber er schlug einen geraden Ball von Durston quer durch. 112-4-1. Aber es kamen noch Peach, Reay, Hitch und Ducat, während Sandham am anderen Ende wunderbar schlug. Die Chancen standen immer noch auf Surrey. Aber Hearne und Stevens ließen ihren Kapitän in dieser letzten Stunde nicht im Stich. Ausgerechnet Hendren übersah Hitch tief unten am Mid-Wicket, aber die Bowler konnten es sich leisten, auf ihre Fielder zu verzichten . Ein Wicket nach dem anderen fiel. 176 für 9, und Rushby kam herein und schwang seine Arme, während die Menge lachte. Rushby, ein Clown-Batsman; mehr nicht. Aber er stand da, und die ersten Singles kamen; und man sah auf die Uhr und erinnerte sich daran, dass Rushby einmal drin geblieben war, während Crawford 80 Runs erzielte. Zwölf Runs in zehn Minuten; würde das Ende nie kommen? Dann ein unspielbarer Ball von Stevens. Es war alles vorbei. Der Ball rollte zum Short

Leg. Hearne und Hendren rannten ihm von den Slips hinterher. Hearne war zuerst da und rannte mit seinem „Souvenir" zum Pavillon. Und die große Menge schwärmte um das Wicket herum.

Ich erwarte nicht, jemals wieder etwas Vergleichbares zu sehen. Aber ich bin stolz und froh, dabei gewesen zu sein und an dieser Hommage an den leidenschaftlichsten Cricketspieler teilgenommen zu haben, den die Welt je gesehen hat.

VI

wie viele Stunden müssen wir im Jahr mit unserem *Wisden verbringen* ? Sicherlich sehr viele, so viele sogar, dass uns unweigerlich in den Sinn kommt, wie klein die Cricket-Literatur ist. Nur zwei von dreißig Regalen. Es gibt ein oder zwei Romane, *Willow the King* , AA Milnes *The Day's Play* , einige Essays von Mr. Lucas, die Gesamtwerke von PF Warner, WJ Fords *Middlesex Cricket* , Lord Harris' *Lord's and the MCC* , einige Bände mit Erinnerungen, ein oder zwei Lehrbücher, P. G. Wodehouses entzückendes *Mike, The Hambleden Men* und Neville Cardus.

Und größtenteils auch nur schlechtes Zeug. Die Literatur über Cricket kann in zwei Kategorien unterteilt werden. Es gibt die Bücher von Männern, die Cricket verstehen, aber nicht schreiben können, und die Bücher von Männern, die schreiben können, aber Cricket nicht verstehen. Im Laufe eines Jahres werden viele Bücher und Geschichten über das Spiel veröffentlicht, aber nur selten in einer Generation kommt der Sportler und der Literat zusammen. Wen haben wir heute: PG Wodehouse; aber er schreibt lieber über Golf. AA Milne; aber er versucht sich an Schminke. EV Lucas; aber heutzutage so selten. Neville Cardus; ja, der einzige, vielleicht der einzig Echte. Der erste Mann, der aus Cricket Literatur machte. Sein Essay über Tom Richardson; seine Beschreibung, wie Maclaren in Eastbourne zum letzten Mal das Feld verlässt; sein „größtes Testspiel". Sie wurden für die Kolumnen einer Tageszeitung geschrieben, aber sie enthalten Literatur, echte Prosa, echte Melodie, echte Emotionen. Er ist jedoch allein, Neville Cardus.

Es wurden kaum Gedichte über das Spiel geschrieben. Es gibt Thompsons „Oh, my Hornby and my Barlow Long Ago" und es gibt eine Menge Gedichte, angenehm klingende Sachen in der Art von Trinkliedern, die besten davon Abschiedslieder, wie Andrew Langs „Beneath the Daisies Now They Lie". Aber die wenigen Versuche, ernsthafte Gedichte zu schreiben, waren nicht erfolgreich. Edward Cracroft Lefroy zum Beispiel, der Cricket vor allem als ästhetisches Spektakel ansprach, hat in seinem Katalog der physischen Eigenschaften eines Bowlers die

Ellbogen, die das Leder zum Drehen bringen können.
Den langsamen Schläger hinauf und um das unvorsichtige Schienbein herum.

Das ist nicht nur ein schlechter Vers, sondern zeugt auch von unzureichenden Kenntnissen des Autors hinsichtlich der No-Ball-Regel.

Aber vielleicht sind Verse kein gutes Mittel, um die Freude am Cricket auszudrücken. Ausdrücke wie „unvorsichtiges Schienbein" würden sich aufdrängen, und obwohl Pindar die Leistungen von Generälen und Athleten mit gleichermaßen angemessener Begeisterung zu feiern pflegte, erscheint die bloße Idee, Woolleys zwei großartige Testspiele in Lord's in heroischen Versen zu würdigen, lächerlich. Wir haben uns so daran gewöhnt, Berichte über Cricketspiele im Prosastil der Sportpresse zu lesen, dass eine andere Behandlung unmöglich ist. Vielleicht wird Mr. Masefield eines Tages versuchen, ein Epos über das fünfte Testspiel im Oval zu schreiben, aber ich bezweifle, dass es ein Erfolg wäre. Es wäre eine urige Darbietung, als ob man in Hoftracht im jakobinischen Schnitt den Strand entlanggehen würde. Der Jargon eines Cricketberichts ist für heroische Verse ungeeignet, aber sie sind unverzichtbar. Wenn wir zum Beispiel erfahren würden, dass Hendren,

In Selbstüberschätzung gefangen, trat er zurück und
schwang seinen Schläger, als ob er
die donnernde Gewalt von Albert Trott in den Schatten stellen wollte.
Doch hatte er den Flug
des schnell drehenden Balls nicht richtig eingeschätzt.
Entsetzt hörte er
hinter seinem Rücken das Klappern der Stümpfe,

wir wären nicht viel klüger. Wir würden es vorziehen, von einer solchen Tragödie in einer unverblümten Erzählung zu erfahren: „Hendren schlug Mailey zweimal hintereinander an die On-Boundary; aber beim Versuch, den Schlag auf einen Ball zu wiederholen, der weiter oben zu ihm geworfen wurde und mit dem Arm davonflog, wurde er sauber gebowlt."

Tatsächlich ist „On an Athlete Dying Young" von AE Housman das beste ernsthafte Gedicht, das irgendeine Seite des Crickets interpretiert, und dieses Gedicht ist an einen Läufer gerichtet. Aber es ist universell, denn es enthält die Tragik des gesamten Profisports:

Jetzt werden Sie die Flucht
der Burschen, die ihre Ehre verspielt haben,
der Läufer, die der Ruhm überholte
und deren Name vor dem Mann starb, nicht anheizen.

Heutzutage wird auf jeden Cricketspieler, der nicht mehr spielt, in der Vergangenheitsform Bezug genommen: „Tarrant war ..."; und wie viele der enthusiastischen Anhänger des Oval Office, die sich so gern an die großen Tage von „Locky und Brocky" erinnern, halten inne, um darüber nachzudenken, dass ihr Held noch lebt?

Der Mangel an Prosaliteratur über Cricket ist jedoch ebenso überraschend wie bedauerlich. Vor hundert Jahren hätte das Spiel sicherlich einen spannenden Hintergrund für einen Roman liefern können. Lord's war wie der Paddington-Sportplatz, und wenn kein Spiel stattfand, durfte die Öffentlichkeit dort für einen Schilling ein Spielfeld mieten, eine Summe, die die Nutzung von Stümpfen, Schläger und Ball beinhaltete; damals gab es keine Rasenmäher, und das Gras wurde von einer Schafherde kurz gehalten, die an Spieltagen eingepfercht wurde. Samstags wurden vier- oder fünfhundert Schafe auf den Platz getrieben, um sie zum Smithfield Market zu bringen. Und dann lief ein halbes Dutzend kleiner Jungen hinaus und pickte das lange Gras oder die dicken Büschel heraus, die noch übrig waren. Es ist nicht überraschend, dass es damals Schützen gab. Und seit den Tagen der Gladiatoren kann es nie so viel Bestechung und Korruption gegeben haben wie in den Tagen von Lord Frederic Beauclerk.

Es wurden enorme Wetten abgeschlossen. Die Spiele wurden um Einsätze von tausend Guineen pro Mannschaft gespielt – damals keine kleine Summe, und die Profis konnten kaum von ihrem Gehalt leben; tatsächlich gaben sie sich kaum Mühe, und bei großen Spielen, bei denen viel Geld auf dem Spiel stand, war es nicht ungewöhnlich, dass eine Mannschaft versuchte, sich selbst aus dem Spiel zu nehmen, während die Gegner versuchten, ihnen leichte Bälle zuzuspielen, um Runs zu erzielen. Lord Harris erzählt tatsächlich eine Geschichte, wie zwei Profis bei einer der jährlichen Hauptversammlungen in Lord's einen Streit hatten, und in Anwesenheit der edlen Lords des MCC wurden Fragen wie „Wer hat das Spiel in Nottingham verkauft?" und „Wer würde für Kent auf etwas anderes als das Wicket bowlen?" herumgeworfen, zur Bestürzung, sagt Lord Harris, „einiger der Anwesenden, die bei den genannten Spielen entgegen aller Berechnung ihr Geld verloren hatten"! Es gab damals nur wenige Zeitungsreporter, und in Old Trafford konnte man Dinge tun, von denen Lord's erst spät erfuhr.

Die einzigen Personen, die in diesen frühen Tagen unbestechlich geblieben zu sein scheinen, sind seltsamerweise die Schiedsrichter. Vielleicht legten sie zu viel Wert auf ihre Ehrlichkeit und die Buchmacher fanden es billiger, mit den Spielern Geschäfte zu machen, oder vielleicht herrschte eine allgemeine Verschwörung des Schweigens, da niemand unschuldig genug war, um einen Stein zu werfen. Auf jeden Fall scheinen die Gesetzesausleger zufriedengestellt zu haben, und sie können es nicht leicht gehabt haben. Denn in diesen Jahren wurde der Regelkodex zusammengestellt, nach dem wir heute spielen. Und er wurde auf höchst planlose Weise zusammengestellt. Kein Ausschuss saß an einem Tisch und wog jede mögliche Eventualität und Auslegung der Gesetze ab. Die Behörden waren ehrenwerte Kerle, aber faul und einfallslos. Sie stellten einen groben Kodex auf und warteten, was geschah. Wenn eine bestimmte Praxis zu einem Ärgernis wurde, waren sie bereit, ihr ein Ende zu setzen. In der Zwischenzeit ließen sie das Rad sich drehen.

Es drehte sich tatsächlich, und oft mit unangenehmen Komplikationen. Früher, als es beispielsweise nur zwei Stumps gab, wurde zwischen und unter den Wickets ein Loch geschnitten, und wenn ein Schlagmann einen Run vollendet hatte, musste er seinen Schläger in dieses Loch stoßen. Wenn es dem Bowler gelang, den Ball vor dem Schläger dorthin zu stoßen, war der Schlagmann aus. Es stellte sich jedoch heraus, dass Schläger und Ball oft gleichzeitig im Loch landeten, was traurige Folgen für die Finger des Bowlers hatte; und oft genug, wenn ein Feldspieler dem Schläger zuvorgekommen war, nahm der besiegte Spieler so viel Rache wie möglich, indem er seinen Schläger auf die Knöchel seines Bezwingers trieb . Nachdem eine bestimmte Anzahl Finger gebrochen worden war, hielten es die Behörden für angebracht, das Loch durch die gegenwärtige Schlaglinie zu ersetzen.

Ähnlich verhielt es sich mit dem Leg-before-Wicket. Da es damals noch keine Schoner gab und der Ball mit großer Geschwindigkeit geworfen wurde, schien es unwahrscheinlich, dass ein Schlagmann absichtlich seine ungeschützten Beine in den Weg eines harten Balls stellen würde. Doch eines Tages versetzte die Cricketwelt die Taktik eines gewissen Ring in Bestürzung, der seinen Körper so vor das Wicket stellte, dass er nicht ausgeworfen werden konnte. Seine Schienbeine schmerzten sehr, aber sein Punktestand war sehr hoch. Dieser galante Akt der Selbstaufopferung zum Wohle seiner Mannschaft fand nicht die Bewunderung, die er verdiente; ein zeitgenössischer Autor beschrieb ihn als „schäbige Art, einen Bowler auszunutzen", sodass die Bowler sich „geschlagen erklärten", als Tom Taylor dieselbe Taktik anwandte: Es wurde eine Leg-before-Wicket-Regel aufgestellt und eine weitere Gelegenheit für spartanischen Mut ging an ein verweichlichtes Zeitalter verloren.

Die Regeln wurden geändert, um jeder neuen Entwicklung gerecht zu werden. Und wenn wir uns an die vielfältigen und barbarischen Praktiken jener Zeit erinnern, können wir nur schaudern, wenn wir uns vorzustellen versuchen, welche furchtbaren und schrecklichen Gräueltaten stattgefunden haben müssen, bevor die Regel der „Behinderung des Spielfeldes" erfunden wurde. Können wir uns nicht vorstellen, wie ein stämmiger Metzger den Ball zum Punkt wirft und dann, um sein Wicket zu retten, auf den Feldspieler zustürmt und ihn mit seinem Schläger niederstreckt? Können wir uns nicht vorstellen, wie der Schlagmann am anderen Ende einen Halbnelson auf den Bowler schlägt, der gerade dabei war, seinen Partner zu fangen? Die Gesetze Roms wurden nicht ohne Blutvergießen aufgestellt, ebenso wenig wie die Regeln des Cricket. Welche Gelegenheiten für humorvolle Erzählungen sind verloren gegangen!

Wenn es doch nur einen naturalistischen Schriftsteller gegeben hätte, der all diese Geschichten mühsam gesammelt und einen Roman daraus gemacht hätte. Wäre Zola ein Engländer gewesen, hätten wir ihm seine endlosen

Beschreibungen von Goldschlägern und Landarbeitern verziehen können, wenn einer der Macquarts ein professioneller Cricketspieler gewesen wäre und einer dieser endlosen Romane die Cricketwelt seiner Zeit rekonstruiert hätte. Wenn doch nur die Launen der Dinge George Moore erlaubt hätten, seine frühen Jahre in der Nähe eines Cricketfeldes statt in einem Rennstall zu verbringen.

Aber selbst die wenigen Romanautoren, die Cricket in ihre Panoramadarstellungen dieser Zeit einbezogen haben, scheinen erbärmlich unwissend über die Spielführung zu sein. Was für ein trauriges Durcheinander Dickens daraus gemacht hat und wie gut er es hätte machen können! Wie unterhaltsam Mr. Winkle hinter dem Wicket gewesen sein könnte: was für erhabene Entscheidungen er als Schiedsrichter getroffen hätte! Aber nein: Muggleton spielt gegen Dingley Dell, und der große Podder „blockierte die zweifelhaften Bälle, verfehlte die schlechten, nahm die guten und schickte sie in alle Teile des Feldes", was sicherlich die kurioseste Vorgehensweise ist, die je ein Schlagmann befolgt hat; und als Höhepunkt gibt Dingley Dell nach und lässt die überlegene Stärke ganz Muggletons zu, anscheinend bevor sie ihre eigenen Innings gespielt haben – eine Aktion ohne Beispiel in den Annalen des Spiels.

Und so kam es, dass unser einziges vollständiges Bild der homerischen Zeit nicht von den Romanautoren, den offiziellen Berichterstattern der Zeit, stammt, sondern von John Nyren, der ohne jeden Gedanken an die Nachwelt einen Leitfaden für junge Cricketspieler schrieb. Es gibt Bücher, die wie Wein mit der Zeit an Qualität gewinnen, und für uns heute besitzt *Cricketer's Tutor* einen Wert, den es für diejenigen, in deren Dienste es geschrieben wurde, nicht hatte. Für die Jugend von 1840 war es lediglich ein Handbuch, eine Art Dienstordnung; heute ist es ein Stück Literatur; es interpretiert eine Epoche, es offenbart eine Persönlichkeit.

Wenn wir John Nyrens Ratschläge lesen, können wir sehen, wie das Spiel im Jahr 1820 auf rauen Spielfeldern gespielt wurde, ohne Polsterung, mit Zylinder und mit einem Mut, dessen Ausmaß sich anhand der Anweisungen ermessen lässt, die er dem Long-Stop gibt:

> Wenn der Ball nicht mit einem ordentlichen Sprung in seine Hand gelangt, muss er sich auf sein rechtes Knie niederlassen und die Hände vor sich halten. Falls er den Ball dann verfehlt, bildet sein Körper ein Bollwerk und stoppt den weiteren Flug.

Damals waren die Zuschauer, wie wir erfahren, geduldige Leute, die auf rückenfreien Sitzen saßen, Porter tranken, lange Pfeifen rauchten und Wetten auf das Spiel abschlossen. Damals herrschte Muße, und John Nyren war der Meinung, dass der Schlagmann mit seinen Runs warten sollte, bis Werfer und Feldspieler erschöpft waren:

> Ich würde dem jungen Schlagmann dringend empfehlen, seine Aufmerksamkeit auf das Stoppen zu richten: denn wenn er diese Rolle gut spielt, wird er zu einem ernsthaften Gegner des Werfers; der ist immer ein wenig entmutigt, wenn er einen Mann kommen sieht, von dem er weiß, dass er alle seine langen Bälle mit Leichtigkeit stoppen wird. Er empfindet keine Zuneigung für einen solchen Kunden. Außerdem liegt in dieser Leistung der Unterschied zwischen dem wissenschaftlichen und dem zufälligen Schlagmann.

Der zufällige Schlagmann: Dieses Adjektiv finden wir oft im *Cricketer's Tutor*. Denn Nyren hegte eine tiefe Abneigung gegen unerfahrenen Erfolg. Cricket war für ihn eine Kunst, deren Technik nur nach einer aufwändigen Lehrzeit erlernt werden konnte. Er misstraute den Abkürzungen und wir finden in ihm den erbittertsten Gegner dieser jungen Idee. Er ist der ewige Tory von gestern, von heute und von morgen. Und er ist für uns sehr menschlich, während er am Rande der Veränderung steht und seine ernste Warnung ausspricht. Denn gegen Ende seiner Karriere wurde das Roundarm-Bowling eingeführt und es ist schwer vorstellbar, welche Revolution dies in der Welt des Sports auslöste. Es sorgte in seinem eigenen Bereich für ebenso viel Aufsehen und erregte ebenso viele schlechte Gefühle wie sein Zeitgenosse, das Reform Bill. Dieses Bowling wurde als der „neue Marsch des Intellekts – Stil“ beschrieben und 1827 wurden drei Spiele zwischen Sussex und England ausgetragen, um die Vorzüge der beiden Methoden zu testen. Die Grafschaft gewann die ersten beiden Spiele und die neun Profis auf der englischen Seite waren so erzürnt, dass sie eine formelle Petition unterzeichneten, „dass wir, die Unterzeichneten, zustimmen, dass wir das dritte Spiel zwischen ganz England und Sussex nicht spielen werden, es sei denn, die Bowler von Sussex bowlen fair – das heißt, sie verzichten auf das Werfen.“ Und der große Mr. Ward sagte, als er nach seiner Meinung gefragt wurde: „Ich kann nur sagen, dass Cricketspieler eine friedliche Klasse von Männern sind. Bei diesem Bowling sehe ich nie ein Spiel, das nicht in einem Streit enden könnte.“

John Nyren war sein schärfster Gegner und es ist ziemlich erbärmlich, seinen heftigen und wirkungslosen Protest zu lesen. Diese Erfindung würde Cricket ruinieren. Er sah ein neues Spiel, dem die Eleganz und Geschicklichkeit des Spiels, wie er und seine Freunde es gespielt hatten, fehlten. Der Ball würde so schnell kommen, dass der Schlagmann keine Zeit hätte, sich darauf vorzubereiten.

Der mittelmäßige Schlagmann hat die gleiche Chance auf Erfolg wie der beste Spieler. Und der Grund dafür ist offensichtlich: Aufgrund der zufälligen Art, wie der Ball geworfen wird, ist es für den besten Schlagmann unmöglich, Zeit für die Finesse und das Feingefühl zu haben, die das elegante Manövrieren der Spitzenspieler, die vor etwa acht, zehn oder mehr Jahren das Feld bevölkerten, so besonders auszeichneten.

Und er bringt weiter seine Überzeugung zum Ausdruck, dass, wenn das gegenwärtige System noch ein paar Jahre länger beibehalten wird, „das elegante und wissenschaftliche Cricketspiel sich zu einer bloßen Zurschaustellung von grobem, rohem Balgspiel entwickeln wird."

Was würde er sagen, wenn er zum Pavillon im Oval zurückkehren und sehen könnte, wie Hitch mit einer Geschwindigkeit von wie vielen Meilen pro Stunde bowlt und Hendren ihn an die Square-Leg-Boundary hakt? Und der letzte Absatz seines Protests ist der eines jeden Menschen seit Anbeginn der Zeit, der seine Zeit vergehen sah, seine Helden gestürzt und an ihre Stelle eine voreilige, respektlose Generation trat.

> Ich kann meine Augen benutzen [schreibt er], ich kann Noten und Punkte beider Spielarten vergleichen, und diejenigen, die mich kennen, werden bezeugen, dass ich es nie gewohnt war, mich vorschnell auszudrücken.

Eine verlassene Gestalt, die so einfach auf die Beständigkeit einer statischen Welt vertraut.

Es ist traurig, wenn man bedenkt, wie schnell diese Welt vergangen ist und wie effektiv die Maschinerie unseres Industriesystems Cricket bereits für sich beansprucht hat. Nyrens Spiel ist nicht länger die Unterhaltung einiger weniger. Es ist Teil des nationalen Lebens geworden, und wahrscheinlich wird es, wenn die Bolschewisten hier ihren Willen bekommen, zusammen mit dem Kino, dem Theater und dem Fußball verstaatlicht werden. Es ist schwer, viel Gemeinsames zu finden zwischen den alten Männern, die lange Pfeife rauchten und starkes Porter tranken und Mr. Haygarth drei Stunden lang beim Schlagen zusahen, um sechzehn Runs zu erzielen, und den zwanzigtausend, die zum Spiel zwischen Middlesex und Surrey strömen, weil die Zeitungen es ihnen gesagt haben, und die jeden Schlagmann anfeuern, der ein erstes Over durchhält. Tatsächlich glaube ich nicht, dass man an diesen großen Tagen das Überleben des alten Enthusiasten dort findet. Man wird ihn eher an einem kalten Morgen zitternd am Ende des Hügels finden, am dritten Tag eines Spiels, das mit Sicherheit unentschieden ausgehen wird, wenn nur ein paar hundert Zuschauer da sind. Niemand weiß, warum er dorthin geht. Ihm wird sehr kalt sein. Er wird kein besonders gutes Cricket sehen. Professionelle Schlagmänner werden auf professionellste Weise auf ein Unentschieden spielen. Gegen vier Uhr wird das Feldspiel nachlassen, und eine halbe Stunde vor Schluss werden die Kapitäne entscheiden, dass es keinen Sinn hat, weiterzumachen, und dass sie genauso gut Stumps ziehen könnten. Ihr alter Mann auf dem Mound weiß, dass dies passieren muss. Aber er geht trotzdem dorthin, und um drei kauft er sich eine Abendzeitung, um einen Bericht über das Spiel zu lesen, und er sieht, dass der Reporter sagt: „Hardstaff wurde von einem Yorker geschlagen und ausgeworfen." Und der alte Mann wird kichern, da er weiß, dass es ein Halbvolley war und Hardstaff darüber geschlagen hat. Und im Januar, wenn er seinen *Wisden durchliest*, wird er dieses Spiel bei den anderen, die er gesehen hat, abhaken, und er wird sie zusammenzählen und feststellen, dass er dieses Jahr fünf Tage mehr in Lord's verbracht hat als im Jahr zuvor. Er wird sich daran erinnern, wie sein Großvater immer mit ihm von Fuller Pilch sprach; und er wird lächeln, weil er Hendrens Überlegenheit kennt. Und er wird weiterhin Cricket schauen, so wie sein Großvater es an kalten wie an warmen Tagen sah, wenn ein Unentschieden feststeht und wenn die Chance auf ein großartiges Ende besteht. Eines Tages, so glaubt er, werden die professionellen Schlagmänner versagen, es wird einen Zusammenbruch und einen sensationellen Sieg geben, und nur zweihundert Menschen werden es gesehen haben. Er weiß, dass im Jahr viele Spiele ausgetragen werden und dass nur sehr wenige davon großartige Ergebnisse bringen, und er weiß, dass der einzige Weg, sich des großen Ereignisses sicher zu sein, darin besteht, immer dann dort zu sein, wenn der Ball fällt. Und an ihn müssen wir denken, wenn wir die Cricketwelt von 1830 rekonstruieren wollen.

Denn Nyren war der Homer des Krickets, und die homerischen Tage sind vorbei. 1923 ist der Boden kein unberührtes Land mehr. Cricket ist ein anderes Spiel, und für Romanautoren ist es weniger faszinierend. Es wird nicht gewettet, es gibt keine Unehrlichkeit, und obwohl wir Gerüchte über die fragwürdige Diplomatie der nördlichen Ligen hören, wäre es kaum möglich, eine Cricket-Geschichte mit einem glaubwürdigen Bösewicht zu erfinden. Nat Gould hatte keine Schwierigkeiten, hundert Romane über Rennbahnen zu schreiben; es ist äußerst schwierig, einen über ein Cricket-Feld zu schreiben. Für dramatische Erzählungen ist kein Raum vorgesehen. Cricket ist für die meisten von uns ein herrliches Zwischenspiel – angenehme Stunden in angenehmer Gesellschaft; und wir nehmen unseren Erfolg oder Misserfolg nicht sehr ernst. In der Schule ist es wichtig: Hüte und Pokale stehen auf dem Spiel, Machtpositionen gehen an die Tüchtigsten; und so ist die einzige große Cricket-Geschichte der letzten Zeit eine Schulgeschichte, nämlich „ *Mike" von P. G. Wodehouse* . Außerhalb der Schule ist es jedoch schwer, beim Cricket ein Motiv zu finden, das stark genug wäre, um dramatische Handlungen zu entwickeln und darzustellen. Auf der Rennbahn stehen große Geldsummen auf dem Spiel. Vom Erfolg eines Pferdes kann das zukünftige Glück des Helden und der Heldin abhängen. Ich bezweifle jedoch, dass das Ergebnis eines Cricketspiels in den letzten Jahren jemals mehr mit sich gebracht hat als den vorübergehenden Verlust oder Gewinn persönlichen Ansehens. In „*Willow the King*" wählte JC Snaith ein Cricketspiel als Schauplatz für eine Sommeridylle, aber der Autor von „ *Brooke of Covenden* " würde diese Geschichte unter seinen vielen sehr beachtlichen Errungenschaften kaum hoch einstufen. Die Stunde des großen Cricketromans ist vorüber: unwiederbringlich vielleicht. Und in den Wintermonaten greifen wir wie in alten Zeiten auf einige Erinnerungsbücher und unsere lange, gelbrückende, zerfledderte Reihe von *Wisden- Büchern zurück* , und von beiden finden wir *Wisden* das angenehmere.

VII

Wir lesen *Wisden* im Winter an kalten Abenden vor einem lodernden Feuer und es bringt uns das Gefühl von frisch gemähtem Gras, das Gefühl eines Cricketballs und das Rauschen des Sonnenlichts zurück. Es ist ein Ersatz für Cricket: und der alte quälende Zweifel schleicht sich wieder ein, der Zweifel, ob Literatur mehr als ein Ersatz ist, der Fokus eines unerfüllten Verlangens. Wir wissen, wie alte Leute sich mit Romanen betäuben. Jeden Tag gehen sie in die Bibliothek und suchen sich ein neues Buch aus, und für 24 Stunden hören sie auf, sie selbst zu sein, und werden in einer Geschichte über Abenteuer und junge Liebe wieder zu dem, was sie waren und nicht sind. Wir fragen uns, ob vereitelter Ehrgeiz nicht immer versucht, sich in Theaterstücken und Bildern zu verwirklichen. Unweigerlich muss eine Seite von uns unentwickelt bleiben, und durch einen Prozess, den die fortgeschrittenen Psychologen als Sublimierung beschreiben, finden wir diese unentwickelte Seite als Ersatz für ihren Ausdruck. Ist ein Buch mehr als ein Spaten, der sich bis zu unserem Unterbewusstsein, zu unserem wahren Selbst gräbt? Ist etwas jemals ganz das, wofür wir es halten?

Einfluss: Sie werden stundenlang von der Kanzel darüber reden. Einfluss: jede Kleinigkeit, jedes Wort, jeder Gedanke und jede Tat. Es hat irgendwo seine Wirkung auf irgendjemanden. Ich kann immer noch die dünne Stimme eines gewissen alten Gemeindepfarrers hören, die durch die dunkle Stille des Segens fiel. Es war sein Lieblingsthema: Einfluss. „Sie werden euch in der großen Welt erzählen", pflegte er zu uns zu sagen, „dass der Starke unabhängig von seinen Taten sein kann, dass sie von ihm herabfallen wie Regentropfen von einem schrägen Dach. Das mag so sein. Vielleicht: für die ganz Wenigen, die ganz Starken. Aber das Wasser, das aus den Wolken fällt, bleibt irgendwo liegen. Es mag von den schrägen Dächern rutschen, aber es wird sein Niveau finden. Sein Niveau, wo es seine Aufgabe erfüllen muss, wo es Holz verrotten, Eisen rosten lassen oder das Korn für die Hände des Menschen golden machen wird. Eure Taten, eure Worte, eure Gedanken, sie sind wie der fallende Regen. Irgendwo werden sie Schönheit oder Verfall schaffen. Sie werden nie unbeachtet bleiben."

Natürlich hatte er recht. In jedem Moment des Tages vermitteln wir Eindrücke, indem wir sie empfangen. Aber die Natur dieser Eindrücke. Da bin ich ein wenig skeptisch. Diese Theorie „wie wir säen, so ernten wir" … Sieht ganz gut aus. Sie sollte ganz gut sein. Aber das Leben widerspricht Theorien oft. Es ist nicht immer der gute Baum, der gute Früchte trägt. Manchmal, zweifellos; aber eine Tatsache ist eine Reihe von Argumenten wert. Oder besser gesagt, vielleicht gibt es kein Argument, das einer Tatsache standhalten kann. Und hier ist als mein Beitrag zu diesem Argument die Geschichte von Pussy Willow, wie sie sie mir vor ein paar Monaten lässig über den Tisch eines schmuddeligen Restaurants in einer dieser Seitenstraßen erzählt hat, die von der Shaftesbury Avenue über Soho verlaufen.

Ich gehe dort ziemlich oft nach Ladenschluss vorbei. Dort wird getanzt und es wird Musik gemacht, wenn man einem ungewaschenen Ausländer die Ehre erweisen kann, auf einem Banjo zu klimpern. Und sie haben eine Lizenz, bis zwölf Uhr weiterzumachen. Ich weiß nicht, wie sie dazu gekommen sind . Sie nennen sich nicht einmal Club. Aber sie stellen einem ein Sandwich mit gutem Essen vor die Nase und servieren einem bis Mitternacht einen schändlich zusammengebrauten Cognac für eine halbe Krone pro Glas. Es ist wie die meisten dieser Bohemien-Lokale in Soho: eine giftige Atmosphäre zum Leben, aber unterhaltsam und lohnenswert genug, um ab und zu vorbeizuschauen. Ich sitze gern ruhig in einer Ecke und beobachte eine Menschenmenge, die lacht, streitet und trinkt – und versuche, mir zu jedem von ihnen eine Geschichte auszudenken, und frage mich, wer in wen verliebt ist und wer der Nachfolger von dem und dem sein wird. Manchmal winke ich einem von ihnen zu, zu mir zu kommen und mit mir etwas zu trinken; häufiger kommen sie von selbst herüber und warten auf eine Einladung.

Auf diese Weise lernte ich Pussy Willow kennen oder sollte ich vielleicht besser sagen, lernte ich sie wieder kennen. Eine mollige, auffällig, aber schlecht gekleidete Frau setzte sich vor mich und verkündete, sie sei wie zwei Laken im Wind.

„Meins", schloss sie, „ist ein doppelter Scotch und Wasser, aber nicht zu viel davon."

„Bewundernswert", antwortete ich. „Ein Doppelter, Kellner, und ein Benediktiner."

Sie trank ihren Doppelten in einem Zug und beugte sich dann über den Tisch nach vorne. „Sie wissen nicht, wer ich bin?", sagte sie.

Ich schüttelte den Kopf.

„Dann werde ich mich vorstellen. Miss Pussy Willow, früher beim Vaudeville Theatre!"

Sie war eine gute Schauspielerin. Sie hatte immer gewusst, wie sie das Beste aus ihrer Stimme herausholen und wie sie den Köder für eine Wirkung auslegen konnte. Und das gelang ihr. Ich lehnte mich zurück und sah sie an, sah die aufgedunsenen, geschwollenen Wangen, die Tränensäcke unter den Augen, den unförmigen Mund, wo der Puder die Falten verkrustet hatte, das hervorstehende Doppelkinn, und suchte dort, wie man im Gesicht eines längst ertrunkenen Freundes nach einem Anzeichen gewohnter Züge suchen könnte, suchte nach diesem Gesicht, so hübsch, so zart, so ansprechend, so vollkommen, so hinreißend, das vor fünfzehn Jahren so viele Herzen höher schlagen ließ. Keine Spur davon. Keine Spur von der Frau, die einmal Pussy Willow gewesen war, von dem strahlenden Geschöpf, das in diesem großen silbernen Kleid vor dem Chor geschaukelt war und das Lied sang, das sechs Monate lang der letzte Schrei in London gewesen war: „Liebe ist das Lied eines Mädchens und eines Jungen." Vorbei: alles davon. Diese Jugend, dieser Charme, diese göttliche Mischung aus Einfachheit und Übermut – begraben unter dieser ungesunden Maske aus Fleisch und Puder. Ich wusste nicht, was ich sagen sollte. Sie sah mich halb benommen, halb verärgert an, bereit zurückzuschlagen, falls das, was ich sagen würde, sie verletzen sollte. Am Ende dachte ich, es sei besser, nichts zu sagen.

„Also, es herrscht Stille, oder?", sagte sie. „Ach, das habe ich mir schon gedacht. Ich weiß, was Sie denken – wie schade, sagen Sie sich. Arme Pussy Willow, werden Sie sagen. Sie war so betrunken. Und dann gehen Sie nach Hause und denken, was für ein verdammt feiner Kerl Sie sind. Und morgen erzählen Sie Ihren Freunden im Club: ‚Wissen Sie, wen ich gestern gesehen habe?', werden Sie sagen. ‚Pussy Willow, ganz betrunken war sie. Sie sah überhaupt nicht mehr aus. Sie hätten sie nicht wiedererkannt.' Und Sie heben alle die Hände und sagen: ‚Wie schade!' und werden selbstgerecht. Und dann gehen Sie zurück in Ihr Büro und betrügen irgendeinen elenden Außenseiter und reden davon, die Welt besser zu hinterlassen, als Sie sie vorgefunden haben. Ich kenne Ihre Sorte. Sie kommen nur hierher, um sich an Selbstgerechtigkeit zu erwärmen. Ach, Sie – aber, nun, ich sage Ihnen eines, Mister: Sie reden davon, die Welt in einem besseren Zustand zu hinterlassen, als Sie sie vorgefunden haben, aber ich habe wahrscheinlich viel mehr Gutes darin getan als Sie."

Sie hielt mit einem hohen, herausfordernden Ton inne.

Aber ich antwortete wieder nicht. Ich wusste, dass ich nur warten musste, bis mir die Geschichte erzählt wurde. Ich fing den Blick des Kellners auf, nickte, und ein weiterer Doppelgänger stand neben ihr. Sie schluckte ihn schnell hinunter, wie auch den anderen. Sie beugte sich vor, erwärmte sich, wurde weicher, erinnerte sich, um dort weiterzusprechen, wo sie innegehalten hatte. „Guter als Sie – um Längen besser als Sie. Ich habe einmal einen Mann davor bewahrt, zu werden – nun, Sie wissen, was aus Männern wird, wenn sie in den frühen Dreißigern die Zügel nicht anziehen. Ja, ich – ich habe einen Mann gerettet. Ich muss jetzt lachen, wenn ich daran denke.

„Ich habe ihn hier vor ein paar Monaten kennengelernt, genau wie Sie. Er war ein großer, gutaussehender Mann, weißhaarig und mit einem kurzen, kurz geschnittenen Bart. Gut gekleidet: ein erfolgreicher Familienunternehmer – so sah er aus. Weiß der Himmel, was er hier zu suchen hatte. Veränderung, nehme ich an; eine leere Stunde, die irgendwie ausgefüllt werden musste. Vielleicht kam er als Junge hierher und wurde plötzlich sentimental. Jedenfalls kam er herein, stand in der Ecke der Bar, bestellte einen braunen Sherry und sah sehr verlegen und fehl am Platz aus. Ich stieß das Mädchen neben mir an. ‚Die 396. Hymne‘, sagte ich. ‚Zwei Minuten und er steht auf der Kanzel.‘ Und wir lachten und tranken noch eins und erzählten ein paar blutrünstige Geschichten. Und dann wurde mir plötzlich unbehaglich, und ich merkte, dass ich angestarrt wurde, angestarrt auf eine seltsame, unheimliche Art, als ob ich durchsucht würde, um etwas hinter mir zu finden. Dieser Blick ging so lange weiter, bis ich es nicht mehr aushielt. Ich ging zu ihm hinüber. „Also, alter Junge“, sagte ich, „das bin ich. Und nun, was ist damit?“

„Er stammelte ein wenig und sah verlegen aus.

„ ‚ Ja – es – es tut mir leid. Es war unhöflich von mir, aber … also, Sie erinnern mich sehr an jemanden.‘

„ ‚ Und wer könnte das sein?‘, fragte ich.

„ Eine Schauspielerin. Sie kennen sie wahrscheinlich nicht. Wir haben früher viel von ihr gehalten – Pussy Willow.“

„Das hat mich umgehauen, das kann ich Ihnen sagen. Ich dachte, die Welt hätte Pussy vergessen, oder dass diejenigen, die sich noch an sie erinnerten, sie heute nicht mehr so wiedererkennen würden, wie sie ist.

„ ‚ Dann sollten Sie Detektiv werden‘, sage ich, ‚Sie haben das richtige Ziel getroffen.‘

„Das hat sich bemerkbar gemacht. Das habe ich gehofft. Er stammelte: ‚Was? Du – du bist wirklich die Weidenkätzchen, die –‘

„Und plötzlich schob ich aus Frechheit meinen Hut zurück, wie ich es immer im lustigen alten Vaudeville getan hatte, stemmte die Fäuste in die Hüften, wiegte mich nach hinten und begann die erste Strophe meines alten Liedes zu singen – du weißt noch, als ich dieses große silberne Kleid trug: ‚Liebe ist das Lied eines Mädchens und eines Jungen.‘

„Er wusste es sofort: ‚Weidenkätzchen!‘, murmelte er. Dann stand er da und sah mich an, wie sie es alle tun, die sich an mich erinnern, wenn ich ihnen sage, wer ich bin; sie sahen mich an, bis mir ganz heiß wurde und ich fröstelte.

„ ‚ Ach, komm schon‘, sagte ich, ‚Gib mir was zu trinken, alter Kumpel.‘

„Er schien sich plötzlich zusammenzureißen. ‚Tut mir leid‘, sagte er, ‚ich habe es vergessen. Herr Ober, schicken Sie eine Flasche Champagner und ein paar Sandwiches an den Tisch.‘

„Wenn man mein Alter erreicht, hat man gelernt, sich über nichts zu wundern. ‚Mensch, Mädels‘, sagte ich, ‚aber es ist eine Party!‘ Und ich folgte ihm und begann über alte Zeiten zu plaudern. Ich dachte, das war es, was er wollte, sich wieder jung fühlen. Aber ich merkte bald, dass er mir nicht zuhörte, dass er etwas Eigenes zu sagen hatte, aber nicht wusste, wie er es sagen sollte, also plapperte ich einfach weiter, bis er bereit war.

„Es kam, auf einen Schlag, wie eine Explosion, mitten in eine meiner besten Geschichten.

„ ‚ Pussy, hör mal – ich bin … also, ich bin nicht reich, aber ich möchte etwas für dich tun. Ich möchte – darf ich dir ein Taschengeld von zwei Pfund pro Woche geben?‘

„Ich lehnte mich völlig verblüfft auf meinem Stuhl zurück. Es war fünf Jahre her, seit mir jemand ein solches Angebot gemacht hatte.

„ ‚ Nun‘, sagte ich, ‚die alte Dame ist ein bisschen wettergegerbt, aber was von ihr übrig ist, ist gut.‘

„Er schüttelte ihm die Hand; eine ziemlich theatralische Geste, ganz ruhig vor mir.

„ ‚ Oh nein, nein, nein‘, sagte er. ‚Bitte verstehen Sie mich nicht falsch. So etwas habe ich nicht gemeint – einfach als Geschenk.‘

„Ich habe ihn mit einem glasklaren Blick geprüft.

„ ‚ Jetzt hör mal, mein Junge‘, sagte ich, „spuck es aus. Was soll das? Die Leute geben nichts umsonst her – jedenfalls nicht in dieser Welt.‘

„Er nickte. ‚Deshalb möchte ich etwas für Sie tun. Sie haben mir den größten Dienst erwiesen, den mir jemals jemand erwiesen hat. Ich habe ein sehr glückliches Zuhause und drei sehr glückliche Kinder, und ohne Sie hätte ich wohl nie geheiratet.‘

„Das hat mich zum Lachen gebracht. Du hast mich also singen hören: „Lieb mich in einer Hütte am Meer“ und den nächsten Zug nach Margate genommen?“

„ Oh nein, nein! Etwas – etwas, an das Sie vielleicht lieber nicht erinnert werden möchten. Aber erinnern Sie sich, als „The Eastern Princess“ im Clarion lief und Sie Ihre Rolle auf der Stelle hinschmissen und sechs Monate lang nicht mehr in London gesehen wurden?“

„Ich nickte. Diese Show war einer der Meilensteine meines Lebens.“

„ ‚ Nun‘, sagte er, ‚ich war damals siebenundzwanzig. Ich hatte gerade mein erstes Medizinexamen in Irland bestanden und war nach London gekommen, um in Richmond eine Praxis zu eröffnen. Ich war nicht schlecht gestellt. Ich hatte gute Aussichten. Ich war Sportler. Acht Jahre lang, seit ich nach Oxford gegangen war, hatte ich wirklich hart gearbeitet. Alle meine Freunde sagten mir, dass meine Karriere gerade erst beginnen würde. ‚Du wirst eine wunderbare Zeit haben‘, sagten sie; ‚es gibt keinen Ort wie London.‘ ‘

„ Und dann verliebte ich mich in ein sehr junges und sehr einfaches Mädchen, die Tochter eines Landpfarrers, den ich während einer Cricket-Tour kennengelernt hatte. Meine Freunde taten ihr Bestes, um mich davon abzubringen. „Das ist völliger Wahnsinn“, sagten sie, „Sie werden Ihr Leben wegwerfen, bevor Sie es begonnen haben. Sie könnten eine wunderbare Zeit haben. Mein lieber Junge, seien Sie kein Esel!“ Und sie nahmen mich mit in Tanzclubs, und Hitze und Farbe stiegen in mein Gehirn. Ich begann ihnen zuzustimmen: Die Ehe war eine Fessel, ein Gefängnis. Man schmiss sein Leben nicht weg.

„ Und dann hörte ich ein Gerücht über Sie. Sie sagten, Sie seien weggegangen, weil – also, Ihr Name war mit dem des Produzenten dort verknüpft. Wie hieß er noch mal? Ach ja, Clive Ferguson – und sie sagten, Sie seien – also – äh – sehr krank.

„ , Es wird Sie überraschen, aber ich glaube nicht, dass mich jemals etwas so schockiert hat. Ich hatte Sie sehr oft singen gehört. Ich hatte eine Art Ideal aus Ihnen gemacht, wie junge Männer es mit Schauspielerinnen tun. Sie waren für mich die Verkörperung des fröhlichen, farbenfrohen Schmetterlingslebens von London geworden; und als ich dieses Gerücht hörte, schien mir Ihr Ruin eine Kritik des gesamten Lebens zu sein, das Sie repräsentierten. Das ist alles, sagte ich mir. Ich dachte an Sie, wie ich Sie zuletzt gesehen hatte, singend in Ihrem großen silbernen Kleid. Und dann dachte ich daran, wie das Leben von da an für Sie sein würde. Und ich weiß es nicht, aber unter seiner Wärme und seinem Glanz schien dieses Leben hart und grausam und rachsüchtig. Einen Monat später war ich verheiratet und ich war sehr, sehr glücklich. Und – nun, es ist ein bisschen spät, fürchte ich, aber wenn ich kann, würde ich gerne jetzt etwas für Sie tun können.‘ “

Pussy Willow hörte auf zu sprechen, warf den Kopf in den Nacken und lächelte. „Und so habe ich mein Geld für Bier für den Rest meines Lebens verdient.“

„Und war es wahr?“, fragte ich.

„Stimmt – was ist wahr?“

„Über Clive Ferguson?“

Sie lachte laut, harsch, triumphierend. „Das stimmt! Herrgott, nein. Clive Ferguson! Ich würde ihn nicht ansehen. Dieser dreckige, große, schmierige Jude. Ich hätte ihn kein zweites Mal angesehen, nicht so. Ich nehme an, er hat diese Geschichte eines Abends angefangen, als er betrunken war – reine Angeberei, um seine Eitelkeit zu retten. Oh nein, er war nicht der Grund für meinen kleinen Ausflug. Nein, ich war sechs Monate weg, alter Junge, mit dem einzigen Mann, den ich, glaube ich, jemals wirklich gemocht habe. Er war ein junger Boxer, verlobt mit einer rührseligen Närrin aus dem Chor. Sie hat ihn eines Abends zu uns gebracht. Ich habe ihn nur einmal angesehen und war mir sicher. Er würde sich nicht an jemanden wie sie verschwenden. Gott! Aber ich war verrückt nach diesem Jungen. Das hat die Dinge gegen mich ins Rollen gebracht. Ich bin sofort auf ihn losgegangen, habe ihm keine Zeit zum Nachdenken gegeben, und Clive Ferguson hat mir nie verziehen. Die Zweitbesetzung war ein völliger Reinfall; Das Stück wurde im zweiten Monat komplett zertrümmert. Er hat mir nie verziehen. Wollte mich nicht wieder zurücknehmen. Und das Geld, das ich für den Jungen ausgegeben habe; mein ganzer Schmuck und die Sachen, die ich weggelegt hatte, waren weg. Und natürlich konnte ich ihn nicht behalten. Man kann sie nie behalten. Sie benutzen einen als Sprungbrett. Ich bin nie wirklich darüber hinweggekommen. Ich werde es nie vergessen. Aber, na ja! Zwei Pfund pro Woche für den Rest meines Lebens habe ich davon bekommen.

„Und wenn es die Lebensaufgabe einer Frau ist, einen Mann glücklich zu machen, ihm ein schönes Zuhause und Kinder zu geben, dann habe ich das wohl getan. Ich könnte manchmal lachen, wenn ich daran denke, wie ich das gemacht habe. Aber es ist doch egal, solange die Sache erledigt wird."

Was wollen Sie dagegen einwenden? Und zwar in der Literatur wie im Leben.

Was die Wirkung betrifft, so sind soziale und moralische Wirkungen, das heißt, schlechte Bücher und schlechte Taten, genauso wertvoll wie gute. Unsere Verachtung für den Bestseller ist alles andere als eine Form intellektuellen Snobismus oder Eifersucht, was dasselbe ist, nur von einer anderen Seite.

Bestseller!

Immer wenn ich an den Bücherständen der Bahn oder in den Regalen von Mudies Bibliothek einen Roman von Florence Barclay sehe, muss ich an einen meiner ersten und sicherlich seltsamsten Schulfreunde denken. Er war nicht der typische Privatschultyp. Er mochte keine Spiele. Er weigerte sich, sich den Corps anzuschließen. Er hatte keinen Haus- oder Schulgeist. Er war ein guter Schwimmer, trainierte aber nie für die Wettkämpfe. Spiele waren Pflicht. Aber ich kann mich nicht erinnern, ihn jemals auf dem Cricketfeld gesehen zu haben, und er spielte kaum einmal alle zwei Wochen Fußball. Er organisierte für jeden Nachmittag der Woche eine Musikstunde oder eine Musikprobe. Die Autorität ließ ihn seinen eigenen Weg gehen. Er war tatsächlich die Art von Person, von der man erwarten würde, dass sie schikaniert wird und im Allgemeinen durch und durch elend ist. Und doch war er, glaube ich, nicht unglücklich. Sicherlich wurde er nie schikaniert. Sogar die verwegenen Elemente in einer zugegebenermaßen ziemlich ausgelassenen Gemeinschaft behandelten ihn mit Respekt. Das allein würde ihn zu einem aussichtsreichen Kandidaten für die Unsterblichkeit machen. Aber sein Arbeitszimmer ist mir besonders in Erinnerung geblieben. Es war die Art von Arbeitszimmer, die zu Unternehmungslust aufforderte, und ein alter Junge soll beim Anblick ausgerufen haben: „Guter Gott! Was muss aus dem Haus werden? Warum wurde dieses Haus noch nicht verschifft?"

Es war wie kein Arbeitszimmer, das es je gegeben hatte. Es waren kleine dunkle Räume, unsere Arbeitszimmer, Klosterquartiere, die auf der einen Seite im Schatten der Abtei und auf der anderen Seite der Linden und der großen Schule lagen. Wir versuchten, sie mit hellen, mit Girlanden verzierten Tapeten, allegorischen Bildern und Konsolen, auf denen wir Hirtinnen aus Porzellan platzierten, heller zu machen; die Wände waren bis zu einer Höhe von vier Fuß getäfelt, und die Mode verlangte, dass das Holzwerk mit langen Streifen bunten Stoffs bedeckt werden sollte. Es war eine Mode, die wie die Bilder von einer Generation an die nächste weitergegeben wurde. So entstellten sie zu Zeiten meines Vaters ehrliche Handarbeit, und so werden sie sie entstellen, wenn ich fünfzig bin. Mein Freund hatte jedoch wenig übrig für Moden. Er beschloss, sein Holzwerk in Malvenfarbe und Schwarz streichen zu lassen. Und passend dazu ließ er die Wände mit einer dunkelmalvenfarbenen Tapete bedecken. Von der Decke hängte er vor das Fenster einen malvenfarbenen Vorhang mit schwarzer Einfassung. Auf dem Fenstersitz und den Stühlen häufte er eine Fülle malvenfarbener Kissen auf; die Wände, denn er war ein großer Bewunderer Napoleons, widmete er ausschließlich einer Gemäldegalerie für den Diktator. Es war tatsächlich ein Arbeitszimmer, das in Chelsea eine leichte Überraschung hervorrief; in der Schule ließ es einen in empörter Bestürzung über den Flur taumeln. Doch niemand schickte es, niemand drehte die Porträts Napoleons an die Wand oder schmückte die Decke mit roter Tinte; auch riss niemand die in Kalbsleder gebundene Ausgabe von Mrs. Barclays Romanen aus der Halterung unter dem Gas.

Der Rosenkranz war sein Lieblingsroman, so wie meiner. Bei jeder neuen Lektüre waren wir den Tränen nahe, wenn nicht sogar darüber hinaus. Es ist, in den Worten des Autors, die Geschichte einer schönen Frau in einer schlichten Hülle. Kein Mann hat je unter diese Oberfläche geblickt. Doch eines Tages singt sie „Der Rosenkranz" bei einem Konzert: Der Schleier wird beiseite gerissen und Garth Dalmain, der berühmte Maler, erkennt ihren spirituellen Wert. Aber weil sie befürchtet, dass er ihrer überdrüssig werden könnte, will sie ihn nicht heiraten, und in einer Szene von anhaltendem Pathos, in der der Name der Gottheit nie lange von ihren Lippen verschwindet, sagt sie ihm, dass sich ihre Wege trennen müssen. Aber „die

Liebe hört nie auf." Garth wird durch das Schicksal bei einem Schießunfall erblindet und seine Geliebte kehrt als Krankenschwester zu ihm zurück. Dann beginnt das Drama. Sie schreibt ihm Briefe, die sie ihm in der Rolle der Krankenschwester und Sekretärin vorliest , und als seine Krankenschwester lässt sie ihn allmählich die Intensität seines Verlangens nach der Frau erkennen, die ihn abgewiesen hat. Und als die letzte Barriere gefallen ist, gibt sich die Amme als Geliebte zu erkennen, indem sie triumphierend die feierlichen Akkorde von „Die Stunden, die ich mit dir verbrachte, liebes Herz" anschlägt.

Wir hatten das Gefühl, dass Prosaerzählungen keine höhere Ebene der Emotion erreichen konnten, und am Ende des Tages saßen wir zwischen Gefängnis und Flur auf malvenfarbenen Kissen und sprachen über die geheimen Quellen, die verborgenen Herrlichkeiten des Lebens, darüber, wie schön auch wir in unserer schlichten Hülle waren. Natürlich war diese Verehrung, die fast schon Götzendienst war, vorbei. Sie war vorbei im September 1913, als am Ende der Sommerferien ein Exemplar von *Carnival* an einem Eisenbahnbuchstand gekauft wurde. In jenem Herbst legten wir unseren Mantel der Gefühle vor Jennys stolpernden Füßen nieder, und als im Frühsommer ein Exemplar von *Poems and Ballads* den Weg in den Unterrichtsraum der Schule fand, war es die entschwundene Herrlichkeit Proserpinas, die wir besangen. Wir wechselten von einer Loyalität zur nächsten, so wie wir von einer Kragengröße zur nächsten wechselten. Wir wurden erwachsen.

Aber es ist nicht meine Absicht, hier, in diesem Kapitel, das Wachstum, die Entwicklung oder den Verfall, wie Sie es nennen mögen, eines literarischen Geschmacks nachzuzeichnen. Mich beschäftigt nur diese Tatsache: dass ich Florence Barclay vor zehn Jahren für die größte lebende Romanautorin hielt, dass ich in ihrem Werk jene Charakteristika und Qualitäten fand, die ich heute in den Erzählungen Turgenjews finde; dass mich Mrs. Barclay im Sommer 1912 so bewegte wie Turgenjew im Jahr 1923. Und diese Tatsache finde ich im höchsten Maße beunruhigend. Sie bringt eine sehr große Zahl unangenehmer Folgerungen mit sich.

Es hängt natürlich davon ab, ob man die Dinge relativiert oder nicht. Für diejenigen, die glauben, dass es einen bestimmten Maßstab für literarisches Urteilsvermögen gibt, kann der Geschmack unreifer und ungebildeter Personen von geringer Bedeutung sein. Wenn Sie Ihrem Klassenlehrer sagen, dass Sie Swinburne für einen größeren Dichter als Matthew Arnold halten, wird er nachsichtig lächeln: „In Ihrem Alter denkt man zwar so", wird er sagen, „aber mit der Zeit werden Sie feststellen, dass Matthew Arnold befriedigender ist." Und ich nehme an, das tut man. Jedenfalls scheint die Mehrheit der mir bekannten Personen mittleren Alters ihn so zu finden. Aber ich kann nicht erkennen, dass diese Tatsache ein Beweis für Arnolds

Überlegenheit ist, ebenso wenig wie die Tatsache, dass man mit vierzig mit größerer Bequemlichkeit Golf spielt als Rugby, ein Beweis für die Überlegenheit des Golfs ist. In einer Einschätzung der viktorianischen Poesie glaubte ein Kritiker, seine These bewiesen zu haben, als er schrieb: „Swinburne ist der überragende Dichter der Jugend, doch im Laufe der Jahre bedeutet uns sein stürmischer Klangfluss weniger und wir schätzen zunehmend die gemäßigten, harmonischen Kadenzen von Matthew Arnold." Tatsächlich hat er natürlich nichts weiter getan, als festzustellen, dass Swinburnes Poesie die der Jugend und Arnolds die der mittleren Jahre ist. Dass jeder Dichter bestimmte Qualitäten und bestimmte Grenzen hat, und in seiner Akzeptanz von Arnolds Überlegenheit hat er angenommen, dass die Geschmäcker eines Fünfzigjährigen bedeutender, weniger vergänglich und sicherer sind als die eines Fünfundzwanzigjährigen.

Dies ist eine Annahme, vor deren Autorität sich die meisten jungen Schriftsteller, vor allem Romanautoren, zu ihrer Zeit verantworten mussten. „Diese Geschichten", sagt der Rezensent, „sind recht gut geschrieben, die Charaktere sind gekonnt gezeichnet, die Situationen geschickt vorbereitet. Aber das Buch beschäftigt sich ausschließlich mit den Problemen der Adoleszenz, das heißt mit Problemen, die den Autor in ein paar Jahren nicht mehr beschäftigen werden. Es hat daher eine rein zeitliche Qualität." Der Autor wurde verurteilt, nicht aufgrund seiner literarischen Kunstfertigkeit, nicht weil er das, was er sich vorgenommen hatte, nicht gut gemacht hat, sondern weil er unbrauchbares Material verwendet hat, weil die Ratlosigkeiten und Begeisterungen der Adoleszenz, die das Thema seines Buches bildeten, vergänglich sind und mit der Zeit den Ratlosigkeiten und Begeisterungen des Mannesalters weichen müssen. Es ist zweifellos unvermeidlich, dass die Literaturkritik die Qualität der Beständigkeit als entscheidenden Maßstab akzeptiert und eher die Dauer berücksichtigt als die Intensität der flüchtigen Stimmung; aber wäre es für die Kritik nicht auch aus ihrer eigenen Sicht besser, diese Qualität eher im Geschick und der Aufrichtigkeit der Behandlung zu suchen als in der Materie des behandelten Materials?

Denn sind die Vorlieben eines Fünfzigjährigen beständiger als die eines Fünfundzwanzigjährigen? Können wir ihm nicht trotzdem sagen: „Sie werden anders empfinden, wenn Sie älter sind. Sie werden auf die Person, die Sie jetzt sind, als Fremden zurückblicken: auf einen Mann mit anderen Neigungen, anderen Ambitionen und einer anderen Lebensweise. Diese gegenwärtigen Begeisterungen werden ihrerseits vorübergehen, das können wir Ihnen versichern. Sie werden in die lauen Vorlieben des Alters übergehen, und Sie werden im Raucherzimmer Ihres Clubs sitzen, und das größte Vergnügen Ihres Lebens ist die Immunität gegen Gicht, das größte Problem dabei ist die Vermeidung von Zugluft." Können wir mit größerer

Gerechtigkeit die Probleme von Zwanzigjährigen vor dem Tribunal von Fünfundvierzigjährigen verurteilen als die von Fünfzigjährigen vor denen von Achtzigjährigen? Das Gehirn ist jetzt nicht nutzlos, weil es eines Tages weich wird; die Zähne sind nicht wirkungslos, weil sie schließlich verfallen werden. Der junge Mann wird kaum auf die impotente Antike hören, die ihm versichert, dass der Charme der Frau eine Falle und eine Illusion ist. „Wenn Sie mein Alter erreicht haben, wird es Sie nicht mehr bewegen." In einer Welt flüchtiger Sensationen gibt es keinen festen Punkt, an dem jemand sagen kann: „Bis hierher und nicht weiter." Wir haben ein Recht auf unser eigenes Zeitalter; auf die Probleme, die Turbulenzen, die ausgleichende Begeisterung unseres Zeitalters, und wir haben ein gleiches Recht auf die Literatur, die am besten geeignet ist, sie zu nähren und zu inspirieren.

In gleicher Weise hat eine bestimmte Epoche ein Recht auf die Literatur, die ihren Bedürfnissen am besten entspricht. Bücher folgen einer Welle wiederkehrender Popularität und Abwertung. Das Meisterwerk von 1820 ist „Aunt Sally" von 1850, aber 1880 ist es wieder beliebt. „Das Meisterwerk ist die Stimmung, und alle Stimmungen vergehen, außer Shakespeare und der Bibel." Das von George Moore. Aber von Shakespeare, wie von anderen. Er hatte wenig oder nichts zum 18. Jahrhundert zu sagen: zu dieser unvergleichlichen Epoche der Eleganz und Politur. Sie schrieben „König Lear" neu: Sie ließen es glücklich mit Cordelia in Edgars Armen enden. Shakespeares Tragödie wurde von Mr. Tate in der Widmungsepisode zu seiner eigenen Version als „ein Haufen Juwelen, unaufgereiht und ungeschliffen, aber in ihrer Unordnung so blendend, dass ich bald erkannte, dass ich einen Schatz erbeutet hatte." Wir neigen dazu, über solch lächerliche Torheit zu lächeln. „Das war also alles, was sie wussten", sagen wir. Aber ich denke, dass es klug von Herrn Tate war, „König Lear" im Stil seiner Zeit neu zu schreiben. Das 18. Jahrhundert, das Swift, Addison und Pope hervorbrachte, war nicht weniger kultiviert als das Jahrhundert, das Shakespeare, Donne und Milton hervorbrachte, und lässt sich sehr gut mit unserem vergleichen, das – aber ich will nicht persönlich werden – Menschen hervorgebracht hat. Es genügt zu sagen, dass das 18. Jahrhundert jedes Recht hatte zu sagen: „Das ist, was wir mögen." Es konnte seine Exklusivität durch seine Schöpfungen rechtfertigen. Und damals war man sich so sicher, dass es richtig war – so sicher wie wir heute sind, dass Clifford Bax mit seiner Vernichtung von Herrn Gays Dialogen und Versen, die er in seiner neuen Version von „Polly" angestellt hat, vollkommen im Recht ist.

Mit welchen Gefühlen, frage ich mich, muss John Gays Zorn im Kingsway Theatre den Triumph seiner Oper miterlebt haben. Er wird die begeisterte Aufnahme seines Werks nach zweihundert Jahren wohl als äußerst erfreulich empfunden haben. Aber er wird sich ebenso wenig wundern, was in dieser Zeit mit seinem Stück geschehen sein mag. „Das", so können wir uns vorstellen, dass er gesagt hat, „ist natürlich alles vollkommen entzückend." Aber aus einem ganz anderen Grund wurde London in zwei Lager gespalten und der Herzogin von Queensberry wurde der Hof verboten. Ich schrieb eine politische und soziale Satire. Ich brachte meine bemerkenswerteste Schöpfung, „The Beggar's Opera", nach Westindien. Mrs. Trapes übertrug ich die Leitung einer Einrichtung, die ich höflicherweise als „Akademie für junge Damen in Gesang und Tanz" beschreiben durfte. Aus Macheath machte ich einen Piratenhäuptling, verkleidet mit geschwärztem Gesicht, und vermählte ihn, was ihn nicht gerade tröstete, mit Jenny Diver. In der skandalösen Person von Mr. Ducat, dem Oberst der Miliz, satirisierte ich die britische Kolonialverwaltung. Nur Polly Peachum, die auf der Suche nach ihrem Schurken-Ehemann auf die Insel gekommen war, ließ ich ein angenehmes und tugendhaftes Wesen sein. Und indem ich sie nach der wohlverdienten Hinrichtung Macheaths den indischen Prinzen Cawwawkee heiraten ließ, etablierte ich die Überlegenheit des „edlen Wilden" über den schwachen, feigen und selbstgefälligen weißen Mann. Das war meine Oper. Aber von all dem finde ich bemerkenswert wenig in der Version, die Mr. Clifford Bax so elegant adaptiert und Mr. Nigel Playfair so erfolgreich inszeniert hat.

„Die soziale und politische Satire wurde entfernt. Es wird kein Vergleich zwischen den Tugenden des schwarzen und des weißen Mannes gezogen. Macheath wird nicht einmal mit dem Schicksal bedroht, das ich für ihn vorbereitet hatte, sondern wird gesund, anmutig und voller Kraft in die eifrigen Umarmungen seiner treuen Polly zurückgebracht. Gut zwei Drittel des Stücks stammen überhaupt nicht von mir, und obwohl ich sehr empfänglich für den Charme seiner vielen bezaubernden Texte bin, kann ich nur einen kleinen Anteil an ihrer Urheberschaft beanspruchen. Es ist alles, wie ich bereits bemerkte, vollkommen entzückend; aber was ist mit meinem Stück passiert?"

Wir glauben, dass Mr. Gay inzwischen erkannt haben muss, wie schlecht seine eigene Ausgabe war. Was auch immer Biographen behaupten, wir wagen es, in seinem Werk die Präsenz einer freundlichen, unprätentiösen Persönlichkeit zu erkennen. Wir meinen, er hätte inzwischen genügend Abstand von den Eifersüchteleien, Rivalitäten und Fehden des frühen 18. Jahrhunderts gewonnen, um zu erkennen, dass er selbst ein furchtbares Durcheinander angerichtet hatte, dass Clifford Bax vollkommen recht hatte und dass es unmöglich gewesen wäre, dass Macheath starb oder dass die göttliche Polly einen Schwarzen heiratete.

Zweifellos sagten sie vor zweihundert Jahren dasselbe über Mr. Tate. Dem Dandy des Jahres 1720 schien der Tod Lears ebenso unmöglich wie heute die Hinrichtung Macheaths. Und wie Clifford Bax in Pollys Unglück den einzigen Faden fand, an dem sich die Charaktere und Ereignisse aufreihen ließen, die sonst irrelevant gewesen wären, so entdeckte Mr. Tate in Edgars Liebe zu Cordelia die fehlende Einheit Lears. Mr. Gays Polly war heute ebenso unmöglich wie Mr. Shakespeares Lear im Jahr 1720. Wer weiß, vielleicht wird Mr. Tates Version im Jahr 2020 auf den Bühnen des Lyric in Hammersmith zu sehen sein, und Seine Majestät wird einen ungekürzten Gay auf die Bühne bringen. Jedes Zeitalter nimmt sich die Nahrung, die es braucht. Wie Wein in Flaschen verderben manche Bücher und andere reifen.

Und was ist diese Nachwelt, dass wir uns so an sie wenden? Sind wir nicht selbst fehlbare und unvollkommene Sterbliche, die Nachwelt der Viktorianer? Ich sehe Browning vor mir, wie er mit Tennyson durch die elysischen Gefilde spaziert. Sie diskutieren über den literarischen Journalismus ihrer Zeit. „Es war schlimm“, murmelt Browning in seinen Bart, „wirklich sehr schlimm. Da war ein dummer Kerl namens John Stuart Mill – was hat er über mein erstes Buch gesagt? ‚Das Befangenste, was er je gelesen hat.‘ Aber ich machte mir keine Sorgen. Ich schaute nach vorn. Ich war zufrieden damit, die Nachwelt entscheiden zu lassen; und ich habe meine Belohnung bekommen. Letzte Woche habe ich so etwas Reizendes über mich gelesen, von, mal sehen, einer sehr energischen jungen Person, dachte ich – ah, ja, Miss Rebecca West …“

Neulich hörte ich mir mehr als eine Viertelstunde lang die Klage eines jungen Dichters an, dessen Werke im *Londoner Mercury schwer verunglimpft worden waren*. Er überhäufte Mr. JC Squire und Mr. Edward Shanks mit heftigen Beschimpfungen; nicht weniger großzügig war er gegenüber Kritikern, die nichts mit dieser Zeitschrift zu tun hatten: Middleton Murry, TS Eliot und Robert Lynd wurden einer nach dem anderen der Peitsche des Spotts ausgesetzt. Schließlich richtete der gekränkte Dichter einen liebevollen, abschiedsvollen Blick auf die großen Männer der Vergangenheit – Matthew Arnold, Ruskin, Emerson, Carlyle. „Da“, sagte er, „gab es Kritiker für Sie.“ Und nach einer Pause: „Na ja, in fünfzig Jahren …“ Und er zuckte mit den Schultern, als ob er es sich leisten könnte, solche Belanglosigkeiten angesichts der Zeit zu ignorieren.

Ich sagte nichts. Ich bin ein ruhiger Mensch; ich mag keinen Streit. Aber das hier hätte ich, wenn ich anders wäre, vielleicht gesagt: „Mein guter, mein sehr guter Freund“, hätte ich gesagt, „Sie verachten Ihre eigene Generation. Sie geben sich damit zufrieden, an die Nachwelt zu appellieren. Sie vertrauen auf die Traditionen, die Ihnen von großen Schriftstellern der Vergangenheit überliefert wurden. Sehr gut, aber lassen Sie mich Sie daran erinnern – dass auch Matthew Arnold seine Generation verachtete und sich an die Nachwelt wandte. Er hoffte, dass er 1923 die Anerkennung von Robert Lynd, JC Squire und Edward Shanks erhalten würde. Was für Matthew Arnold gut genug war, sollte auch für Sie gut genug sein. Die Urteile der Nachwelt werden wahrscheinlich nicht tiefgründiger sein als die von 1923. Denn eines Tages wird diese Nachwelt, die Sie so verehren, heute sein, und in diesem Club und in diesem Sessel wird ein verärgerter Dichter sitzen und einem gleichgültigen Freund erzählen, wie viel besser die Dinge 1923 gemacht wurden. Wir sind nicht besser und nicht schlechter als andere Generationen. Wir sind ein bisschen anders, das ist alles. Und weil wir ein bisschen anders sind, wird das, was Sie, mein Freund, jetzt schreiben, im Jahr 1950 vielleicht leichter verstanden als heute. Aber aus diesem Grund wird Ihr Werk nicht von höherer Qualität sein als das von Walter de la Mare, dessen Verse uns heute so viel Freude bereiten. Wenn Sie 1950 beliebt sind, werden Sie 1980 kaum gelesen werden. Denn so laufen die Dinge nun einmal, und Ihr Gerede über Matthew Arnold ist eine Mischung aus Eitelkeit und Snobismus; lassen Sie mich nichts mehr davon hören."

Ich möchte gern glauben, dass es irgendwo einen Maßstab für Literaturkritik gibt, aber die Fähigkeit, Schönheit zu schätzen, ist eine Eigenschaft, die mit uns selbst zusammenhängt. Und manchmal scheint es mir ebenso vergeblich, in der Literatur nach einem Maßstab für Schönheit zu suchen, wie es vergeblich wäre, bei Frauen danach zu suchen. Wir sprechen auf eine bestimmte Art von Schönheit an. Und wir sagen von anderen Arten: „Ich bin sicher, mein Lieber, dass sie absolut entzückend ist. Es überrascht mich nicht im Geringsten, dass Sie verzweifelt hingerissen sind. Aber was mich betrifft, lässt sie mich, wie gesagt, kalt." Wir versuchen nicht, eine Schönheit bei Frauen zu erklären oder zu beurteilen, die wir nicht verstehen können. Warum sollten wir dann so dogmatisch von einer Schönheit in der Literatur sprechen, die uns nicht berührt; warum sollten wir die Existenz einer Schönheit leugnen, für die wir unempfindlich sind?

Es gab einmal einen Maler, dessen Persönlichkeit man diskret unter dem Pseudonym Eric Walker verbergen konnte. Er hatte das Land nie gesehen. Er wusste nicht, dass es außerhalb der sorgfältig gepflegten Grenzen von Burnden Park Bäume gab. Die einzige andere Grasfläche, die er je gesehen hatte, war die Terrasse eines Fußballplatzes. Für ihn war der Himmel immer trüb vom Rauch, durchschnitten von den Umrissen riesiger Schornsteine. Die einzige Schönheit, die er verstehen konnte, war die saubere, harte Effizienz einer Maschine. Mit eifrigen Augen hatte er gesehen, wie Steine von eisernen Armen in die Luft gehoben wurden; er hatte das Glühen der Öfen beobachtet, das auf poliertem Stahl flackerte. Stundenlang hatte er unter der großen Fabrik in North Town gestanden, während das Sonnenlicht den wirbelnden Rauch in harte, scharfe Winkel schnitt. Der Lärm und das grelle Licht der Maschinen bezauberten ihn, und als ein scharfsinniger Lehrer entdeckte, dass er zeichnen konnte, war es nur natürlich, dass er versuchte, diese besonderen Anblicke und Geräusche, die für ihn allein einen ästhetischen Wert hatten, in Form von Linien und Farben zu interpretieren.

Der Erfolg kam schnell und problemlos. Er wurde von den richtigen Leuten aufgenommen, seine Bilder wurden in den richtigen Kreisen besprochen, und als seine Ausstellung stattfand, schrieben die richtigen Kritiker die richtigen Dinge in den richtigen Zeitungen. Eric Walker war plötzlich reich; er kam nach London, wurde hoch geschätzt und verkaufte seine Bilder problemlos. Sechs Monate lang war er das geliebte Kind von Mayfair.

Nach einer Weile wurde sein Empfang jedoch weniger herzlich. Zur Zeit seines Empfangs schrieb Gerald Garstin: „Hier ist ein junger Mann, der den harten, berechnenden Kommerz des Nordens erfolgreich interpretiert hat. In einem Anflug von Empörung hat er die Seelenlosigkeit der modernen Verhältnisse enthüllt. Sein ganzes Leben lang war er von Elend und Hässlichkeit umgeben. Was könnte er nicht alles tun, wenn er mehr vom Leben gesehen und gelernt hat, Schönheit in ihrer vollsten Bedeutung zu schätzen?" Und Mayfair hatte diese Meinung unterstützt. „So ein wunderbarer junger Mann", sagten sie zueinander. „Und wenn man bedenkt, dass er all diese Jahre an diesem schrecklichen Ort verbracht hat, nichts als Rauch und Schornsteine. Was für eine Offenbarung muss es für ihn sein, nach London zu kommen, und wie schön wird er das zum Ausdruck bringen können." Und die Förderer der modernen Kunst warteten darauf, dass Erics Freude in einem Aufruhr von Formen und Farben ausbrechen würde.

Nichts dergleichen geschah jedoch. Auf der jährlichen Ausstellung der Chelsea Group war er mit einem großen Bild vertreten, das einen Zug zeigte, der in eine U-Bahn-Station einfährt, wie er aus der Sicht des Fahrers gesehen würde. In den Florence Galleries stellte er ein Bild mit dem Titel „Charing Cross Road" aus, auf dem ein kleiner Junge die glühenden Öfen von Messrs Crosse und Blackwell beobachtete, und der New Movement Society steuerte er „Liftman at Piccadilly Circus" bei. Die Ankündigung, dass er an „Surrey and Middlesex at the Oval" arbeitete, versprach Besseres, aber seine Anhänger wurden erneut enttäuscht. In einer entfernten Ecke der Leinwand befand sich ein grüner Fleck und eine weiße Figur, der Rest wurde vom Telegraphen und den Gasometern eingenommen. Man war sich allgemein einig, dass Eric Walker sein Versprechen nicht erfüllt hatte.

„So interessant dieses Werk auch sein mag", schrieb Gerald Garstin, „kann man es beim besten Willen nicht schön nennen, und wo bleibt die Kunst ohne Schönheit?" Wieder einmal wiederholte Mayfair die Aussage seines vertrauenswürdigen Kritikers. „Es ist nicht schön, so viel über Maschinen und Hässlichkeit zu reden. Ich bin sicher, er kann keine nette Einstellung haben. Warum sieht er nicht die angenehme Seite der Dinge?"

Für Eric Walker kam dieser Frontwechsel abrupt und unverständlich. „Schönheit", sagte er. „Was bedeutet Schönheit? Sind meine Bilder nicht schön?" Für ihn gab es nichts Schöneres auf der Welt als die Winkel, die das

Sonnenlicht in den Rauch schnitt, als das Glühen eines Ofens auf feuchter Haut, als den sanften, harten Rhythmus eines Kolbens. „Schönheit", sagte er, „das ist das Einzige, wonach ich wirklich gestrebt habe, den vollen Wert dieser Dinge zu erreichen, die ich genossen habe, die Magie dieser Klänge und Farben zu interpretieren, anderen die perfekte Form, Haltung und Balance einer Maschine bewusst zu machen. Was bedeuten sie?"

Schließlich wandte er sich mit seinem Kummer an Mrs. Abbot, eine freundliche, sentimentale Frau, die den jungen Künstler immer bemuttert hatte. Ihr schüttete er sein Herz aus und erzählte ihr, wie sie seine Arbeit missverstanden und als hässlich bezeichneten.

„Aber, mein lieber Junge, es ist hässlich!"

„Hässlich! Aber, Mrs. Abbot. Kommen Sie doch mal her. Schauen Sie dort hinaus. Sehen Sie den großen Schornstein des Gaswerks? Sehen Sie, wie das rote Licht gegen die schwarzen Dächer leuchtet? Was könnte schöner sein?"

Und er sprang auf, ergriff ihre Hand und zog sie zum Fenster. Allmählich beruhigte ihn Mrs. Abbot.

„Mein lieber Junge", sagte sie, „ich nehme an, dass dir so etwas gefällt, aber du wirst feststellen, dass es nicht darauf ankommt, was wir schön finden, sondern darauf, was andere Leute schön finden. Deine Kamine sind ja ganz schön und ich weiß, dass du sie magst, aber die Dinge, die wir schön nennen, sind ganz anders."

"NEIN?"

„Nein, natürlich nicht", fuhr sie fort. „Die Dinge, die wir mögen – also Bäume, Felder, Liebe – oh, wissen Sie, die Freude, die Schönheit des Lebens. Das sind die Dinge, die Sie malen sollten."

Eric Walker blickte liebevoll auf das rote Licht der Fabrik, das auf die umliegenden Dächer fiel, dann wandte er sich traurig den Aquarellen zu, die an den Wänden hingen, sanft und zart, Rosen und Lauben, mit einer Andeutung von Liebe, flüchtig und gefährlich lieb. Für ihn gab es dort keine Schönheit – nur Feigheit, Schwäche und Ausweichen.

An diesem Abend führte Mrs. Abbot ein langes und ernstes Gespräch mit ihrem Mann über ihren jungen Schützling.

„Es muss etwas getan werden, Harry", sagte sie. „Er ist so ein lieber Junge und verspielt seine Chancen. Jetzt sage ich dir, was wir tun müssen. Wir müssen ihn sofort von all dem wegbringen und an einen ursprünglichen, natürlichen Ort bringen. Wenn er erst einmal frei von schmutzigen Einflüssen ist, wird er auf Schönheit wie ein Kind reagieren."

Mr. Abbot war seit zwanzig Jahren verheiratet und hatte gelernt, dass sein persönlicher Komfort nur dadurch erkauft werden konnte, dass er den Launen seiner Frau völlig nachgab.

„Na gut, meine Liebe", sagte er, „wir werden sehen, was sich tun lässt."

Und so wurden Vorkehrungen getroffen. Ein kranker Freund besaß ein kleines Haus auf einer Insel im Pazifik, das er für einen Sommerurlaub vermieten wollte. Mrs. Abbot ergriff die Gelegenheit beim Schopf, und Eric Walker fügte sich einem unbeugsamen Schicksalsbeschluss. Fünf Wochen später lehnten er und Mr. und Mrs. Abbot über der Heckreling des Schiffes und beobachteten, wie sich der Schaum in einer weißen Linie hinter ihnen ausbreitete.

Die Insel war wirklich sehr reizvoll. Die Luft war weich und duftend, das tiefe Blau des Himmels verschmolz fast unmerklich mit dem noch tieferen Blau des Meeres. Der Garten war voller üppiger Blumen und üppiger Pflanzen; der Sonnenschein war voll und schwer; es war die Art von Insel, die man nie zu sehen erwartet, von der man aber liebevoll und hoffnungslos träumt.

„Jetzt", sagte Mrs. Abbot, „können Sie wunderbare Bilder malen, nicht wahr, Eric?"

„Das hoffe ich", sagte er und blickte mit verwirrten Augen in diese Welt, in der es trotz all ihrer Farbenpracht so seltsamerweise an den Bildern und Geräuschen mangelte, an die er gewöhnt war.

Vier Tage lang wanderte er mit seinem Skizzenbuch und seinen Aquarellen umher. Zuerst versuchte er, das kleine Haus zu zeichnen, das mit Obst und Blumen überwuchert war, aber die Linien verschwammen ineinander, und er konnte die klare Form, die er verstand, nicht finden. Dann versuchte er, das Sonnenlicht zu malen, wie es auf den Wellen flackerte, aber seine Bewegung war unregelmäßig und ruckhaft, ungeeignet für seine Methode, und er scheiterte ebenso, als er versuchte, das Schwanken der Zweige und das träge Hängen der Orangen zu interpretieren. Er war verwirrt, unglücklich und konnte nicht verstehen, warum so vage und unbestimmte Dinge schön genannt werden sollten. Mrs. Abbots große, freundliche Stimme konnte ihn überhaupt nicht trösten.

„Warten Sie, bis Ihnen die Inspiration kommt", sagte sie. „Gehen Sie einfach umher und nehmen Sie alles in sich auf, was Sie umgibt, und Sie werden malen, bevor Sie es merken."

Und am nächsten Tag schien sich ihre Prophezeiung erfüllt zu haben. Eric war gleich nach dem Frühstück mit seiner Staffelei, Farben und Leinwand hinausgegangen. Den ganzen Morgen hatten sie nichts von ihm gesehen;

zum Mittagessen war er nicht zurückgekommen, und zur Teezeit war immer noch keine Spur von ihm zu sehen.

„Ich wusste es", sagte Mrs Abbot, „ich wusste es. Wir mussten ihn nur wegbringen und in eine frische Umgebung bringen. Er würde auf Schönheit reagieren, er brauchte nur das Sonnenlicht."

Sobald sie ihren Tee ausgetrunken hatte, machte sie sich, redselig vor Aufregung, auf die Suche nach ihm.

„Was, glauben Sie, hat ihn wohl bewegt? Ich frage mich, ob es die Bucht war. Nein, er stand auf dem Gipfel des Hügels und blickte hinunter und sah das Dorf dort im Sonnenlicht liegen! Glauben Sie mir, wir werden ihn auf dem Hügel finden!"

Aber sie fanden ihn nicht auf dem Hügel, noch malte er die Bucht oder den Orangenhain, und sie suchten ihn vergeblich am Rande ihres kleinen Obstgartens. Schließlich wurden sie etwas nervös und fragten sich gegenseitig besorgt, ob ihm etwas zugestoßen sein könnte. Sie fragten die Eingeborenen, erfuhren aber nichts, und erst kurz vor dem Abendessen verriet ihnen ein Fischer, wo er war.

„Der junge Künstler? Ja, Sir. Ich habe ihn heute früh in die kleine kaputte Hütte am Rande des Kiesstrandes gehen sehen, und obwohl ich den ganzen Tag hier gearbeitet habe, habe ich ihn nicht herauskommen sehen. Wahrscheinlich ist er noch dort."

Mr. und Mrs. Abbot sahen sich von der Seite an. Was konnte Eric in diesem kleinen, verfallenen Haus wollen, das langsam über den Köpfen einer alten, verschrumpelten Frau und ihrer Tochter in Stücke zerfiel? Beim Gedanken an die Tochter begann Mrs. Abbot zu erröten. Was, wenn der Südwind und die plötzliche Schönheit Eric dazu bewegt hatten, sich in persönlicheren Worten auszudrücken als in Bildern? Künstler waren notorisch unmoralisch und die Inselbewohner, hatte sie immer gehört, leider schwach.

Sie eilte weiter, ihr Herz klopfte schnell, sie war aufgeregt und beunruhigt.

Doch nach wenigen Augenblicken waren alle ihre Ängste um die Unschuld der sanften Insulanerin verflogen. Denn dort, hinten in der kleinen Hütte, kochte eine alte Frau, schwarz und verschrumpelt, ihr Abendessen auf einem Eisenofen. Ihr Hals und ihre Arme waren nackt, und die rote Glut des Feuers schien schwach auf die feuchte Haut, das sterbende Sonnenlicht, das in einem langen, breiten Streifen durch einen Spalt im Holzwerk drang, fiel über ihren Hals und schnitt die Rundungen ihrer hängenden Brüste in harte, scharfe Winkel, und ein paar Meter entfernt arbeitete Eric Walker in einem feinen Rausch der Inspiration an seiner Leinwand.

VIII

Was für den einen schön ist, ist für den anderen hässlich. Es gibt ein Sprichwort „Des einen Freud"; aber man sollte es auf die Literatur nicht so genau anwenden. Schriftsteller glauben gern, dass es ein Kriterium für Kritik gibt; dass ihre Arbeit eindeutig gut, schlecht oder mittelmäßig ist.

Nun, wir sind Geschöpfe mit unendlichen Beschränkungen. Ein gewisses Spektrum an Gefühlen liegt in unserem Vorstellungsbereich; weite Teile des Lebens müssen für uns auf ewig ein unbekanntes Land bleiben. JC Squire verkündet, dass *Jürgen* ein schlechtes Buch ist, aber er überzeugt uns nicht davon, dass unsere Bewunderung fehl am Platz ist. Wir betrachten seinen Artikel als Ausdruck einer persönlichen Abneigung. Denn Kritik kommt am Ende immer wieder auf Folgendes zurück: „Es gefällt mir oder es gefällt mir nicht." Kritik ist Autobiographie, so wie diese Seiten Autobiographie sind, der Ausdruck persönlicher Vorlieben und Abneigungen. Und insgesamt denke ich, dass Kritiker schlecht beraten sind, über Bücher zu schreiben, die ihnen nicht gefallen. Ihre Unfähigkeit, das Buch zu schätzen, ist wahrscheinlich ebenso ihre Schuld wie die des Autors. Und ich habe überhaupt kein Verständnis für den Typ von Kritiker, der versucht, seine Begeisterung und seine Missbilligung mit Metaphysik zu erklären. Er diskutiert drei Seiten lang, was seiner Meinung nach die Funktion der Literatur ist. „Literatur", so schließt er, „ist die Sublimierung von Phänomenen." Und im weiteren Verlauf seines Artikels zeigt er, welche Dichter die Anforderungen seiner Formel erfüllen und welche nicht. Und natürlich lässt er uns unbeeindruckt zurück. Die Fähigkeit, eine Argumentation zu führen, ist kein Beweis für literarischen Geschmack. Und wenn der Inhalt des Artikels sein soll: „Ich mag dieses Buch oder mag es nicht", dann ist der Kritiker verpflichtet, uns davon zu überzeugen, dass seine Meinung Beachtung verdient. Er kann es uns auf zwei Arten beweisen, vorzugsweise auf beide. Er kann zeigen, dass er eine Menge guter Literatur gelesen und geschätzt hat. „Ein Mann", sagen wir, „der Turgenjew wirklich geschätzt hat, sollte einen Standard in seiner emotionalen Reaktion auf andere Bücher haben. Wenn er sagt, dieses Buch sei gut, muss etwas dran sein." Oder der Kritiker kann durch gute und interessante Schreibweise beweisen, dass er einen Sinn für Literatur hat. Denn es gibt nichts Verurteilenderes für ein Buch als eine positive, aber schlecht geschriebene Kritik. „Wenn dem Esel, der das hier geschrieben hat", denkt der Leser, „das Buch gefallen hat, dann bin ich mir ziemlich sicher, dass es mir nicht gefallen sollte." Kritik hätte viel mehr Gewicht, wenn sie ihr Verantwortungsbewusstsein vergessen und sich daran erinnern würde, dass ihr Zweck, wie der aller Literatur, die Unterhaltung des Lesers ist.

Und damit zurück zu der ursprünglichen, beunruhigenden Tatsache, dass Florence Barclay für mich vor zehn Jahren so etwas wie Turgenjew war. Sie bedeutete ebenso viel, sie offenbarte ebenso viel. Sie berührte das Herz ebenso gewiss und ebenso tief. Und wieder kommt die unbehagliche Erkenntnis, dass ein Buch letztlich nur ein Fokus für uns selbst ist, ein Spaten, mit dem wir das Absolute ans Licht bringen können. Und ist es wichtig, was für einen Spaten man benutzt, solange die Arbeit beendet wird? Das Objekt einer Emotion ist weniger wichtig als die Intensität der Emotion, die das Objekt hervorgerufen hat. Ist eine Liebe weniger real, weniger zärtlich, weniger leidenschaftlich, weniger selbstlos, weil sie von einer oberflächlichen, trivialen, wertlosen Frau inspiriert wurde? Ist es sehr wichtig, woher wir diesen Zustand gesteigerten Bewusstseins beziehen, den wir zweifellos durch die Literatur erreichen, solange wir ihn überhaupt erreichen? *König Lear*, *Anna Karenin* und *Lycidas haben uns bereichert*, denn diese Bücher haben uns das Ewige in uns selbst offenbart. In ihrer Gesellschaft vergessen wir für einen Moment die Ängste, Ambitionen und Frivolitäten, die uns blenden und ablenken, die sich in glitzernder, verwirrender Fülle auf der Oberfläche unseres Lebens bewegen und zu Zeit und Raum gehören. In solchen Momenten gesteigerten Bewusstseins sind wir im Einklang mit uns selbst, wir sehen uns als Teil jenes Musters, von dem Pater sprach, jenes Musters, dessen Fäden zu beiden Seiten von uns ausgehen.

Und auf solche Momente streben wir immer hin, zumeist indirekt, in unserer Arbeit, unseren Liebesbeziehungen, unseren Vergnügungen und Ablenkungen. Wir sind unzufrieden mit dem, was wir sind und mit dem, was wir haben. Das Unsterbliche in uns kämpft in Richtung des Entfernten, in der Hoffnung und im Glauben, es könne sich als unsterblich erweisen. Es mag sein, dass Bücher unsere emotionale und intellektuelle Statur bereichern, dass sie der fruchtbare Boden sind, in dem wir nach Schätzen graben; ich ziehe es jedoch vor, zu denken, dass wir der fruchtbare Boden sind, dass wir einen unsterblichen Geist in uns tragen und dass unser letztendlicher Erfolg oder Misserfolg an unserer Fähigkeit gemessen werden muss, diesen Geist zu nähren und am Leben zu erhalten. Wenn dies so ist und es sich um eine Philosophie handelt, die sich Wordsworth empfohlen hat, haben wir dann nicht Recht, wenn wir sagen, dass Florence Barclay und Turgenjew in unterschiedlichen Bereichen eine ähnliche Funktion erfüllen?

Es gibt keinen Unterschied in der Qualität oder Intensität der Emotionen. Ich bin, glaube ich, unmusikalisch und habe einen absolut beklagenswerten Musikgeschmack. Aber manche Musik berührt mich zutiefst. Manchmal ist es Musik, mit der ich persönliche Assoziationen habe – Märsche und Tanzmelodien, und das sollte streng genommen natürlich nicht zählen. Die Emotionen werden nicht von der Musik hervorgerufen, sondern von der Szene, die durch sie hervorgerufen wird. Aber ziemlich oft sind es eingängige

Dinge, die man zum ersten Mal in einem Restaurant oder auf der anderen Straßenseite hört. Ich höre sie mit hingerissenem Vergnügen, bin begeistert von den Tricks und Kniffen und Synkopen und bin durchaus bereit, die Versicherung meines Begleiters zu akzeptieren, dass es sich um eine billige, vulgäre, sentimentale Sache handelt. „Das ist mir egal“, sage ich, „diese Dinge sind relativ. Es berührt mich, deshalb ist es für mich ein Meisterwerk.“

Ich nehme an, jeder hat schon einmal innegehalten, um die Schaufenster der Buchhandlungen zu betrachten, wie sie in bestimmten Straßen im Londoner West End in Hülle und Fülle zu finden sind. Diese Läden ähneln sich auffallend. Eine Seite des Schaufensters ist mit Artikeln gefüllt, deren Art ich nicht näher beschreiben muss, und die andere Seite mit Literatur, von der die Geschäftsleitung anscheinend annimmt, dass sie den Kauf am ehesten fördert. Die Auswahl dieser Literatur ändert sich im Lauf der Zeit nicht sehr. In diesen Buchhandlungen gibt es keine Frühlings- und Herbstsaison. Gelegentlich findet ein neuer Roman dort ein Zuhause; gelegentlich lässt ein gefühlloser oder unerschrockener Verleger einen verblassenden Favoriten aus dem Verkehr ziehen. Aber im Großen und Ganzen ist hier eine lobenswerte Treue zu alten Freunden zu erkennen. Würden Sie wie durch ein Wunder in das Piccadilly des Jahres 1926 versetzt, würden Sie von den Bänden, die heute so stolz die Ladentische von Mr. Hatchards Buchladen zieren, kaum ein halbes Dutzend vorfinden, doch das Erscheinungsbild des fragwürdigen Schaufensters wird sich bis 1930 vermutlich nicht mehr verändert haben als seit 1910. Victoria Cross wird da sein, und Elinor Glyn und die Bekenntnisse des sich zurückziehenden Aristokraten, der sich damit zufrieden gibt, mit „Peer“ zu unterschreiben. Es werden dieselben französischen Klassiker zu sehen sein: *Droll Stories* , *Madame Bovary* , *A Woman's Life* . Die alliterativen Titel von Gertie de S. Wentworth James werden vor einem Kreis ineinander verschlungener Arme zu sehen sein. Zwischen *Bel-ami* und *Anna Lombard* wird verlockend „ *A Bed of Roses"* *ausgebreitet sein* . Das Publikum, wer auch immer es sein mag, das solche Läden besucht, weiß, was er will.

Diese Buchhandlungen sind gute Kleiderständer für Spott, Anprangerung und Satire. Sie können dem Priester eine Predigt liefern, dem Journalisten ein Mittel, dem Politiker ein Gleichnis. Für den Lebensforscher sind sie ein Gegenstand spekulativer Neugier.

Was ist, fragen wir uns, dieses Publikum mit so katholischem Geschmack? Wir sehen selten jemanden einen dieser Buchläden betreten. Immer stehen zwei oder drei Leute, die neidisch ins Schaufenster starren, aber ihre Verlegenheit hält sie zurück. Sie wagen es nicht, ihr Interesse öffentlich durch den Kauf eines Bandes zu bekunden. Tatsächlich fragen wir uns manchmal, wie diese Läden überhaupt ihr Geschäft führen. Sind sie, so fragen wir uns, ein Spektakel und nichts weiter? Bleiben dieselben Bücher von einer Saison zur anderen dort, nur weil niemand sie kauft? Eine nette Vorstellung, aber anscheinend machen sie tatsächlich ein sehr ausgezeichnetes, sehr florierendes Geschäft. Ich fragte einmal einen Ladenbesitzer, ob ihn die Konjunkturflaute irgendwie beeinflusst habe. „Sehr wenig", sagte er. „Kurz vor dem Waffenstillstand habe ich zweitausend Exemplare von *Fünf Nächten bestellt* und gestern das letzte verkauft."

Zweitausend Exemplare eines Buches in einem Laden in drei Jahren. Dieser Mann muss im Durchschnitt zwei Exemplare von *Five Nights* pro Tag verkauft haben. Kann Mr. Bumpus das auch von Shakespeare behaupten? Zweitausend Exemplare in drei Jahren! Es ist natürlich leicht, die Achseln zu zucken und zu sagen: „Aber für solche Sachen gibt es immer ein Publikum." Und doch liefert eine so vage Geste keine Erklärung für diese unglaubliche Popularität. Die Anziehungskraft von *Five Nights* beruht meiner Meinung nach nicht auf dem, was Bischöfe als die niederen Instinkte der menschlichen Natur beschreiben. Victoria Cross schrieb es in der Unschuld ihres Herzens und war fest davon überzeugt, dass es ein gutes Buch ist. Es ist ein aufrichtiges Buch, so wie *The Rosary* aufrichtig ist und *The Way of an Eagle* aufrichtig ist. Es ist mit Gefühl geschrieben; sie hat es genossen, es zu schreiben. Seine sentimentale Sinnlichkeit ist warm und süßlich und angenehm, wie ein heißes Bad nach einem zu guten Abendessen. Es kommt sogar ein Moment, in dem die Hitze des Bades, die sich mit der Hitze von Pommard vermischt, uns fragen lässt, ob es sich letztlich doch um solch entsetzlichen Blödsinn handelt. Nach ein paar Seiten kommen wir zu dem Schluss, dass es so ist, aber da war dieser Moment des Zweifels.

So passiert es, vermute ich.

Der Verkäufer, der am Ende seines Arbeitstages nach Hause eilt, ist von einem Gefühl des Neids erfüllt auf das eifrige Vergnügensleben, das in der Stadt erst in dem Moment erwacht, in dem er sie verlässt. Sein eigenes Leben ist langweilig und voller kleiner Aufregungen. Er verspürt das Bedürfnis nach stellvertretenden Sensationen. Das Cover und der Titel von Miss Cross' Meisterwerk locken ihn. Und auf dem Heimweg ist er angenehm erregt von der Beschreibung der Intrige des Malers mit den Chinesen. Er empfindet jedoch etwas anderes, als er die Heldin trifft und mit etwas konfrontiert wird, das ihm als ein Bild von Adel und Selbstaufopferung erscheint. Er ist tief bewegt. Dass es schlechte Literatur ist, spielt keine Rolle. Es genügt, dass es in ihm dieselben Gedanken und Gefühle weckt, die *Anna Karenin* in einem Literaten weckt. Er fühlt sich mit einer großen Leidenschaft verbunden, einer Leidenschaft, die die Konventionen einer Stunde und eines Ortes außer Kraft setzen kann, die das Leben zerstört, es aber zunächst zu etwas macht, das es wert ist, besessen zu werden. In der Welt der Populärliteratur steht „*Fünf Nächte*"zu „*Der Rosenkranz*"in derselben Beziehung wie in der Welt der Literatur „*Manon Lescaut*"zu „*Am Vorabend*".

Während meiner Gefangenschaft in Deutschland las ich Elinor Glyns Roman *Drei Wochen* und ich weiß noch, dass ich dachte, es sei der schlechteste Roman seiner Art, den ich je gelesen hatte. Die große Leidenschaft ist so selten wie Genie, und es ist ebenso schwierig, die große Leidenschaft in einem Roman überzeugend darzustellen wie ein Genie. Die Romane, in denen eine große Leidenschaft „überwunden" wurde, kann man an einer Hand abzählen. Aber ich hatte das Gefühl, dass nie ein Roman über die Leidenschaft kläglicher und unentschuldbarer gescheitert war als *Drei Wochen*
.

Aber wie gesagt, diese Dinge sind relativ. Für einige meiner Mitgefangenen war *Three Weeks* ein Fenster, das sich zu den unsterblichen Wiesen öffnete. Tagelang diskutierten sie es aus allen möglichen Blickwinkeln. Sie waren sich einig, dass es wunderbar gemacht war. Aber sie zweifelten an seiner Moral; sie meinten, eine solche Leidenschaft sei nur nach einer Hochzeitszeremonie zulässig oder, das gaben sie zu, als Vorspiel zu einer solchen. Aber es war der weniger reale Teil von ihnen, der zweifelte. Ihr Instinkt sagte ihnen, dass die große Leidenschaft ihre eigenen Gesetze hat. Und schließlich gaben sie ihrer tieferen Natur nach.

„Schließlich", sagten sie, „waren diese beiden anders als wir alle. Sie waren wunderbare Charaktere. Man kann sie nicht so beurteilen, wie man normale Menschen beurteilt."

Mit solchen Worten sprechen wir Paolo und Francesca, Antonius und Kleopatra, Lancelot und Guinevere frei. *Three Weeks* sagte meinen Mitgefangenen, was *Antonius und Kleopatra* einem kultivierten Publikum sagen. Es war ein Brennpunkt für ihren Glauben an die große Passion.

Man kann sich jedoch durchaus fragen, in welchem Geist der Mann, der von Victoria Cross und Elinor Glyn tief bewegt ist, solche Meisterwerke der Prosaerzählung wie *Une Vie* und *Madame Bovary* und *Mademoiselle de Maupin* *liest* . Sie haben denselben grellen Einband und sind auf demselben saugfähigen Papier gedruckt, und doch ist es schwer zu glauben, dass ein Mensch gleichermaßen von Gutem wie von Schlechtem bewegt werden kann. Ist es nicht wahrscheinlicher, dass er von Maupassants Distanziertheit und kalter Zurückhaltung schockiert und ein wenig angewidert ist? „Ziemlich heißes Zeug", wird er sich über *Une Vie sagen* , aber hinzufügen: „der allerschrecklichste Dreck." Und er wird sich des Buchs schämen und es ganz unten in seiner Kommode verstecken. Eine melancholische Betrachtung. Schließlich ist es unerheblich, wenn zweitausend Leute im Laufe von drei Jahren in einem Laden ein ziemlich albernes, sinnliches, sentimentales Buch kaufen. Doch ist es ein wenig traurig, dass die vollständige Übersetzung eines der größten Romane der Welt nur auf diese Weise, in dieser Form und in einem Geschäft dieser Art in englischer Sprache erhältlich ist. Und ein wenig traurig, dass sie selbst dann nur von einer solchen Person und in einer solchen Einstellung gelesen werden kann.

Traurig ist dies allerdings für den Literaten, nicht für den Verfechter des sozialen Fortschritts. Ich bin davon überzeugt, dass diese Bücher so harmlos sind, wie ein Buch, das die Menschen möglicherweise zum eigenständigen Denken anregt, harmlos sein kann.

Vor ein paar Monaten erschien, glaube ich, ein Artikel von St. John Ervine, in dem er behauptete, dass Bücher wie *Der Weg des Adlers* mit ihren Szenen der Brutalität und männlichen Dominanz eine verderbliche Wirkung auf das Gemüt des Publikums hätten. Und sicherlich sind sie eine recht melancholische Lektüre. Aber was sind sie denn anderes als ein Ausdruck unseres ewigen menschlichen Drangs, uns von den Füßen reißen zu lassen, uns von einer Macht unterjochen zu lassen, die außerhalb von uns liegt und stärker ist als wir selbst. Und können wir in der Literatur nicht genügend Äquivalente für die Peitschenknaller und die unterwürfige Wange eines Romans von Ethel Dell finden? Äquivalente, aber keine Parallelen; denn der Bestseller ist für Frauen geschrieben, normalerweise von Frauen. Und es ist eine männliche Intelligenz, die die Meisterwerke der Prosaliteratur hervorgebracht hat. Ein Mann würde auf der Suche nach einem solchen Äquivalent eine Erfahrung wählen, bei der er das Objekt und nicht das Subjekt ist. Er würde nicht über den dominanten Mann schreiben, sondern über die Sirene. „Soll es ein Kuss oder ein Schlag sein?", fragt der Held der Populärliteratur. Bei Turgenjew beugt sich die Frau, die „wenn sie auf einen zukommt, so wirkt, als brächte sie einem alles Glück des Lebens entgegen", über einen Tisch und klopft mit den Nägeln der einen Hand gegen die der anderen. „Sag mal, sag mal", sagt sie, „stimmt es, dass man sagt, du wirst heiraten?"

Solche Überlegungen zwingen uns, uns zu fragen, welchen Zweck unsere Versuche erfüllen, das Publikum bis zu Shakespeare zu erziehen. Wir geben ihnen nur einen Gegenwert für das, was sie bereits haben. Und die Energie, die wir so verschwenderisch für die Organisation von Vorträgen, Basaren und Repertoiretheatern aufwenden, könnten wir viel gewinnbringender für uns selbst einsetzen. Ich bezweifle, dass das Publikum von Ethel Dell das Leben erfüllter und hingerissener finden würde, wenn es *den Karo-Buben* gegen *Jude the Obscure eintauschen würde* .

Ich vermute tatsächlich, dass diese Bildungsbewegungen größtenteils unbewusst durch den Wunsch des Romanautors inspiriert werden, sein eigenes Publikum zu vergrößern. „Wenn nur", sagt er, „ein Sechstel der 60.000 Käufer jedes Romans von Ethel Dell ihre Aufmerksamkeit auf mein zugegebenermaßen hervorragendes Werk richten würde, wie heilsam wäre das für sie und wie reizvoll wäre es für mich!" Das klingt ganz nett, aber diese

Revolutionen sind gefährliche Dinge, und sie wenden sich oft gegen ihre Organisatoren. Im Großen und Ganzen ziehe ich es vor, die Dinge so zu lassen, wie sie sind. Es wäre vollkommen reizvoll, wenn diese 60.000 Leser ihre Zuneigung auf meine bescheidenen Bemühungen übertragen würden. Wenn das Publikum zu einer breiten Wertschätzung des Tendenzromans erzogen werden könnte, wäre das sehr gut, sehr bewundernswert. Aber dieses Gerede von Shakespeare und Fielding und den Giganten des 18. Jahrhunderts misstraue ich offen gesagt. Ich möchte nicht, dass das Publikum in diesem Maße erzogen wird. Wäre es so, kann ich mir vorstellen, dass ich und viele andere verdienstvolle und harmlose Personen sich nach anderen Lebensgrundlagen umsehen müssten – ein Vorgehen, das höchst geschmacklos wäre. Denn wenn das Publikum Fielding und Balzac, Smollett und Thomas Hardy zu schätzen wüsste, kann ich mir nicht vorstellen, dass es sich für die Geschichten, die ich ihm erzählen müsste, so sehr interessieren würde. Ich misstraue diesen Literaturförderungsverbänden. Ich bin beunruhigt, wenn eine neue Ausgabe von Trollope auf den Markt kommt. Aber tiefe Zufriedenheit erfüllt mich, wenn ich meine Sonntagszeitung aufschlage und sehe, dass die Verleger von Miss Dells neuem Roman bereits eine siebte Auflage „bestellt" haben. Ich lächle. Die Dinge sind wie sie waren. Die alten Maßstäbe bleiben bestehen. Und ich habe das Gefühl, dass es noch einige Leute gibt, die meine Verleger vielleicht dazu überreden können, sich für meine Schriften zu interessieren.

IX

Ich sagte, Florence Barclay sei das Äquivalent zu Turgenjew. Doch wünschte ich, ich hätte mich vor elf Jahren entschlossen, einen populären Schriftsteller zu lesen, bei dem ich eine engere Parallele, eine Ähnlichkeit in Handlung und Atmosphäre hätte erkennen können. Denn es dürfte nicht schwer sein, im *Family Herald* Geschichten zu finden, deren Zusammenfassung denen von Turgenjew sehr ähnlich scheint. Die Handlung von *Am Vorabend* oder *Aus dem Hause der feinen Leute* hätte dem Autor schnulziger Romanzen durchaus zugesagt. In Geschichten wie Turgenjews, Geschichten von Erinnerung und Bedauern, ist die Grenze zwischen Vortrefflichkeit und Blödsinn sehr schmal, und nur ein laxer Sentimentalist oder ein Genie würde versuchen, sie zu erzählen. Talentierte Menschen würde das einfache Dreieck zwischen „*Frühlingsfluten*"und „ *Rauch*"abschrecken . Es würde ihnen alltäglich erscheinen, ebenso wie das von *Rudin* und *Aus dem Hause der feinen Leute* . Die Frau eines Mannes ist untreu. Er verlässt sie, und mit der Zeit glaubt er, sie sei tot, verliebt er sich in ein junges Mädchen und macht ihr einen Heiratsantrag. Doch die Frau kommt zurück und sein Glück ist zerstört. „Was!", sagt der professionelle Romanautor, „das alte Thema; die Person, die in letzter Minute aus dem Grab zurückkehrt und alles durcheinanderbringt. Aber das ist schon hundertmal passiert. Es ist unmöglich, *ein vieux jeu* zu sein. In einer Farce, in einer Operette vielleicht, aber in einem ernsten Drama..." Der talentierte Autor muss ungewöhnliche und schwierige Situationen annehmen. Er muss Originalität in der Verwendung neuen Materials finden. Das weite Feld wurde zu oft gepflügt, hat zu viele Ernten eingebracht. Es muss eine Zeit lang brach liegen.

Ich erinnere mich, einmal mit WL George über die ewige Anziehungskraft einer guten Geschichte gesprochen zu haben und darüber, dass die erste Aufgabe des Romanautors darin bestehe, eine Geschichte zu erzählen. „Möglicherweise", sagte er, „aber ich werde Ihnen eine wahre Geschichte erzählen, eine universelle Geschichte, und Sie werden es nicht wagen, sie zu schreiben. Es ist die Geschichte von Edwin und Angelina. Edwin ist Angestellter im Büro von Angelinas Vater. Er wird mit Nachrichten für seinen Arbeitgeber zum Haus geschickt und begegnet Angelina im Flur. Ihre Blicke treffen sich und er weiß, dass er verliebt ist. Ein paar Tage später findet ein Fußballspiel zwischen der Büromannschaft und der einer benachbarten Fabrik statt. Edwin gewinnt das Spiel mit einem brillanten Tor in letzter Minute, bricht sich dabei jedoch den Arm. Angelina sieht sich das Spiel an. Edwin wird ihr Held. Bald darauf treffen sie sich wieder im Flur. Sie fragt ihn nach seinem Arm. Sie unterhalten sich und entdecken kurz darauf, dass sie verliebt sind. Natürlich lehnt Angelinas Vater die Verbindung ab. Er hat seine eigenen Pläne mit seiner Tochter. Den Liebenden ist es verboten, sich zu treffen. Angelina wird krank. Sie wird nach Südfrankreich geschickt, aber ihr Zustand verschlechtert sich. Sie ist lustlos und mutlos. Der Arzt sagt, wenn man ihr nicht das Leben wieder recht macht, wird sie sterben. Sie wird mit allem Geld überschüttet. Aber sie wird von Tag zu Tag dünner und blasser. Schließlich greift die Mutter ein: „Sie muss Edwin sehen." Der Vater stimmt zögernd zu. Die Liebenden treffen sich wieder und das Wunder geschieht. Das Buch endet mit Hochzeitsglocken. „Es ist eine wahre Geschichte", schloss er, „aber Sie würden es nicht wagen, sie zu schreiben."

Ich stimmte zu. „Nur zwei Leute könnten so etwas schreiben", sagte ich. „Turgenjew oder ein Händler für Unterhaltungsliteratur."

Turgenjew ist immer offensichtlich. Er verwendet keine der Mittel der Überraschung oder des schwebenden Interesses, auf die der talentierte Schriftsteller für seine Wirkung angewiesen ist. Die Wasser von Turgenjews Erzählung sind so ruhig, so klar und bringen uns das Flussbett so nah, dass wir kaum bemerken, wie tief es ist. Erst wenn wir die Schnitzer sehen, die andere mit der Turgenjew-Technik begehen, erkennen wir, in welchem Ausmaß er überlegen ist. Und es ist eine so einfache Technik. Der Vergangenheit der Jugend; die schwindende Macht der Liebe; die Belohnungen des mittleren Alters; Erinnerung und Bedauern und ein heiterer Dämmerton, der harmonisiert und tröstet. Es sind diese Dinge, über die Turgenjew spricht - einfache Dinge, und er spricht einfach über sie, mithilfe einer Technik, die wunderbar angemessen und sicher ist. Ein Mann mittleren Alters findet unter zwei Lagen Baumwolle ein kleines Granatkreuz; drei Männer, die um einen Tisch sitzen, reden über Liebe; Ein junger Mann, verlobt und glücklich, kehrt nachts in sein Hotel zurück, um in einem Zimmer, das mit dem überwältigenden Duft von Heliotrop erfüllt ist, den verborgenen Kummer einer früheren Liebe wiederzufinden. Ein Mann sitzt in einem Garten und erinnert sich. Es sieht so einfach aus, und doch knarrt die Maschinerie bei mittelmäßiger Arbeit. Wie künstlich werden die Entschuldigungen für die Erinnerung. Eine Geige, die nach vielen Jahren in einem bestimmten Restaurant spielt, eine Melodie, zu der der Held in jungen Jahren tanzte. Eine Erzählung, die dort endet, wo sie begann, an derselben Stelle, mit derselben Note, mit demselben Satz. Was bei Turgenjew ein Muster ist, wird bei weniger bedeutenden Schriftstellern zu einer Reihe von Kunstgriffen.

Und doch hat das Leben immer seine Wirkungen, manchmal mit unserer Mitwirkung. Nach einigen Monaten kehren wir in den Ballsaal zurück, in dem wir zum ersten Mal der Liebe begegnet sind, in das Restaurant, in dem wir zum ersten Mal über Liebe gesprochen haben, in den Wald, der uns bei unserem ersten Liebesspiel Schutz und Schutz bot. Aber in solchen Momenten ist die Szene zu sorgfältig vorbereitet; der Höhepunkt ist konstruiert. Wir wissen im Voraus, welche Art von Gefühl wir erleben werden; wir zwingen es auf den erforderlichen Grad der Intensität. Und das ist eine schlechte Technik. Nur wenn wir beiseite treten und das Leben unsere Geschichte für uns erzählen lassen, werden wir den unvermeidlichen, unvorhergesehenen Moment erleben.

Im Frühjahr 1921 schrieb ich die Skizze eines ehemaligen Offiziers. Dabei handelte es sich um den Versuch, den Geist der Desillusionierung nach dem Krieg zu interpretieren. Als Thema wählte ich einen Angestellten einer großen Werbeagentur und taufte ihn Evan Miller.

Er hatte in Johnsons renommiertem Unternehmen eine eher obskure Position inne. Er saß mit zwei männlichen Schreibkräften in einem kleinen Raum am oberen Ende einer dreistöckigen Treppe. Er sortierte Zeitungsausschnitte, schickte die richtigen Kopien an die richtigen Zeitungen, trug die Druckfahnen in ein großes Folio ein, überprüfte die zurückgesandten Belege und versorgte einen Prokuristen mit Listen, die die den Agenten zugestandenen Platzpreise und Prozentsätze angaben. Es war Routinearbeit, die einen ordentlichen Verstand erforderte; diese Eigenschaft besaß Miller, und seine Arbeitgeber schätzten ihren Wert auf drei Pfund und fünf Schilling pro Woche. Ein nicht gerade aufregender Job für einen Mann, der drei Jahre zuvor noch das Kommando über eine Kompanie Füsiliere gehabt hatte.

Aber es war das Beste, was er finden konnte, und seine Freunde hatten ihm versichert, dass er unglaubliches Glück gehabt hatte, es zu bekommen. Sobald der Waffenstillstand unterzeichnet war, hatte er eine Reihe verzweifelter Angriffe auf das Kriegsministerium begonnen; er hatte sich wiederum als eine Schlüsselfigur, eine pädagogische Autorität und ein Universitätsstudent bezeichnet. Er hatte sogar erwogen, aus Sympathiegründen Berufung einzulegen. Schließlich wurde ihm gestattet, seinen Dienstgrad von der regulären Armee in die Offiziersreserve zu übertragen, und im April konnte er einen freien Mann die Savile Row entlangführen und vorsichtig die Tweed- und Sergemuster des Schneiders betasten. Zweifellos großartige Tage. Er hatte ein gutes Guthaben bei Cox's; ihm stand eine große Gratifikation zu. Zwei Monate lang hatte er sein Leben genossen. Dann begann er, sich nach einem Job umzusehen. Er hatte vage auf irgendeinen Regierungsposten mit gutem Gehalt und nicht viel Arbeit gehofft. Aber bald stellte er fest, dass Whitehall mehr als voll war und dass die Stellen im öffentlichen Dienst im Ausland an die Männer von den Universitäten gingen. Er fühlte sich verloren in einer Welt, die sich so schnell drehte und sich so völlig von seinen Interessen löste.

Schließlich hatte er durch den Einfluss eines Kollegen diesen Job in der Werbebranche bekommen. „Und er hatte auch noch viel Glück", hatte man ihm gesagt.

Miller schätzte sein Glück nicht. Anfangs hatte er es geschafft, sich in eine Stimmung der Selbstzufriedenheit hineinzusteigern; jeden Abend, wenn er vom Büro nach Hause ging, erinnerte er sich daran, dass er vor einem Jahr in einem engen Graben gestanden und auf den Wehrdienst gewartet hatte, mit der Aussicht auf eine kalte Nacht, die er entweder auf Patrouille oder in Arbeitstrupps verbringen würde; während er jetzt zu einem guten Abendessen, einem warmen Feuer und danach einem weichen Bett zurückkehrte – eine ganz andere Aussicht. Und während er da saß und die Zeitung las, erinnerte er sich angenehm an den kalten Wind, der über die einsamen Hügel fegte. Er dachte immer an Frankreich, wenn er nach Hause ging. „Vor einem Jahr", sagte er sich und versuchte, die Szene zu rekonstruieren; wo war er gewesen, was hatte er getan, was hatte er gedacht; erst vor zwölf Monaten hatte er einem anderen Leben angehört.

Und dann, als der November vorüber war, hörte er sich sagen: „Vor zwei Jahren", denn nach dem Waffenstillstand schien es nichts Besonderes mehr zu geben, an das er sich erinnern konnte. „Vor zwei Jahren" – und er sah sich selbst wieder im Schlamm und in der Kälte von Bullecourt während jener dunklen Wochen, über denen die Drohung des großen Vormarsches gehangen hatte; seltsam ruhige Tage. Im Januar hatte es geregnet, grausamer, peitschender Regen; der Hauptgraben war einen Meter tief mit Schlamm bedeckt, und die Männer steckten stundenlang darin fest. Aber der Februar war schön und warm gewesen, mit einem Hauch von Frühling. Sie waren gerade aus der Front gekommen, und er hatte lange Ausritte nach Peronne und Baupaume im schwachen, milden Sonnenschein unternommen. Er war sehr glücklich gewesen, und die Erinnerung an dieses Glück verursachte ihm eine heimtückische Unruhe. Als er vom Büro zurückging, dachte er weniger an den Schlamm und die Kälte, die Erschöpfung und die Gefahr, als vielmehr an die warme Behaglichkeit der Messe; die Freundlichkeit jener langen Abende, als sie um den Ofen saßen und eine Flasche Portwein nach der anderen öffneten. Insbesondere erinnerte er sich an die letzte Nacht in Ervillers, als sie einen riesigen Balken aus einer benachbarten Ruine geholt und ein riesiges Feuer angefacht hatten; er erinnerte sich, wie sie sich davor ausgezogen hatten und wie das Licht nach Mitternacht weitergeflackert hatte und dass es, als er um drei Uhr aufgewacht war, immer noch schwach geglimmt hatte. Sie hatten schöne Zeiten gehabt, und er konnte nicht umhin, sie mit diesem gegenwärtigen ereignislosen Alltag zu Hause und im Büro zu vergleichen. Nie geschah etwas Unerwartetes. Ein Abend voller planloser Gespräche. Bett. Am nächsten Morgen das hastige Frühstück; das Gerangel um Schuhe, Hut und Mantel; die unbequeme Fahrt in der U-Bahn, mit denselben Gesichtern ihm gegenüber, denselben bedrückten, schweigsamen, unzufriedenen Gesichtern; und das Gedränge im Aufzug; die übellaunige, unhöfliche Menge; und danach saß er von 9.30 bis 17.30 Uhr in dem kleinen Raum oben im dritten Treppenabsatz mit zwei männlichen Schreibkräften zusammen, mit denen er nichts gemeinsam hatte und die beide insgeheim ein wenig froh waren, einen ehemaligen Offizier auf dieselbe Position wie sie herabgestuft zu sehen. Dort ordnete er die Korrekturfahnen, überprüfte die Kopien und heftete Listen ab.

Gelegentlich musste er eine telefonische Anfrage beantworten, und das war das Aufregendste an seinem Tag. Das Telefon hatte schon immer eine Faszination auf ihn ausgeübt, und wenn er im Nebenzimmer die Klingel läuten hörte, legte er seinen Stift hin und wartete, lauschte auf das Geräusch eines zurückgeschobenen Stuhls, einer geöffneten Tür und des kurzen „Mr. Miller, Sie sind am Telefon." Es war immer dasselbe – eine Anfrage zum Weltraumtarif oder zum Datum einer Sonderausgabe, aber jedes Mal zitterte er vor Aufregung, wenn er ins Nebenzimmer rannte und den Hörer abnahm.

Es geschah nie etwas Unerwartetes; es gab nichts, worauf man sich freuen konnte; jeder Tag war genau wie der vorherige; er sah tatsächlich nicht, wie jetzt noch irgendetwas passieren könnte. Er würde für den Rest seines Lebens in diesem Büro bleiben. Am Ende würde er vielleicht Abteilungsleiter werden. Mit vierzig Jahren würde er vielleicht ein so hohes Gehalt haben, dass er ans Heiraten denken konnte. Vierzig! Wie oft waren sie sich in der Messe einig gewesen, dass die Liebe das Privileg der Jugend sei. Soweit er sehen konnte, saßen alle anderen im selben Boot. Er ging gelegentlich in die lange Bar des Troc: ein melancholischer Anblick. 1917 war sie voller junger Offiziere gewesen, eifrig, unbeschwert, auf Heimaturlaub mit Gehalt in der Tasche und in ihren Herzen die rücksichtslose Entschlossenheit, das Beste aus der wenigen Zeit zu machen, die ihnen noch blieb. Dieselben Kerle waren jetzt da, junge Männer in Zivil, die sich über die Bar lehnten, an ihren Cocktails nippten, ihre Gläser ins Licht hoben und ihre „Cheeriohs" austauschten. Aber die Unbeschwertheit war verschwunden; Ihre Gesichter waren von mürrischer Unzufriedenheit gezeichnet; sie standen da und sprachen miteinander über Frankreich und ihre Erfahrungen dort. Die unangenehmen Erinnerungen waren ausgelöscht. Sie hatten bereits vergessen. Sie waren in der Gegenwart unglücklich; sie erinnerten sich, dass sie in der Vergangenheit glücklich gewesen waren.

Und mit einer vagen Nostalgie erkannte Miller, dass es in Frankreich trotz der Gefahr und Unbequemlichkeit immer etwas gegeben hatte, worauf man sich freuen konnte. Da war die Post gewesen, eine Ablösung, die Übernahme eines neuen Streckenabschnitts, eine ständige Veränderung, und da war Urlaub – wie wunderbar war das gewesen, die Tage bis zum Urlaub zu zählen und sich zu sagen: „In dreiundzwanzig Tagen bin ich in London"; so etwas gab es jetzt nicht mehr. Und Frieden: Wie oft hatte er davon gesprochen, von all den Dingen, die er *nach dem Krieg tun würde* ; die Zukunft schien ihm damals grenzenlos vor Möglichkeiten. Er hatte den Tagen der Routine und der ruhigen Arbeit mit glücklicher Zuversicht entgegengesehen. Er hatte sich nichts sehnlicher gewünscht als das – die Wiederaufnahme der geordneten Lebensweise.

Er erinnerte sich auch daran, in welcher Stimmung er drei Jahre zuvor einen Roman von Zola mit dem Titel *Die Erde gelesen hatte* . Er hatte ein Exemplar am Bahnhofsbuchstand in Boulogne gesehen, auf dessen gelbem Einband in dicken schwarzen Lettern „Unterdrückte englische Ausgabe" stand. Er war auf dem Rückweg vom Urlaub und hatte gehofft, das Buch würde ihm helfen, die lange Reise nach Baupaume angenehm zu überstehen. Aber er hatte es trotz seiner Obszönität schwer gefunden und es zugunsten der leichten Suggestion von *Fantasia* und *Le Rire weggeworfen* . Später jedoch, während der schlaflosen Nächte in einem einsamen Posten, war er mangels anderer Lektüre zu Zola zurückgekehrt und hatte bald zu seiner Überraschung festgestellt, dass er, statt die Seiten mit lüsternen Fingern rasch umzublättern und nach der würzigen Passage zu suchen, das Buch aufmerksam las, Wort für Wort, es langsam vor seinen Augen vorüberziehen ließ – ein wildes Schauspiel menschlichen Lebens, das an die Erde gebunden war, von Männern und Frauen, deren Handeln und Wünschen von ihrer Treue zur Erde kontrolliert wurde, und von jenem wilden Gären von Betrug, Habgier, Falschheit und Zügellosigkeit, das die Erde auf ihre Weise zu ihren eigenen Gunsten nutzte.

Es war ihm allerdings merkwürdig vorgekommen, dass Jean, ein alter Soldat, selbst nach so viel Unglück bereit war, wieder zur Armee zu gehen. Es war leicht zu vergessen; das Gedächtnis, das sich auf die Proportionen eines Bildes konzentriert, wählte aus, was es auswählte; Miller wusste das, aber konnte irgendjemand, so hatte er sich gefragt, die Strapazen eines langen Marsches vergessen, die Kälte der hereinbrechenden Nacht im Freien, den Kummer der Trennung, die Felder aus Blut und Schmerz? Und er legte das Buch auf den Tisch, ging zum oberen Ende seines Unterstandes und blickte über die lange Strecke des verwüsteten Landes. Sich selbst konnte er nie vergessen.

Aber das war drei Jahre zuvor gewesen, im Flackern einer Verey-Lampe, in Reichweite der Kanonen. Und jetzt, als er an seinem Schreibtisch saß, einen Stapel Zeitungsausschnitte vor sich, und das Klappern der Schreibmaschinen in seinen Ohren dröhnte, fühlte er sich bereit, jede Veränderung zu begrüßen, wie heftig sie auch sein mochte. Wenn nur etwas passieren würde. Als er an diesem Abend die Kingsway hinunter zum Bahnhof Holborn ging, riefen die Zeitungsjungen die Nachricht von einem weiteren Krieg; auf den Plakaten folgte ein riesiger Zettel mit einer Fragezeichenfolge dem Wort Berlin. Sollte es jetzt wieder von vorne beginnen – der Lärm, die Grausamkeit, das Blutbad? Einen Moment lang lief vor seinen Augen ein Bild von Passendael ab, wie er es zuletzt im Oktoberregen gesehen hatte, die Toten über den Rändern der Granattrichter gebeugt. Dann kehrten seine Gedanken in die

Gegenwart und ihre dringlicheren Probleme zurück, die Monotonie der Routine; die Schreibmaschinen; die Korrekturfahnen; die Abschriften. „Alliierte marschieren nach Berlin! Papier! Ultimatum an Deutschland! Papier!" Die Worte wurden in die milde Frühlingsluft geschleudert und der Klang schwebte achtlos die Kingsway hinunter über die Köpfe der Arbeiter, alt und jung, die nach Hause eilten, mit Gesichtern, die von harten Linien stumpfen, mürrischen Grolls geprägt waren. „Beginn eines neuen Krieges! Papier!" Wenn doch nur etwas Neues passieren würde. „Ultimatum an Deutschland! Papier! Alliierte – Berlin – Papier!" Und Evan Miller hoffte tief in seinem Herzen, dass es wahr war.

Das ist die Geschichte, wie ich sie geschrieben habe. Aber das Leben kann aus seinem riesigen Repertoire immer, wenn es will, einen Höhepunkt hervorbringen, der weitaus umfassender ist als alles, was wir uns ausgedacht haben. Manchmal, wenn es die Geduld mit unserem Herumfummeln verliert, nimmt es uns die Feder ab und schreibt.

Drei Wochen später brachte ein Handelsstreit England näher an eine Revolution als seit hundert Jahren. Die reguläre Reserve wurde zurückgerufen und Evan Miller fand sich in Shorncliffe wieder, wo er im Dienstzimmer seine Anwesenheit und Bedeutungslosigkeit meldete. Er sollte feststellen, dass es ihm nach zwei Jahren Abwesenheit merkwürdig leicht fiel, die Formalitäten des Militärlebens wieder aufzunehmen. Auch merkwürdig, wie stabilisierend ihm nach der zwanglosen Natur der städtischen Gefechte die feste Routine des Exerzierplatzes und der Kantine wurde. Aber das war persönlich und nebensächlich. Die Bedeutung, die allgemeingültige Bedeutung dieser sechswöchigen Rückkehr zur Uniform, lag in der zufälligen Entdeckung eines Stücks Papier in der Tasche einer alten Uniformjacke, das dort vor zwei Jahren hastig hingelegt und vergessen worden war. Dieses Stück Papier hatte nichts Romantisches an sich. Ein Memo des Bataillons vom 17. Februar 1919. „Bitte beachten Sie", stand darin, „dass Sie am 3. Dezember 1918 vom Medical Board in Dover für einsatztauglich befunden wurden." Förmlich genug, für jeden außer ihm selbst bedeutungslos genug. Die Art von Dingen, mit denen ein Unterstand schnell übersät worden wäre, wenn er keinen Diener gehabt hätte. Aber die Entdeckung wäre für ihn jener unvermeidliche, dieser unvorhergesehene Moment, auf den jeder Geschichtenerzähler abzielt und den er so selten erreicht. Er würde in der Mitte des Raumes stehen, das Stück Papier in der Hand, und vor seinen Augen und vor seinem Gehirn die Einzelheiten der Umstände, unter denen er es zuletzt gesehen hatte.

Im Frühjahr 1919 wurde allen regulären Offizieren ein zweimonatiger Urlaub gewährt, und sehr viele von ihnen hatten diesen genutzt, um einen Antrag auf Versetzung in die Offiziersreserve zu stellen. Am letzten Morgen vor seinem Urlaub hatte er im Vorzimmer das Memo des Bataillons vorgefunden, in dem ein Fehler korrigiert wurde, den er in seinem Urlaubsantrag gemacht hatte. Er hatte fröhlich und zuversichtlich gelacht. Sie konnten ihre Memos schicken, wenn sie wollten, hatte er sich gesagt. Morgen würde er in London sein, und wenn er innerhalb von zwei Monaten keinen Kompromiss mit den Mandarinen von Whitehall erzielen konnte, hatte er kein Recht, sich Soldat zu nennen. Und er schob das Memo in seine Tasche.

Die wiedergefundene Erinnerung an diese Geste unbekümmerten Vertrauens würde ihm wie ein Spiegel erscheinen, in dem er die Bedeutung der letzten zwei Jahre sehen konnte. Er würde sich selbst zwei Jahre zuvor sehen, eifrig und überschwänglich, des Armeelebens müde, sehnsüchtig nach der Rückkehr in die Freiheit, stolz überzeugt von seiner Fähigkeit, die Zukunft zu meistern. Er würde sich daran erinnern, wie sein einziger Gedanke damals gewesen war, aus dem Lager zu eilen. Um elf Stunden in der Stadt zu verbringen, hatte er am Sonntagmorgen einen Zug um fünf Uhr von Grantham genommen und war erst um drei Uhr wieder zu Bett gegangen. Die Reise hatte ihn siebenundzwanzig Schilling gekostet. Seine erste Frage, als er einer neuen Einheit beitrat, war gewesen: „Welche Aussicht auf Urlaub?“ Egal, wie weit von der Stadt entfernt, wie lang, wie teuer, wie unbequem die Reise war – er war bereit gewesen, sie auf sich zu nehmen: alles, um ins Zivilleben zurückzukehren. Und jetzt würde er sich selbst in diesem Nachspiel des Aufruhrs sehen, gleichgültig, passiv, stumm zufrieden. Er hatte kaum über die Frage des Urlaubs nachgedacht. Es würde ihn über ein Pfund kosten, in die Stadt zu kommen; das war es nicht wert. Dort würde es für ihn nicht viel zu tun geben. Theater, Tanz, Abendessen. Insgesamt war es angenehmer, in der Messe zu sitzen und *Blackwoods Bücher zu lesen* , Bridge zu spielen und über die Klippen nach Folkestone zu laufen. Er hatte nichts Besonderes vor. Es ging ihm dort, wo er war, ziemlich gut. Die alte Lebensfreude war verschwunden, sie war ihm durch zwei Jahre der Frustration und Enttäuschung und vereitelter Bemühungen geraubt worden. Und die Erkenntnis darüber würde ihm durch die Entdeckung eines zerknitterten Memos kommen, das an sich wertlos war, aber Mittelpunkt und Sammelpunkt vieler schwieriger Umstände.

Und so wurde tatsächlich zumindest einem von vielen Tausenden die Bedeutung dieser Nachkriegszeit auf bittere Weise bewusst, dieser tückischen und trügerischen Jahre, die so tapfer am Horizont geglitzert hatten, die so warm und gastfreundlich ausgesehen hatten, die so viel versprochen und so wenig gebracht hatten.

1919 war das Jahr der Ernüchterung, und zwar nicht nur einer politischen Ernüchterung, eines Ekels vor gebrochenem Vertrauen, vergessenen Versprechen und persönlichem Verrat, sondern einer tieferen, subtileren Ernüchterung, eines erwachten Gefühls der Täuschung des Lebens.

Wir kamen strahlend und unsagbar zuversichtlich aus den Schützengräben, dem Gefangenenlager und dem Exerzierplatz zurück. Wir hatten so lange auf den Frieden gewartet. Es hatte Zeiten gegeben, in denen wir kaum daran dachten, dass er kommen würde, ganz sicher nicht für uns. Es war wie die Stadt des Himmels – eine blendende, ferne Aussicht. Wir hatten sie als eine Taverne betrachtet, in der wir uns nach unserer Reise ausruhen konnten; ein riesiges Feuer würde im Kamin lodern, Unmengen von Rindfleisch würden uns vorgesetzt, mein Wirt würde aus seinem Keller sein reichstes Chambertin holen. Aber wir hatten die Umstände unseres Traums kaum definiert. Wir sahen es mit der gesteigerten Vision angespannter und müder Nerven als ein Land grenzenloser Verzauberung. Und als der Frieden kam, ließen wir uns nieder und warteten darauf, dass uns die guten Dinge vorgesetzt würden. Und natürlich wurden sie uns nicht vorgesetzt. Und wir hatten nicht die Vitalität, sie uns selbst zu holen; Wir waren müde, nicht vor Erschöpfung, die nach einem harten Arbeitstag folgt und aus der wir nach dem Schlafen fitter aufwachen, sondern vor Erschöpfung durch die Ausschweifungen einer schlaflosen Nacht. Zu lange waren wir zu sehr unter Druck gesetzt worden. Der Druck war durch die berauschenden Bedingungen des Krieges aufrechterhalten worden. Wir waren wie Kreisel, die nur so lange Musterbeispiele für Haltung und Gleichgewicht sind, wie sie ihre Geschwindigkeitsintensität beibehalten. Die Stimulation, der Anreiz war plötzlich verschwunden. Wir waren schwach wie ein Drogensüchtiger, dem Morphium entzogen wurde; wir wurden lustlos, leblos, gleichgültig.

Man hat uns als eine Generation beschrieben, die alles ausbadet, und die alten Männer schimpfen in ihren Clubs über uns. „Kein Sozialgefühl", sagen sie. „Eine Generation, die an nichts anderes denkt als an Tennis und Tanzen. Armes Zeug!" Vielleicht: Vielleicht sind wir der Samen, der auf steinigen Boden geworfen wurde, der schnell aufgegangen ist, ohne Wurzeln oder Nahrung. Vielleicht hat uns die heiße Sonne versengt und verdorren lassen. Vielleicht. Aber die Viktorianer haben sich einer solchen Orgie der Selbstgerechtigkeit hingegeben. Sie verkündeten so lautstark, dass sie die Welt besser hinterließen, als sie sie vorgefunden hatten: und wir wissen, was für ein Erbe sie uns hinterlassen haben. Ich denke, unsere Gleichgültigkeit gegenüber der Politik und dem Recht und Unrecht kleiner Nationen kann man uns verzeihen.

Und doch sind wir alle vor vier Jahren mit einer Art bürgerschaftlichem Ideal ins Leben zurückgekehrt; wir waren uns unserer Verantwortung für die Zukunft bewusst. „Wir würden es unmöglich machen", sagten wir, „dass es je wieder Krieg gibt." Wir wollten unbedingt etwas tun, aber es schien nichts Besonderes für uns zu geben. Diejenigen unter uns, die schrieben, hätten es vielleicht nicht schwer gehabt, ihre Stifte auf dem Gebiet der Parteipolitik zu verkaufen. Es gab genügend Leute, die bereit waren, uns auszubeuten. Aber das wollten wir nicht.

Während des Krieges sahen viele von uns in der Labour Party eine Art gute Fee. Labour war die einzige Partei, die in ihrem Programm eine rücksichtslose Kriegsvermeidung aufgenommen hatte. Und so wie ein Hungriger nur an Essen denken kann, so schien es uns 1917, als sei die Kriegsvermeidung das Einzige, was zählte. Wir erwarteten Großes vom *Daily Herald* . Aber schon lange vor Ende 1919 wurde uns klar, dass der Öffentlichkeit nie zuvor eine kriegerischere Produktion in großem Maßstab präsentiert worden war . Sie hatte eine Kriegsform durch eine andere ersetzt. Nicht die Nationen sollten gegeneinander kämpfen, sondern die Klassen. Das Proletariat der Welt, mit Ausnahme vielleicht der Franzosen, sollte triumphierend über die verstümmelten Überreste der müßigen und blutsaugenden Reichen reiten. Es sollte ein Krieg auf Leben und Tod werden. Für die besten Parolen wurden Preise ausgesetzt. Die Leute, die 1916 lautstark Schlichtung und Kompromiss zwischen den Forderungen Deutschlands und denen der Alliierten gefordert hatten, wollten nicht auf Schlichtung und Kompromiss hören, als der Tynesider von seinem Arbeitgeber einen weiteren Schilling pro Tag verlangte. Der *Herald* wurde zum Verfechter jedes Handelsstreits, und einige von uns begannen sich zu fragen. War dieser internationale Frieden, fragten wir uns, den Preis wert? Wenn es zu einem Kampf käme, würden wir dann lieber an der Seite englischer Erdarbeiter und englischer Pflüger gegen die Erdarbeiter und Pflüger Deutschlands und Russlands kämpfen? Oder würden wir lieber an der Seite englischer, russischer, französischer, belgischer, deutscher und schwedischer Pflüger gegen russische, englische, französische, deutsche und schwedische Aristokraten kämpfen oder *umgekehrt* ? Welcher der beiden Kriege war der weniger verheerende? Und wir begannen zu denken, dass Klasse eine Gewohnheit ist, die sich in einer halben Generation ändern lässt; ein Mann, der mit siebzehn Zeitungsjunge ist, kann mit fünfzig ein Baronet und mit siebzig ein Viscount sein; aber Rasse ist ein Baum, der tief in festen Boden gepflanzt ist. Wir können unsere Klasse ebenso leicht wechseln wie unsere Kleidung. Aber englisches Blut ist englisches Blut, egal ob im Gefängnis, in Mayfair oder in den Grafschaften. Und wir sollten keine Sympathie für die Partei hegen, die danach strebt, ein Volk gegen sich auszuspielen.

Tatsächlich hatten wir die Parteipolitik satt: Wir suchten nach einem internationalen Bund der Jugend Europas, der das Recht haben sollte, unser Schicksal zu bestimmen. „Es war unser Krieg", sagten wir, „es sollte unser Frieden sein." Das klingt heute, in dieser fernen Zeit, zweifellos albern, aber damals glaubten wir daran; unser Wunsch danach war aufrichtig. Sie boten uns den „Bund der Jugend" an.

Das Eröffnungsbankett in den Connaught Rooms war eine großartige Angelegenheit. Soweit ich mich erinnere, waren Viscount Bryce und Sir Oliver Lodge die Hauptredner. Und eine Reihe anderer sehr ehrwürdiger Personen, wie der alte Herr in der Geschichte, bezeichneten sich selbst als nicht älter, als sie sich fühlten. Ich glaube nicht, dass an der hohen Tafel drei Leute unter dreißig saßen. Und die Ziele und Zwecke der Liga wurden später in der Tagespresse in einem Artikel umrissen, der mit lobenswerter Genauigkeit, aber mit einem bemerkenswerten Mangel an Selbstkritik, „Das Zeitalter der Jugend" überschrieben war. Aber wir hatten noch Hoffnungen darauf. Ich wurde Vizepräsident des Bildungsausschusses. Ich nahm an einer Ausschusssitzung teil. Es war meine letzte.

Wir versammelten uns, um die Reform der öffentlichen Schulen zu besprechen. Wir waren zu acht. Vier davon waren Mädchen, vom Typ Girton-Newnham-1917 Club. Die andere Hälfte bestand aus einem Sekundarschullehrer, einem Journalisten, einem unberechenbaren jungen Schotten und mir. Der Schullehrer war der Präsident. Er wusste viel über die praktische Seite des Geschäfts und war daher etwas skeptisch. Er eröffnete die Veranstaltung mit einer nüchternen, höchst unverbindlichen Rede über die „Nutzung der Aktivitäten der Jugend", die sehr lustig war, uns aber wenig „Forra'der" einbrachte. Der Journalist, der in gewisser Weise Sekretär der Angelegenheit war, las dann einige Briefe von Leuten vor, die weitsichtig genug gewesen waren, die Ehre der Zusammenarbeit abzulehnen. Dann begann der Schotte mit seinem Innings: Es war ein gutes, lockeres Innings im Stil von Walter Brearley-Tom Wass; energisch, aber der Schläger traf den Ball selten. Seine Idee war, Manifeste zu verfassen, Rundschreiben an Schulleiter zu schicken und eine Pressekampagne zu starten, um die mangelnde Zusammenarbeit zu thematisieren. Ich meinte, Schulleiter seien vielbeschäftigte Männer, hätten Sekretärinnen und Papierkörbe, und eine Pressekampagne, die sich in der Folge auf die gesamte Bildungswelt beziehen würde, wäre ein galantes, aber unrentables Unterfangen. Das beunruhigte den Schotten.

„Was sollen wir dann tun", fragte er mich.

„Das", sagte ich, „ist es, was ich heute Nachmittag hier lernen möchte."

Er schnaubte angewidert. „Aber wir müssen etwas tun." Und zum ersten Mal ergriff eine der vier Flapper das Wort: „Wir müssen", sagte sie, „unsere Existenz rechtfertigen."

So ähnlich waren wir im Jahr 1919: eine Gruppe von Menschen, die mit einer Tasche voller Steine herumliefen und überlegten, welches Fenster sie einschlagen sollten. Am Ende stellten wir fest, dass die Steine ziemlich schwer waren, unsere Schenkel schmerzten und unsere Kleidung ruinierten, und wir ließen sie auf den Bürgersteig fallen. Es ist leicht genug, Pläne für eine internationale Brüderschaft zu schmieden, wenn die Regierung einen ernährt, verköstigt und kleidet und einem etwa 25 Pfund Taschengeld im Monat gibt. Es ist weniger leicht, wenn man seinen Lebensunterhalt selbst verdienen muss. Fragen der internationalen Politik schienen weniger wichtig, als die Morgenpost ein gelbes Formular mit scharlachroten Buchstaben darüber brachte: „Dritter und letzter Antrag". Während des Krieges waren wir mit denselben Verpflichtungen konfrontiert wie viele Millionen andere. Im Jahr 1919 betraten wir die Vitrine unseres Privatlebens. Wir nahmen die Gewohnheit unserer eigenen Probleme und Sorgen wieder an; wir wurden wieder zu dem, was Gilbert Frankau als „besitzergreifenden und räuberischen Mann" beschreibt.

X

ABER ich bezweifle, dass diese besondere Begeisterung die Rückkehr zum Frieden lange überdauert hätte, selbst wenn es dafür irgendeinen Einsatz gegeben hätte. Wir sympathisierten nur deshalb mit den Kommunisten, weil ihre Ansichten über den Krieg mit unseren übereinstimmten. Wir hätten bald erkennen müssen, wie groß die Kluft zwischen ihren und unseren Interessen ist. Denn der Kommunismus ist, so scheint es mir, eine Art Versicherung des Routinearbeiters gegen den kreativen Arbeiter. Der Routinearbeiter, der Mann, der Nägel in die Sohlen von Stiefeln schlägt, der Zahlenkolonnen in einem Hauptbuch addiert, der einen Karren einen Abhang hinaufschiebt, der eine Sache einigermaßen gut macht, die etwa fünfzigtausend andere Menschen ebenso gut machen könnten, wenn sie wollten, schützt sich vor dem Einfallsreichtum, der eine Maschine konstruiert, die zwanzig Leute wie ihn ersetzen wird. Er spielt auf Sicherheit. Er beginnt ein Geschäft als Bürojunge, leckt die Rückseiten von Briefmarken, geht ins Kontor und setzt sich auf einen hohen Stuhl. Er macht keine Flecken in seinen Büchern und steckt die richtigen Rechnungen in die richtigen Umschläge. Er bekommt ein eigenes Zimmer und wird Juniormanager. Mit 45 Jahren bezieht er ein Gehalt von 450 Pfund im Jahr. Mit 66 Jahren erhält er eine Pension als Gegenleistung für seine treuen Dienste. Er kennt seine Grenzen. Er nimmt Aufträge an und führt sie aus. Aus sich selbst heraus produziert er nichts. Er weiß, dass jeder andere seine Arbeit genauso gut erledigen könnte wie er. Er behält seine Position durch Fleiß und Pünktlichkeit. Er appelliert an die Menschlichkeit seiner Vorgesetzten. Er hofft, mit der Zeit in seiner Firma eine Position zu besetzen, die einem Butler in einem herrschaftlichen Betrieb ähnelt. Er hat viele Stürme überstanden. Er ist zu einer Institution geworden. Aber weil er seine Grenzen kennt, hat er Angst – Angst vor den Verwüstungen des kreativen Geschäfts, vor den Fusionen einer Firma mit einer anderen, vor der harten, zielstrebigen Natur des jungen Blutes, vor der Einführung neuer Ideen. Er weiß, dass er ab einem gewissen Alter auf dem freien Markt nichts mehr wert ist. Und deshalb würde er den Spielraum privater Unternehmen einschränken. Er würde große Männer daran hindern, Pläne zu schmieden, deren Scheitern Tausende ins Unglück stürzen würde. Der Staat muss die Großunternehmen überwachen und ihnen Garantien geben. Er muss die Möglichkeiten unsicherer Existenzgrundlagen kontrollieren. Es ist nicht der Neid auf die Reichen, der den einfachen Arbeiter zum Kommunismus treibt. Solange er einen angemessenen und regelmäßigen Lohn erhält, kümmert es ihn nicht, wie viel Geld sein Arbeitgeber verdient oder verliert. Aber er weiß, solange es Großunternehmen gibt, solange Tiger im Hochdschungel der Finanzen jagen und gejagt werden, solange werden die Märkte steigen und fallen, solange wird es Konjunkturabschwünge und -abstürze sowie Personal- und

Lohnkürzungen geben; solange wird das Gesetz von Angebot und Nachfrage wirksam sein. Der Kommunismus ist der Panzer der Schwachen gegen die Abenteuerlustigen, der Schutz gegen die Verwegenheit.

Und der Künstler ist vielleicht mehr als jeder andere ein Glücksritter.

Er hat keine Rüstung außer seinen Talenten und seinem Selbstvertrauen. Er macht seine eigenen Bedingungen mit dem Leben. Er steht auf dem freien Markt. Und er wird dort stehen, egal welche Partei an der Macht ist, egal welche Veränderungen die Oberfläche und die Umstände des Lebens verändern. Er gehört zu jener Gemeinschaft, die einst als „Schurken und Vagabunden" bezeichnet wurde. Er ist ein Bastard von Feste und Touchstone.

Wir sind Entertainer: wir, die wir Bilder malen, Geschichten erzählen oder Geschichte nachspielen. Und wenn wir Sie unterhalten, bezahlen Sie uns gut; und wenn wir versagen, suchen Sie sich anderswo Zerstreuung. Vor 600 Jahren kamen Minnesänger und Wanderschauspieler nachts in den großen Bankettsaal und erzählten vor dem lodernden Feuer ihre Geschichten, spielten ihr Stück und sangen ihr Lied. Und wenn sie Freude bereiteten, gab es gutes Essen und Wein und ein Dach über dem Kopf und Gold in ihren Beuteln für die Reise am nächsten Tag. Und wenn sie nicht gefielen, gab es Schläge und Flüche und eine Nacht voller Regen. Heute wird ein Roman auf Papier gedruckt, in Leinen gebunden und über drei Kontinente verstreut. Es gibt doppelspaltige Anzeigen in den Sonntagszeitungen; es gibt Absätze und Rezensionen und Mittagessen. Es gibt Agenten und Tantiemen und Verträge. Das Schreiben einer Geschichte ist ein Gewerbe, das vielen Tausenden von Menschen Arbeit gibt. Aber nur die Oberfläche des Lebens verändert sich, das Prinzip ist dasselbe. Ein Mann erzählt eine Geschichte: Männer und Frauen reagieren auf ihren Humor, ihr Pathos oder ihre Schönheit. Sie zahlen reichlich für ihre Unterhaltung. Aber sobald der Geschichtenerzähler aufhört zu unterhalten, ist er im Stich gelassen. Es gibt einige Schriftsteller, die sich gerne als Propheten und Reformer sehen und die das soziale Stigma ihres Berufs ablehnen. Aber weil sie Händler harter Worte sind, sind sie dennoch Entertainer. Die Leute lassen sich gerne ab und zu beschimpfen. Es ist angenehm, nach einem guten Abendessen vor einem lodernden Feuer zu sitzen, mit einer Karaffe Whisky neben sich, und vom bevorstehenden Sturz Israels zu lesen. Das Gefühl der Gefahr kitzelt den abgestumpften Gaumen. Die Leute möchten nicht immer in Watte gepackt werden; sie lassen sich gerne erschrecken, ab und zu „Grand Guignoled" (Grande Guignole) werden. Zu hören, dass ihre Sünden so dunkel sind, gibt ihnen ein angenehmes Gefühl ihrer eigenen Bedeutung. Es ist ein Gefühl, das es wert ist, gekauft zu werden.

Es wäre, glaube ich, kaum zu phantasievoll, eine Parallele zwischen dem Künstler und der Kurtisane zu ziehen. Ich meine die echte Kurtisane, nicht die armen Schlingel, die nachts die Shaftesbury Avenue entlang trotten. Man denkt an „Skittles", die in den sechziger Jahren durch den Hyde Park fuhr, um bei der Achilles-Statue einen Empfang abzuhalten; „Skittles", die Herzen, Häuser und Vermögen brach; Skittles, die ihre Freunde, ihre Schönheit und ihre Generation überlebte und vor drei Jahren vergaß, sich an sie zu erinnern. Es gibt mehr als nur eine geringe Ähnlichkeit zwischen dem Leben einer solchen Person und dem des Künstlers. Wie sie hat er keinen sozialen Status; wie sie wird er gekauft und benutzt und weggeworfen. Er gefällt ihr, was ihr gefällt, für eine Weile, durch Frische und Vitalität und Neuheit; und diejenigen, die ihre Unterhaltung hatten, verspüren danach kein Pflichtgefühl mehr. Solange es ihm gefällt, wird ihm eine weitgehende Lizenz gewährt, die Konventionen zu missachten, mit denen die Gesellschaft es für klug hielt, sich zu schützen. Die Gesellschaft weiß, dass er nicht zu ihr gehört, und sie kann es sich leisten, zu warten. Einem „künstlerischen Temperament" wird alles verziehen, solange dieses Temperament das Eigentum eines geschickten Entertainers ist. Der Künstler kann aus seinem Privatleben machen, was er will. Er kann sich weigern, ohne seine Geliebte akzeptiert zu werden: und im Großen und Ganzen zieht es das Publikum vor, dass sein Entertainer nicht wie es selbst domestiziert wird. Ein populärer Romanautor, der einen Fortsetzungsroman für eine Sonntagszeitung geschrieben hatte, wurde gebeten, dem Herausgeber ein Foto zu schicken. Er schickte ein nettes Foto von sich selbst, in seinem Garten, mit seiner Frau und seinen Kindern. Das Foto wurde zurückgeschickt. „Unsere Leser", sagte der Herausgeber, „möchten Sie lieber nicht als verheirateten Mann betrachten."

Die gleiche Freiheit wird der Kurtisane zugestanden, solange sie schön ist. Sie kann, wenn sie will, unhöflich zu Männern sein, die sie zum Tanz auffordern. Sie kann sich in aller Öffentlichkeit über sie lustig machen. Sie tobt im Stolz ihrer Jugend durchs Leben; sie kann auswählen, was sie will. Ihr Charme und ihre Schönheit sind ihr Kapital. Sie schließt einen Pakt mit der Welt der Routine und des Reichtums, der Welt, die Baumwolle verkauft und Imperien aufbaut, der fleißigen, unermüdlichen Welt, die in ihrer Freizeit darum bittet, unterhalten zu werden. Zu einer solchen sagt die Welt: „Hier sind zwei Bilder. Treffen Sie Ihre Wahl. Sie können Ihr ganzes Leben lang ein Vorstadtmädchen bleiben. Sie werden zu Abonnementtänzen gehen und sich in der Passage heimlich von aalglatten, übertrieben gekleideten jungen Männern küssen lassen, die vor ihren Begleiterinnen mit Ihrer Hingabe prahlen werden. Einen von ihnen werden Sie auswählen, um Sie ins Kino zu führen, und als Bezahlung werden Sie ihm erlauben, Ihre Hand zu halten. Und mit einem dieser jungen Männer werden Sie sich schließlich verloben. Vielleicht sind Sie sehr in ihn verliebt, oder Sie suchen einen Ausweg aus der unsympathischen Umgebung Ihres Zuhauses. Aber in beiden Fällen wird das

Ergebnis nach drei Jahren dasselbe sein. Der blaue Vogel wird davongeflogen sein. Sie werden Mutter und Hausfrau sein. Sie werden sich in der Eintönigkeit einer Vorstadtehe eingerichtet haben. Ihr Mann wird sich abends nicht mehr mit Ihrer Gesellschaft zufrieden geben. Er wird seine langweiligen Freunde mitbringen, die einst Ihre Tanzpartner waren, diese langweiligen Freunde, die im Laufe der Jahre immer schleimiger und weicher geworden sind. Und Sie werden in einer Ecke sitzen und nähen, während sie über die politische Lage und den neuesten Mordfall diskutieren. Es wird nicht viel Geld geben. Sie werden bekleidet, aber nicht angezogen sein. Ihre Schönheit wird bald vergehen, weil Sie nicht in der Lage sein werden, sie mit Georgette und Crêpe de Chine richtig in Szene zu setzen. Und Sie werden neidisch auf die bunten Fenster von Oxford Circus blicken. Bevor Sie dreißig sind, bevor eines Ihrer Haare grau ist, wird Ihr Privatleben zu Ende sein. Und du wirst nie gelebt haben. Du wirst in Sicherheit sein, das ist alles. Es wird etwas zu essen geben, ein Feuer, vor dem du sitzen kannst, ein Dach über dir, wenn du die schwächer werdenden Stunden des Alters erreichst.

„Und das ist es, was wir Ihnen im Gegenzug bieten. Wir bieten Ihnen die Möglichkeit, die besten Jahre Ihres Lebens, 18 bis 33, in vollen Zügen zu genießen. Sie werden Abend für Abend im Savoy tanzen. Poiret wird Ihre Kleider entwerfen; Sie werden im komfortablen Daimler durch die Straßen Londons fahren; Sie werden Männer von Welt treffen, brillante, interessante Männer: Rechtsanwälte, Finanziers, Ärzte, Künstler. Sie werden Romantik erleben. Sie werden tief lieben, Sie werden tief leiden. Sie werden vom Extrem des Glücks zum Extrem des Schmerzes gelangen. Sie werden nicht länger lieben, als die Liebe gefällt. Sie werden das schwingende Pendel sein. Sie werden niemals ruhen. Sie werden sich selbst verwirklichen.“

"Und danach?"

Die Welt zuckt mit den Schultern.

„Das“, heißt es, „ist Ihre Sache. Sie haben diese Jahre gehabt. Es hängt davon ab, ob Sie klug und weitsichtig sind. Sie können viel Geld sparen; Sie können heiraten; Sie können eine respektable Witwe werden. Oder Sie können mit Ihren Beziehungen ein für Sie sehr lukratives Maniküregeschäft eröffnen. Aber das ist Ihre Sache. Wenn Sie verschwenderisch und leichtsinnig sind, kann Ihnen das Leben sehr schwer fallen. Das ist, wir wiederholen es, nicht Teil unseres Deals. Wir bieten Ihnen diese fünfzehn Jahre.“

Und ist dieses Angebot so sehr verschieden von dem Angebot, das die Welt dem Künstler macht? „Sie haben Talent“, sagt die Welt. „Wir fanden Ihr erstes Buch sehr unterhaltsam. Wir sind zufrieden, wenn Sie uns eine Weile unterhalten, wenn Sie das möchten.“ Und sind die Alternativen so sehr verschieden? Die Zukunft stellt für den Romanautor eine nicht weniger dunkle Bedrohung dar. Er weiß, dass er sich früher oder später selbst übertreffen wird, dass das Publikum seine Tricks satt haben wird, dass er nicht mehr originell sein wird und dass es nach etwas Neuem verlangen wird. Wenn er während seiner Zeit des Glücks Geld gespart hat oder es ihm gelungen ist, sich in einem soliden Handelsunternehmen, auf dem Stuhl eines Redakteurs oder im Vorstand eines Verlags zu etablieren, ist das gut und schön. Aber wenn nicht, wenn er kein Geld gespart hat und seine Mittel erschöpft sind, ist er gezwungen, das Äquivalent des trostlosen Streifzugs der Kurtisane durch die Jermyn Street und Piccadilly zu machen, um schlecht bezahlte journalistische Arbeit in den Spalten der Provinzpresse zu leisten. Und dem Künstler wird im Gegenzug der gleiche Lohn angeboten. Ihm wird die Möglichkeit geboten, die besten Jahre seines Lebens in vollen Zügen zu genießen. Er hat Geld, er ist bekannt. Er ist nicht wie seine Zeitgenossen an Bürozeiten gebunden. Er ist frei, zu tun, was er will, hinzugehen, wohin er will, Liebe zu machen, wo er will.

Über die Liebschaften von Dichtern, Romanautoren und Schauspielern ist viel geschrieben worden. Sie haben eine Publizität erlangt, die weit über die Reichweite und vielleicht auch die Wünsche der Finanziers hinausgeht. Und der Künstler war immer geneigt, das Ausmaß seines Erfolgs seiner persönlichen Anziehungskraft, seiner Finesse und Intuition zuzuschreiben. Aber es wäre bescheidener, sicherlich großzügiger von ihm, Dankbarkeit für die beispiellosen Gelegenheiten zur Tapferkeit zu erwidern, die ihm die Umstände seines Lebens bieten. Es liegt mir fern, den triumphalen Fortschritt gewisser angesehener und berüchtigter Personen in irgendeiner Weise herabzusetzen. Ich möchte lediglich auf die Nachteile hinweisen, unter denen ihre weniger begabten Rivalen ihre Geschäfte führen.

Betrachten wir die Lage des Stadtmenschen. Sein Tagesablauf ist eine Frage des Allgemeinwissens. Um seine Geschäfte abwickeln zu können, müssen viele Leute wissen, wo er sich zu einem bestimmten Zeitpunkt aufhält. Seine Sekretärin sollte sogar wissen, wo er zu Mittag isst. Wenn das Telefon bei der glücklichen Abwicklung einer Intrige eine erhebliche Hilfe sein kann (und das ist es zweifellos), so ist es doch nicht weniger nützlich, wenn es darum geht, sie aufzudecken. Wenn eine Frau ihren Mann nachmittags anruft und feststellt, dass er nicht da ist, fragt sie sich. Sie weiß auch, zu welcher Zeit er abends sein Büro verlässt. Wenn er eine halbe Stunde später nicht zu Hause ist, wird sie noch erstaunter. Er muss entweder auf ein Mittagessen in einem *Cabinet Particulier zurückgreifen* oder mit endloser Täuschung ein Wochenende oder eine Geschäftsreise nach Leeds manövrieren. Jede Verabredung muss geschickt arrangiert werden. Für den plötzlichen, unvorhergesehenen Moment bleibt wenig Spielraum. Er ist so maschinell hergestellt wie die Strumpfwaren, mit denen er arbeitet.

Aber wenn es schon schwer ist, eine Intrige zu inszenieren, muss es noch viel schwerer sein, eine zu beginnen. Selbst heute noch steht die Mehrheit der

Frauen unter irgendeiner Art von männlichem Schutz; es gibt entweder einen Ehemann oder einen Vater, einen Verlobten oder „einen Onkel". Und in den einzigen Stunden, in denen er selbst frei ist, ist dieser männliche Schutz am Werk, eine Tatsache, die der realistische Romanautor zu übersehen pflegt. Man fragt sich manchmal, wie diese Affären, von denen wir jeden zweiten Tag in den Abendzeitungen lesen, überhaupt beginnen. Vielleicht auf gut Glück. Benachbarte Schlafzimmer am Ende des Ganges in einem Landhaus. Ein Ehemann, der in der Stadt festgehalten wird: eine plötzliche Gelegenheit, die gierig ergriffen wird – etwas, das in der Literatur allerdings häufiger vorkommt als im Leben. Sicherlich kein Unfall, in dessen Hoffnung ein gewissenhafter Casanova bereit wäre, das Handeln hinauszuzögern. Aber entweder das, oder ein rein geschäftlicher Vorschlag. Ein Mittagessen im Carlton Grill und bei einem Likör das Angebot einer Wohnung und fünfhundert Pfund pro Jahr. Paul Bourget soll einmal gesagt haben, dass es sich nur lohne, über Leute mit hohem Einkommen zu schreiben, denn nur Arbeitslose könnten sich auf natürliche Weise entfalten, was ziemlich albern klingt. Da aber Ehebruch den ausnahmslosen Hintergrund lateinamerikanischer Romane bildet, könnte es sein, dass Bourget an eine derartige missliche Lage gedacht hat.

Tatsächlich ist das Liebesleben eines Mannes für den Romanautor oft genug ein Schauspiel, das ihm melancholische Betrachtungen ermöglicht. In den Jahren, die eigentlich voller Küsse sein sollten, hat er weder Geld noch Muße für viel Liebe. Er ist wirtschaftlich und zeitlich abhängig. Er gibt sich gelegentlichen Flirts hin, die er nicht zu verfolgen wagt, weil er es für unfair hält, mit einem anständigen Mädchen zu schlafen, wenn er nicht in der Lage ist, ihr einen Heiratsantrag zu machen. Gelegentlich kauft er sich Vergnügen in einer Wohnung im vierten Stock in Piccadilly und fühlt sich dabei ziemlich „wie ein Hund". Er heiratet, als er vierunddreißig ist, und die nächsten drei Jahre sind die entscheidendsten, persönlichsten, die er jemals erleben wird. Die Verzückung vergeht; und wenn er einmal getrunken hat , trinkt er wieder. Er beginnt, sich die Hörner abzustoßen; irgendwann im Leben eines Mannes muss man sich die Hörner abstoßen, und der beiläufige Tausch von Sensationen ist bedeutungslos. Aber wenn ein Mann 37 Jahre alt ist, weiß er zu viel und hat zu viel gesehen, um noch der unbeschwerte Schürzenjäger zu werden, der er vielleicht in seinen frühen Zwanzigern gewesen wäre. Eine Schriftstellerin – ich glaube, es war Rebecca West – schrieb irgendwo etwas in der Art, dass man ein junges Mädchen nicht vor dem bösen Mann, nicht vor dem Schürzenjäger warnen sollte. Die Jürgens und Casanovas und Macheaths haben so viel Glück von Frauen bekommen, dass sie Glück mit Glück vergelten. Sie sind die Sonne, die scheint und nach ihrem Untergang ein Gefühl der Dankbarkeit hinterlässt. Ein junges Mädchen sollte vor dem boshaften Mann geschützt werden, vor dem Mann, der bei Frauen keinen Erfolg hatte. Das ist der Mann, der unfreundlich zu ihr sein wird. Und ich denke, es ist eine schlechte Sache, wenn ein Mann an der Schwelle zu den mittleren Jahren absichtlich die Hörner aussät. Er wird sich irgendwo für seine ausgehungerte Kindheit rächen. Die Chance, das Beste aus den wertvollsten Jahren zu machen, ist das größte Angebot der Welt für junge Künstler, die aus ihnen Entertainer werden möchten.

Dennoch bezweifle ich, dass diese Bestechung den Selbsterhaltungstrieb überwinden könnte, der uns dazu ermahnt, auf Sicherheit zu setzen, wenn es da nicht einen anderen, stärkeren Anreiz gäbe: die Liebe zur Arbeit um ihrer selbst willen.

Vor etwa einem Jahr gab es im *Strand ein Symposium* , bei dem eine Reihe von Romanautoren aufgefordert wurden, das Buch zu nennen, das ihnen beim Schreiben am meisten Spaß gemacht hatte. Mehrere Autoren sagten, dass ihnen das Schreiben keines davon Spaß gemacht habe; dass ihnen das Planen und Überarbeiten Spaß gemacht habe, das eigentliche Schreiben jedoch harte und unangenehme Arbeit gewesen sei. Ich frage mich. Ich nehme an, sie meinten es ernst. Aber ich war froh, neulich in einer amerikanischen Zeitung einen Artikel von Hugh Walpole zu lesen, in dem er sagte, er schreibe einfach weiter, weil er „es liebte – es, Geschichten zu erzählen".

Geld, Freizeit und erfüllter Ehrgeiz sind hübsche bunte Spielzeuge; aber sie sind Geschmack, sie sind Dekoration; sie vermitteln nicht die tiefe, anhaltende Befriedigung einer schwierigen Aufgabe, die man in Angriff genommen und erledigt hat. Es spielt keine Rolle, ob man gut oder schlecht schreibt: Es gibt dieselbe Freude am Schaffen, dieselbe Freude, wenn man zusieht, wie sich die leere Seite vor den eigenen Augen füllt, wenn man die Anzahl der Wörter zählt, die das Ergebnis der Arbeit eines Morgens sind. Es gibt das körperliche Gefühl der Anstrengung; die körperliche Erschöpfung, gegen die man ankämpfen muss, wenn das Gehirn vor Ideen sprüht, das Handgelenk jedoch steif und müde ist – wenn man sich danach sehnt, den Stift fallen zu lassen und in einen Sessel zu sinken. Aber man lässt den Stift nicht fallen; man macht weiter, und es lohnt sich.

Es ist Bowling bergauf, gegen den Wind, um die Runs niedrig zu halten, während der Mann am anderen Ende Wickets holt. Sie haben zehn Overs gebowlt; Ihre Beine, Arme und Ihr Rücken sind müde. Sechzig Bälle lang haben Sie diese Länge außerhalb des Off Stumps gehalten, gerade zu kurz zum Schlagen, gerade zu weit oben zum Schneiden. Sie haben Ihr Tempo ein wenig verändert; Sie haben zuerst vom anderen Ende der Linie gebowlt, dann aus der Nähe gegen das Wicket. Kleine Tricks, um ihn am Spielen zu halten, um seine Geduld zu brechen, damit er am anderen Ende gegen den Mann, der Wind und Hanglage hat, den fatalen Fehler machen kann. Und Sie sind müde. Es ist herzzerreißend, das Fabius Cunctator-Spiel. Sie sehnen sich danach, den Ball zum Kapitän zu werfen und zu sagen: „Ich bin müde, ich kann nicht weitermachen." Aber Sie wissen, dass er seinem anderen und besseren Bowler nicht vertrauen kann, bei dieser Länge des Balls weiterzumachen: Sie wissen, dass die Wickets vom oberen Ende kommen müssen. Sie bleiben dabei. Sie bowlen noch ein Over und bekommen neuen Wind.

Es gibt keine Arbeit ohne körperliche Erschöpfung, und Schreiben ist körperlich die anstrengendste Tätigkeit, die ich kenne, viel anstrengender als das härteste Rugbyspiel oder der längste Tag auf dem Feld. Es ist eine solche Selbstentleerung. Ich habe einmal versucht zu diktieren, aber es hat mir nicht gefallen. Ich habe in sehr kurzer Zeit eine Menge Arbeit erledigt. Aber es hat mir nicht gefallen. Ich vermisste den Anblick der weißen Seite, die langsam schwarz wurde, den wachsenden Papierstapel neben mir und den langen Kampf des Gehirns gegen die zunehmende Ermüdung von Handgelenk und Fingern.

Denn was auch immer geschieht, die Liebe zum Schreiben bleibt selbst dem jämmerlichsten Schreiberling erhalten, dem Mann, der es sich nur gelegentlich leisten kann, das zu schreiben, was er schreiben möchte, der Zeitschriftenromane, Rezensionen und Absätze produzieren muss, damit er sich die Muße kaufen kann, seine Verse oder seine unverkäuflichen Geschichten zu schreiben. Wir beschränken uns auf eine Weise, damit wir uns auf eine andere vergeuden können. Und auch hier können wir eine Analogie in der Kurtisane finden, in der Frau, die einen Teil von sich an einen Mann verkauft, um sich einem anderen vollständiger hingeben zu können. In einer freimütigen Liebe gewinnt sie ihre Selbstachtung zurück. „Was macht es schon", denkt sie, „was ich tue, solange ich diesen einen Mann glücklich machen kann. Und weil ich diesem reichen alten Juden ein paar Gefälligkeiten gewähre, kann ich diesem anderen geben, was er von diesen rosaroten und weißen, albernen Brot-und-Butter-Frauen nie bekommen hätte." In demselben Geist finanziert der Lieferant billiger Belletristik die Veröffentlichung seiner Verse.

Wir sind von derselben Rasse und haben dasselbe Blut, sprechen dieselbe Sprache und haben keinen Anteil an den Geschäften der Welt, an dem, was der kommerziellen Maschinerie des Lebens dient. Selbst wenn das, was wir produzieren, eine marktfähige Ware ist, selbst wenn wir Geld in die Taschen von Verlegern, Veranstaltern und Schauspielermanagern bringen, sind wir immer noch die Händler der Unterhaltung. Für eine Weile haben wir aufgehört, Gauner und Vagabunden zu sein. Wir speisen nicht, wie es die Wanderschauspieler taten, in der Küche des Dienstpersonals. Wir sind im Moment fast respektabel. Wir gehören Clubs an. Wir tragen keine besondere Kleidung. Es ist tatsächlich Mode, dass der Künstler der damaligen Zeit vollkommen gewöhnlich aussieht, tatsächlich wie jeder andere ist, mit kurzen Haaren und Dienstpersonalproblemen. Heute würde sich Congreve damit zufrieden geben, sich als Dramatiker zu bezeichnen und Mitglied des Garrick Clubs zu sein. Es ist eine Phase. Nur die Oberfläche des Lebens ändert sich. Noch eine Drehung des Rades und der Künstler wird zu seinem eigenen Volk zurückkehren. Und er wird von einer Stadt zur anderen schlendern, mit Minnesängern, Schauspielern und Kurtisanen, einer lustigen, sorglosen Gesellschaft, Vagabunden des Glücks, nutzlos und dekorativ. Und vielleicht wird es wieder echtes Schauspiel und englischen Gesang und das Erzählen einfacher Geschichten geben.

XI

Es herrscht die Vorstellung, dass Geschichtenerzählen eine billige und vulgäre Sache ist; dass es keinen Zweck erfüllt; dass es unser Wissen über den menschlichen Charakter und das menschliche Leben nicht erweitert. Und doch, wer ist für uns deutlicher, Michael Fane oder Sir Lancelot, Guinevere oder Sylvia Scarlett? Die Figur Michael Fanes wurde uns durch viele tausend Worte detaillierter Analyse vorgestellt. Sir Lancelot ist der Held einiger Vorfälle. Aber wir kennen Lancelot besser als Michael, trotz all seiner vielen Bände. Und kennen wir Jean Christophe so gut wie Saul und Joab und den Sohn Isais? Es gibt fünfzehnhundert Seiten über Jean Christophe, fünfzehnhundert Seiten voller Aufruhr und Konflikt und Verlangen; im Rückblick ein verworrener Eindruck. Aber wir vergessen nie den Vorfall mit Sabine, diese perfekte Geschichte, diesen Diamanten in einem Kupferring. Die Umrisse verschwimmen; eine Figur geht in die andere über. Aber es bleibt das Bild von Sabine, die lustlos vor ihrem Haus sitzt; von Sabine, die in der Nacht, als ihr klar wird, dass Jean sie liebt, die Jalousie vor dem Fenster herunterzieht; von Sabine, die Erbsen pult; von Sabine, die in der Unordnung ihres Ladens nach einem Knopf sucht; von Jean und Sabine, die zitternd zu beiden Seiten der Tür stehen und sich nicht trauen, die Klinke zu drehen. Vierzig von fünfzehnhundert Seiten, aber die vollkommensten der Prosaliteratur der letzten vierzig Jahre.

Turgenjew hat seine Gedanken nie so geordnet wie Tolstoi. Er hat sich nicht in konstruktiven Argumenten erklärt. Er hatte auch keinen Bedarf dafür. In seinem Werk steckt die sanfteste, toleranteste und harmonischste Philosophie, die seit der Bergpredigt von Menschen dargelegt wurde. Und Turgenjew war ein Geschichtenerzähler. Er wusste, dass keine Sprache das menschliche Herz direkter anspricht als die einfache Erzählung. Die Russen hassten und misstrauten ihm, vor allem Dostojewski, der Turgenjew nie verzeihen konnte, dass er ein Gentleman war. Aber es hat nie jemanden gegeben, der im Grunde weniger ein Snob war als Turgenjew, niemanden, der einfacher und weniger anmaßend zu seinen Leistungen stand. Er war zufrieden damit, ein Künstler zu sein, ein Schöpfer schöner Dinge. Er übernahm nicht, wie Tolstoi, die Rolle des Propheten. „Wenn Geschichtenerzählen eine billige Sache ist", können wir uns vorstellen, wie er sagte, „dann kann ich nichts dagegen tun. Es ist die Sache, für die ich geboren wurde."

Turgenjew wusste, dass es genügte, Schönheit zu schaffen, dass es unnütze Torheit war, einen direkten Einfluss der Kunst zu fordern; dass es Aufgabe der Politiker und Journalisten und nicht des Künstlers war, das soziale Gefüge zu verändern. Turgenjew war ein Entertainer, nicht mehr und nicht weniger. Heute hat der Künstler ein Sendungsbewusstsein entwickelt. Er fühlt, dass er hier ist, um etwas zu bewirken. Und läuft deshalb Gefahr, eine weltliche Lebensauffassung gegen eine ewige auszutauschen. Durch unsere Vertrautheit mit der Tagespresse haben wir gelernt, das geschriebene Wort mit der Darstellung eines Sachverhalts zu assoziieren.

Wenn wir einen Zeitungsartikel über die Lebensbedingungen in Bermondsey lesen, ist unsere erste Frage: „Das ist ja alles schön und gut. Aber lebt die Mehrheit der Menschen in Bermondsey auch so?" Und wenn wir einen Roman über Bermondsey lesen, legen wir denselben Maßstab an. „Ist das", fragen wir uns, „wie die Mehrheit der Menschen in Bermondsey lebt?" Wenn wir zu dem Schluss kommen, dass das nicht der Fall ist, sagen wir, der Roman sei „nicht lebensnah". Es fällt uns schwer, uns von der Vorstellung zu lösen, dass alles Schreiben eine Form von Sonderberichterstattung sein muss.

Und natürlich ist es für die Zwecke eines Romans völlig unerheblich, ob das Leben der Mehrheit der Bermondsianer mit dem des Helden und der Heldin übereinstimmt oder nicht. Allgemeingültigkeit erreicht man nicht durch die Katalogisierung des Alltags einer Anzahl uninteressanter Personen. Es ist unwahrscheinlich, dass viele Milchmädchen Opfer einer so beunruhigenden Reihe von Abenteuern wurden, wie sie Tess von den d'Urbevilles widerfuhr. Aber Tess ist lebensecht. Es ist lebensecht, weil Thomas Hardy Romanautor und kein Journalist ist. Hätte er mit seinem Buch eine „Onkel Toms Hütte" schreiben wollen, wäre sein schöpferischer Impuls von dem Wunsch inspiriert gewesen, das Los der Landarbeiter in Wessex zu verbessern, so hätten die Kritiker mit Recht sagen können: „Dies ist ein Sonderplädoyer, das auf einer besonders ungewöhnlichen Verkettung von Umständen beruht. Wir halten es daher für nicht lebensecht." Für den Journalisten impliziert das Wort „Leben" die äußeren Bedingungen, unter denen die Mehrheit der Menschen lebt; Für den Künstler ist das Leben die Realität hinter dem Lebensunterhalt, und für die Offenbarung dieser Realität ist die Wahl des Themas vergleichsweise unwichtig. Derselbe Moment der Realität kann durch die unterschiedlichsten Medien gleichermaßen effektiv dargestellt werden.

Die Wertschätzung der zeitlichen Qualität des Lebens, des Herannahens des Alters, das Gefühl schwindender Kräfte findet sich im Werk fast aller großen Schriftsteller; doch jeder Autor drückt sie in Begriffen der Phänomene aus, mit denen er am besten vertraut ist. Anthony Trollope fände Erleichterung von einer solchen Stimmung im Studium eines freundlichen, ineffektiven Pfarrers. George Moore würde die Geschichte eines Schmetterlings aus der Nouvelle Athène erzählen, einer Marie Pellegrin. Neville Cardus würde an die flüchtige Pracht von Tom Richardson erinnern. Dem Journalisten scheinen diese drei Studien wenig gemeinsam zu haben. Doch der Künstler würde erkennen, dass das Thema in jedem Fall dasselbe ist. In „La Terre" erzählt Zola dieselbe Geschichte, die Shakespeare in „Lear" erzählt.

Heutzutage sind es nur noch die Bestsellerautoren, die Geschichten schreiben, wirklich Geschichten schreiben, Geschichten um ihrer selbst willen. Deshalb sind sie Bestseller. Es können schlechte Geschichten sein, die sie erzählen, oder vielmehr können sie die Geschichten schlecht erzählen. Denn so etwas wie eine neue Geschichte gibt es nicht – es kommt auf die Behandlung an. Aber es sind Geschichten; und die meisten ihrer Autoren könnten, wenn sie wollten und es für die Mühe wert hielten, einen Roman mit dreihundert Lesern schreiben, der in den kultivierten Wochenzeitungen eine halbe Kolumne ernsthafter Beachtung finden würde.

Berta Ruck zum Beispiel. Ich weiß nicht, ob ihre Bücher jemals in den Wochenzeitungen für sechs Pennys besprochen werden; ich würde das bezweifeln. Aber ich habe nicht den geringsten Zweifel daran, dass ihre Bücher viel besser sind als die meisten Romane, die so geehrt werden. Sie schreibt sehr heitere Geschichten über sehr heitere Menschen. Sie beginnen mit einer höchst unwahrscheinlichen Situation. Eine Frau überredet einen Mann, ihr Ehemann zu werden, damit sie sich ungestört von der Aufmerksamkeit einer Schar von Verehrern um ihre Geschäfte kümmern kann. Ein Finanzier engagiert, um seine verkuppelnden Eltern zu besänftigen, eine Sekretärin als seine offizielle Verlobte. Ein Mädchen verkleidet sich als Junge und wird Chauffeurin. Höchst unwahrscheinliche Ereignisse, zweifellos. Aber es ist zulässig, mit einer Situation von beliebigem Grad der Unwahrscheinlichkeit zu beginnen, vorausgesetzt, die Charaktere verhalten sich anschließend regelkonform. Und das tun Berta Rucks Charaktere. Sie sind echte Menschen. Und was noch wichtiger ist, sie sind sehr heitere Menschen. Man empfindet eine echte Zuneigung zu ihnen, was man von den meisten modernen Romanen nicht behaupten kann. Wie oft stoßen wir auf einen Helden und eine Heldin, die wir wirklich mögen, die wir im letzten Kapitel unbedingt glücklich mit der richtigen Person verheiratet sehen wollen? Das tun wir in einem Roman von Berta Ruck, und wir verzeihen jede Übertreibung des Zufalls, wenn sie diese glückliche Begegnung auf der letzten Seite ermöglicht. Das zu können, ein heiteres Buch über heitere Leute schreiben zu können, ist sehr viel wertvoller als … Aber wir wollen weder persönlich noch bösartig sein. Begnügen wir uns mit der Feststellung, dass es sicherlich wohlwollender und wahrscheinlich genauer wäre, anzunehmen, dass sich ein Buch eher aufgrund seiner Qualitäten als aufgrund seiner Mängel verkauft.

Manchmal beneidet man die Menschen, die vor hundert Jahren geboren wurden. Damals, als alle Handlungsstränge neu waren und es so wenige Schriftsteller gab, muss das Schreiben so einfach gewesen sein. Heute schreibt jeder Romane. Man bestellt einen Boden, der viele Ernten hervorgebracht hat. Man beginnt eine Geschichte, eine Woche, einen Monat, vierzehn Tage lang ist man glücklich und aufgeregt, und dann verliert man plötzlich das Interesse. Es ist ein *vieux jeu* , sagt man. Das ist alles schon so oft gemacht worden. Man ist nicht gut genug, um etwas Altes neu zu machen. Oder es kann auch sein, dass man für eine Geschichte kein Ende findet, ein Ende, das nicht durch die Ausbeutung anderer banal geworden ist. Dies zum Beispiel, diese Szene in einem Restaurant in Soho: einem kleinen, unaufdringlichen, unspektakulären, aber sehr guten ausländischen Restaurant in der Dean Street, in dem ich gelegentlich zu Abend gegessen habe, in den Tagen, als ich noch einen Bungalow unterhalb der Downs hatte, nach einem Fußballtag, vor dem letzten Zug hinunter nach Sussex, wenn ich müde war, wenn ich nicht von Musik, Lärm und Gelächter gestört werden wollte, wenn ich meinen Blick auf ruhigen Tapeten und ruhigen Kleidern ruhen lassen wollte, wenn ich genau wusste, was ich wollte und genau, wo ich es finden würde; dort: diese eine dramatische Episode, deren Zeuge ich das Glück hatte.

Ich hatte mich gerade hingesetzt und begonnen, die Speisekarte zu studieren, als die Doppeltüren des Restaurants aufschwangen und ein junges Mädchen in der Tür stehen blieb und sich mit dem Ausdruck verwirrter Verlegenheit umsah, den junge Leute an einem fremden Ort annehmen. Sie bot ein hübsches Bild, wie sie da stand, eine Pelzmütze, die eng über den Kopf saß und das braune Haar in einer dicken Welle um ihre Ohren drückte; eine kleine Hand war zum Hals erhoben und hielt den Wollschal fest, der über die Schulter geworfen war; ein schmaler Knöchel ragte unter ihrem Rock hervor, ein „zwickig" aussehendes kleines Ding; und wenn ihre Gesichtszüge nicht schön waren, hatte sie die Schönheit aller jungen Mädchen, deren Figur schlank und anmutig ist – den Charme des grünen Blattes und der Knospe, der einen Mann mehr fasziniert als Schönheit, der aber schnell vergeht und selten bis ins Fraualter anhält.

Sie stand da und blickte sich einen Moment um, dann verschwand der verwirrte Gesichtsausdruck, sie lächelte und ging durch die Mitte des Zimmers.

Ein Mann erhob sich von einem Tisch in der Ecke und kam ihr entgegen. Er war einer jener Männer, die man kaum beschreiben kann, so sehr ähnelte er in seiner Kleidung, seinem Benehmen und seinem Auftreten dem Rest seines Geschlechts. Er sah aus wie ein Gentleman und war es wahrscheinlich auch; er war etwa dreißig Jahre alt; er hatte einen kleinen dunklen Schnurrbart und zeigte keine Anzeichen von Glatze. Darüber hinaus konnte ich nichts sagen. Er war in völliger Sicherheit hinter der Technik einer Erziehung verborgen.

Ich konnte nicht hören, wie sie sich begrüßten, aber in der Art, wie er ihr aus dem Mantel half, war, so dachte ich, ein Hauch von Unbehagen zu spüren. „Sie kennen sich nicht sehr gut", sagte ich mir und rückte meinen Stuhl ein wenig weiter nach rechts, um mich so einzurichten, dass ich sie beobachten konnte, ohne den Kopf zu drehen.

Der Eindruck von Unbehagen wiederholte sich, als er sich mit der Speisekarte über den Tisch zu ihr beugte. „Er ist ein bisschen zu eifrig", sagte ich mir. „Er will unbedingt Erfolg haben und übertreibt. Er fühlt sich verdammt unwohl." Und ich rief den Kellner, bestellte ein Gericht, dessen Zubereitung, wie ich wusste, gut zwanzig Minuten dauern würde – und machte es mir bequem, um die kleine Komödie zu genießen.

Er hatte ein teures Abendessen bestellt – Champagner, eine gebratene Seezunge, einen Fasan und einen japanischen Salat sowie ein Pilzgericht. Er war verzweifelt darauf bedacht, dass es ein Erfolg wurde, und um peinliche Pausen zu vermeiden, redete er die meiste Zeit: und das auf amüsante Weise, wie ich empfand, denn sie lächelte oft über das, was er sagte, und einmal brach sie in Lachen aus – frisches, klares Lachen; und dieses Lachen, das etwa in der Mitte des Essens aufkam, enthüllte mir, was ich tatsächlich schon vorher hätte erkennen müssen, nämlich dass sie, während er Qualen der Verlegenheit erduldete, nur daran interessiert war, ein gutes Abendessen in angenehmer Gesellschaft zu genießen. „Die Handlung verdichtet sich", sagte ich, denn diese Entdeckung schloss die Möglichkeit der netten kleinen Romanze aus, die ich in Betracht gezogen hatte – ihre Eltern hatten ihre Heirat verboten, sie hatten beschlossen, wegzulaufen, und fühlten sich sehr mutig, als der Plan nur diskutiert wurde, aber jetzt, da der Moment gekommen war, bereuten sie den großartigen Entschluss und würden alles dafür geben, in ihren jeweiligen Häusern vor dem Kamin zu sitzen und angenehm ans Bett zu denken. Diese Lösung musste fallengelassen werden, denn wenn dies der Fall war, wäre sie sicherlich genauso nervös, wenn nicht sogar nervöser als er, es sei denn – aber das war eine Möglichkeit, die ich nicht in Betracht ziehen wollte. Die Idee einer heimlichen Hochzeit musste fallengelassen werden, und außerdem gab es nicht den geringsten Hinweis darauf, dass sie ein Liebespaar waren; sie hatten sich nicht ein einziges Mal in die Augen geschaut; sie hatten nicht einmal miteinander geschwiegen, und Schweigen ist der Anfang der Liebe. Sie waren nicht Mann und Frau; sie waren keine erklärten Liebenden; sie schienen nicht einmal potentielle Liebende zu sein.

Und doch war dieses Abendessen für ihn ganz sicher ein großes Ereignis. Sie bedeutete ihm etwas. Aber was? Es war natürlich möglich, dass er in sie verliebt war und nicht sie in ihn. Aber das war kein Grund zur Schüchternheit. Die Brautwerbung ist eine gemächliche und im Großen und Ganzen angenehme Angelegenheit; und der junge Mann war sicher nicht so dumm, auf dem Heimweg einen voreiligen Heiratsantrag in Erwägung zu ziehen. Denn es gibt nichts Verhängnisvolleres als eine überstürzte Brautwerbung. Es kommt der Moment, in dem ein Mädchen erwartet, dass ein Mann sie bei der Hand nimmt und ihr sagt, dass er sie liebt und wütend auf ihn wäre, wenn er es nicht täte. Aber es ist verhängnisvoll, einen Höhepunkt vorwegzunehmen. Und das weiß der junge Mann; als Mann von dreißig Jahren muss er solche Momente schon oft erlebt haben. „Und doch", sagte ich mir, „erwägt er vielleicht diese Torheit. Warum?"

Und ich stellte mein Glas ab und begann, mir eine Geschichte auszudenken. Er war im Krieg Offizier gewesen und nach der Demobilisierung nach Oxford gegangen, um seinen Abschluss zu machen. Das war durchaus möglich und würde ihn heute 28 Jahre alt machen. Ja, er war nach Oxford gegangen und hatte beschlossen, in den Staatsdienst einzutreten; er hatte eine Stelle im Home Civil gewollt, aber er hatte die im Krieg verlorenen Jahre nicht nachholen können und war in den Indian Civil gewechselt. In vierzehn Tagen würde er für mehrere Jahre ins Ausland gehen, und da war dieses Mädchen, das er vielleicht beim Tennis kennengelernt hatte und in das er sich verliebt hatte, fasziniert von ihrer Zartheit, ihrer zerbrechlichen Anmut, ihrer Anmut wie ein Schmetterling. Sie war jung und unerfahren und hatte seine Liebe als Kameradschaft betrachtet, denn er war zurückhaltend und sprach über Tanzen und die Cricket-Meisterschaft; und jetzt ging er weg. Er hatte sie zum Abendessen eingeladen und war verzweifelt darauf bedacht, die Sache vor seiner Abreise zum Abschluss zu bringen. Und von all dem wusste sie nichts.

Eine interessante Situation, aus der sich eine gute Geschichte entwickeln ließe. Dass der Mann es nicht schaffte, in den Zivildienst im Inland einzutreten, würde nur einen Hinweis auf die traurige Lage des Ex-Soldaten enthalten; er hatte gedient und war zugunsten eines anderen übergangen worden, der nicht gedient hatte. Und von diesem Scheitern hing die Bedeutung seiner Romanze ab. Er hatte sich auf eine langsame, ruhige Brautwerbung vorbereitet und musste nun feststellen, dass er den mehrmonatigen Feldzug auf wenige Tage komprimieren musste – und natürlich war ihm das nicht gelungen. Er war nicht der Mann, der das Herz eines jungen Mädchens im Sturm erobern konnte. Wenn es ihm gelingen sollte, sie dazu zu bringen, sich in ihn zu verlieben, würde dies erst nach vielen Wochen wachsender Intimität geschehen. Sie würde damit beginnen, sich ihm anzuvertrauen – das wäre der erste Schritt; und dann – aber es würde eine langsame Angelegenheit sein, und auf jeden Fall war es jetzt unmöglich. In drei Tagen würde er nach Indien gehen müssen.

Es war wirklich eine tolle Geschichte, und ich begann, sie zu planen: das Treffen bei einem Tennisturnier; die Nachricht, dass er bei der Prüfung durchgefallen war; das Abendessen im Restaurant; und dann die Heimfahrt im Taxi. Ich konnte es so deutlich sehen.

Sie saßen eine Weile schweigend da. Dann beugte er sich vor und flüsterte ihren Namen, und sie drehte den Kopf und sah ihn überrascht an.

„Ja", würde sie sagen.

Und er wüsste nicht, was er in dieser ungewohnten Situation tun sollte; und so wie er im Restaurant übertrieben hatte, um seine Nervosität zu verbergen, würde er auch jetzt übertreiben. Ohne Vorwarnung würde er sie in die Arme nehmen, sie ungeschickt küssen und sagen: „Ich liebe dich." Das wäre ein schrecklicher Fehlschlag. Sehr wahrscheinlich wäre es ihr erster Kuss, und sie hätte ihre eigene romantische Vorstellung davon, was ein erster Kuss sein sollte, und sie wäre wütend auf ihn wegen seiner Ungeschicklichkeit. Der Kuss hätte ihr keine Freude bereitet, und das kann sie ihm nicht verzeihen. Sie würde ihn von sich stoßen, wahrscheinlich sagen: „Jetzt hast du alles verdorben", denn in diesen Momenten fällt uns das Lächerliche ein, und sie würde aus ihrer Erinnerung an Heldinnen aus Büchern und Zeitschriften sprechen, und er würde versuchen, es zu erklären, aber sie würde wütend den Kopf schütteln.

„Lass mich in Ruhe! Lass mich in Ruhe! Siehst du denn nicht, dass du alles vermasselt hast?"

Und wenn sie bei ihr zu Hause ankamen, sprang sie aus dem Taxi und rannte sofort die Stufen hinauf, ohne sich umzudrehen, um sich von ihm zu verabschieden, und er lehnte sich in den Kissen zurück und dachte düster darüber nach, dass er in drei Tagen nach Indien segeln würde und sie drei – vielleicht vier – Jahre lang nicht wiedersehen würde.

Eine gute Geschichte! Ich würde mich gleich nach meiner Rückkehr hinsetzen und sie schreiben, ohne zu warten, bis der Morgen meine Eindrücke von ihrer erschrockenen Mädchenzeit verwischt. Und es würde mir nicht schwerfallen, diese Geschichte zu beenden. Während seiner Abwesenheit würde er ihr schreiben und um Verzeihung bitten und beteuern, dass er sie liebte, sie immer geliebt hatte, dass ihm seine Unhöflichkeit leid täte; und dass er bei seiner Rückkehr hoffen könne, dass es ein banaler Brief sein würde; aber wenn es alles andere als banal wäre, wäre er ein sehr talentierter Schriftsteller, und das wollte ich nicht aus ihm machen. Nein, er würde ihr einen gewöhnlichen Liebesbrief schreiben, und sie, eine gewöhnliche Frau, wäre davon gerührt, und während die Distanz ihre Erröten verbarg, würde sie schreiben, dass sie jung und dumm gewesen sei, aber jetzt weise sei und gerne auf ihn warten würde. Und während vier Jahren würden sie langsam, Buchstabe für Buchstabe, aus dem Zauber der fernen Dinge eine Illusion voneinander erschaffen. Er würde ihr Märchenprinz werden, und sie würde für ihn ein Geschöpf von unendlichem Duft sein. Und wenn sie sich dann wiedersahen, fand sie sich in den Armen eines prosaischen Anglo-Inders mit schütterem Haar wieder, und er stellte fest, dass aus dem Mädchen eine Frau geworden war und ihre hübschen Züge während der Jahre des Wartens bockig geworden waren.

Und am nächsten Morgen müsste ich entscheiden, ob sie heiraten sollten oder nicht. Wahrscheinlich würden sie heiraten, weil ihnen der Mut fehlt, der sich im Spiegel betrachtet und sagt: „Du hast versagt, mein Freund." Ja, es wäre richtiger, sie heiraten zu lassen, und vielleicht könnte sie mit ihren Kindern glücklich werden, während er Freude an der Gesellschaft einer anderen Frau fände. Aber auf jeden Fall wäre ein Traum vergangen, und das wäre das Ziel meiner Geschichte: einfach zu erzählen, wie sich alles ändert, alles vergeht. Es ist keine neue Philosophie und keine, die Heraklit einfiel, aber dennoch wahr.

Und als ich zu dem Paar in der Ecke hinüberschaute, dachte ich mit echtem Mitgefühl an ihr trauriges Schicksal. Sie machten sich gerade zum Aufbruch bereit; der Kellner hatte die Rechnung ordentlich gefaltet auf einem Teller gebracht; das Mädchen hatte sich einem großen Foto der königlichen Familie zugewandt und versuchte, ihr Haar aus dem verschwommenen Spiegelbild herauszuholen.

Sie lächelte und war glücklich, ohne zu wissen, welches Unheil sie erwartete. Innerhalb von fünf Minuten wäre sie unbeholfen umarmt worden, hätte ihrem Geliebten versichert, dass „er alles verdorben hatte", und der Vorhang wäre über dem ersten Akt der Tragödie gefallen. Konnte nichts getan werden, um sie zu retten? Es war grausam – so jung, so frisch und mit so kurzer Frühlingszeit.

Ich gab mich diesem sanften, sentimentalen Träumen hin, denn ein Geschichtenerzähler läuft immer Gefahr, seine eigene Realität mit der der Welt zu verwechseln und alles, was ihm und seinen Freunden widerfährt, als Kapitelüberschriften in einem Roman zu betrachten. Ich gab meiner Lieblingsschwäche gerade so sehr nach, als ich plötzlich zum ersten Mal in meinem Leben Zeuge eines wirklich dramatischen Ereignisses wurde.

Das Mädchen hatte sich umgedreht, um ihr Haar im verschwommenen Widerschein der Glasscheibe zu ordnen, die die königliche Familie vor Staub schützte, und um sich ein wenig Puder vom Kinn zu wischen, hatte sie ihr Taschentuch aus ihrer Tasche genommen. Die Tasche lag offen auf dem Tisch, die Öffnung zeigte auf ihren Begleiter, und zu meinem Erstaunen sah ich, wie sich der Mann nach vorne beugte, sich im Zimmer umsah, ob jemand zusah, und dann schnell ein paar Pfundnoten aus der Tasche nahm; diese legte er auf den Teller unter die Rechnung, fügte noch eine eigene Note hinzu und lenkte die Aufmerksamkeit des Kellners auf den Teller. Dann, eine Minute später, kam der Teller zurück; der Kellner erhielt ein großzügiges Trinkgeld, im Gegenzug half er seinen Gästen in die Mäntel und verbeugte sich mit ihnen aus dem Restaurant; all das beobachtete ich benommen, wenn auch fasziniert, erstaunt. Ich hätte wohl von meinem Platz aufstehen und das Mädchen auf den Diebstahl aufmerksam machen sollen, aber es ist schwer für jemanden, der sich die Rolle des Zuschauers ausgesucht hat, sich zu gewalttätigen und plötzlichen Aktionen zu entschließen. Außerdem habe ich gelernt, dass Einmischung immer unklug ist und dass ich nicht erwarten kann, dass andere sich um ihre eigenen Angelegenheiten kümmern, bis ich mich um meine kümmere. Wie dem auch sei, was auch immer das Richtige war, ich tat das, was für mich unter solchen Umständen natürlich war: Ich blieb, wo ich war, und verlor mich nach fünf Minuten in vagen und wehmütigen Spekulationen.

Die Gründe für die Verlegenheit des Mannes waren nun klar; den ganzen Abend hatte er auf eine Gelegenheit gewartet, das Geld seines Begleiters zu stehlen – so viel war klar. Und wenn man bedenkt, dass ich mir eine halbe Stunde lang eine absurde Geschichte im Stile Turgenjews ausgedacht hatte, über einen indischen Beamten und „das Mädchen, das er zurückließ"! Ungeduldig verlangte ich meine Rechnung, gab dem Kellner ein Trinkgeld und ging hinaus in die Dean Street.

Die kühle Luft tat mir gut und gab mir mein Selbstvertrauen zurück. Es war ein Fehler, sagte ich mir, den jeder hätte machen können. Außerhalb der Börse und der Polizeiberichte rechnen wir nicht damit, Dieben zu begegnen. Und ich hatte mir eine ziemlich gute Geschichte ausgedacht – vielleicht ein wenig Turgenjew nachgeahmt, aber jede Kurzgeschichte, die geschrieben wird, hat entweder Turgenjew, de Maupassant oder Tschechow etwas zu verdanken. Und außerdem hatte ich das Material für eine weitere wirklich erstklassige Erzählung. Ich konnte es so deutlich sehen: das junge Mädchen, das fröhlich vor sich hin plapperte, und der Mann, der sich immer mehr Sorgen machte. „Wird sie sich nie die Nase pudern?", fragte er sich und versucht, seine Besorgnis hinter einer Reihe amüsanter Anekdoten zu verbergen. Und zweifellos könnte ich sie dazu bringen, über das moderne Mädchen zu reden, und sie würde sagen, dass sie das Mädchen hasst, das pudert und schminkt; und er wird ihr Recht geben müssen, da sie ja ihren eigenen Teint hat, obwohl er zum ersten Mal in seinem Leben die frische Blüte ihrer Wangen hasst und betet, sie wäre ein anderes Mädchen – eine wunderbare Situation. Und dann, wenn alles verloren scheint, könnte ich sie dazu bringen, sich nach vorne zu beugen, damit sie die Blumen auf dem Tisch riecht, und ein gelber Blütenstaubfleck würde sich an ihrem Kinn festsetzen, worauf er natürlich ihre Aufmerksamkeit lenken würde.

„Ist das wirklich so?", sagte sie, öffnete ihre Tasche, holte ihr Taschentuch heraus, drehte sich zu dem Foto daneben um und gab ihm seine Chance.

Bis zu diesem Punkt wäre es ganz einfach. Aber darüber hinaus wäre viel Nachdenken erforderlich. Ein so gutes Motiv darf nicht ungenutzt verstreichen, und auf der ganzen Charing Cross Road dachte ich über den Vorfall nach.

Vor fünfzehn Jahren hätte ich ihn zu einem Agenten im Mädchenhandel machen können. Das war damals ein beliebtes Thema; jedes junge Mädchen, das nach London kam, sah sich in Paddington besorgt nach der freundlichen alten Dame um, die sie fragen würde, ob sie neu in dieser Gegend sei. Ja, vor fünfzehn Jahren wäre das eine bewegende Geschichte gewesen. Doch in den letzten fünfzehn Jahren wurde Villiers Street mit billigen Beschreibungen von „Warum Mädchen auf die schiefe Bahn geraten" behangen; und der Bischof von London hat sehr viele Vorworte geschrieben und sehr viele Predigten gehalten. Der Mädchenhandel ist ein *altes Spiel* . Und doch hatte das Verführungsmotiv etwas *an* sich. „Ja, sicherlich", sagte ich mir, als ich an der Schranke in Victoria meine Dauerkarte vorzeigte und den Bahnsteig entlangging, um einen Eckplatz zu suchen; vielleicht ließ sich etwas daraus machen: und als wir Selhurst erreichten, begann sich in meinem Kopf eine Geschichte zu formen.

Sie war für einen Tag aus der Provinz hergekommen und hatte eine alte Freundin getroffen, die sie zum Abendessen eingeladen hatte. Sie hatte vorgehabt, den letzten Zug nach Hause zu nehmen. Der Mann ist von ihrer Schönheit hingerissen und überlegt, wie er sie am besten besitzen kann. Sollte er ihr Geld stehlen, wird sie sich keine Fahrkarte zurück kaufen können.

Das Bild wurde vor meinen Augen größer. Ich sah sie am Fahrkartenschalter. Ich sah sie in ihrer Tasche herumkramen, jede Tasche durchsuchen und sich dann mit verzweifeltem Blick zu ihm umdrehen.

„Ich habe das Geld verloren."

„Oh nein, sicher nicht", sagte er dann. „Es muss in einer Ihrer Taschen sein. Schauen Sie noch einmal nach."

Und sie würde noch einmal lange und sorgfältig suchen, aber natürlich genauso vergeblich. Und sie würde sich mit tränenerfüllten Augen zu ihm umdrehen.

„Aber was soll ich tun? Ich kann nicht nach Hause kommen. Ich habe kein Geld, um eine Fahrkarte zu kaufen."

Und in ihrer Stimme schwang der Vorschlag mit, er solle ihr etwas leihen, und natürlich sagte er, er habe keines dabei, aber wenn sie mit zu seiner Wohnung käme... Und sie bedankte sich überschwänglich, und sie sprangen in ein Taxi. Doch als sie bei der Wohnung ankamen, die am oberen Ende einer vierten Treppe lag und die Wohnung darunter leer stand, stellte er fest, dass er doch kein Geld hatte, der Portier weg war und es niemanden gab, von dem er sich welches leihen konnte. Sie sank auf das Sofa, die Hände vor den

Knien verschränkt, während er hinter ihr stand und sich fragte, an welchem Punkt genau -

Doch in diesem Moment hielt der Zug in East Croydon, wo ich umsteigen und zwanzig Minuten auf den Anschlusszug warten musste. Während ich auf dem Bahnsteig auf und ab stapfte, um mich warm zu halten, überkam mich plötzlich eine Unzufriedenheit mit meiner Geschichte. Was machte es schon aus, was er als Nächstes sagte oder an welcher Stelle genau er ... denn was auch immer er oder sie tat, die Geschichte, wie ich sie erzählen wollte, konnte nur auf eine Weise enden – mit einer Reihe von Punkten und einem kurzen Schlussabsatz: „Am nächsten Morgen erwachte sie in einem fremden Zimmer, ihr dunkles Haar über das Kissen verstreut ...“ Und wie oft wurde das schon gemacht. In wie vielen Romanen war dieses dunkle Haar nicht über das Kissen verstreut? Es war theatralisch, vulgär, die Art von Handlung, die einem einfällt, wenn man nach einem schweren Mittagessen und einer halben Flasche Pommard im Raucherzimmer seines Clubs sitzt , und ich ging in einem Zustand kalter und jämmerlicher Selbstverachtung auf dem Bahnsteig des Bahnhofs East Croydon auf und ab.

Aber Wärme belebt uns, und als ich wieder auf dem Ecksitz eines Rauchers saß, an dessen Fenster die Wärme in langen, strähnigen Rinnsalen herablief, begann ich zu denken, dass, obwohl ich das Motiv der Verführung auslöschen musste, doch etwas an der Vorstellung der verlorenen Rückfahrkarte und des letzten Zuges nach Anerley dran sein könnte. Nehmen wir nun an, der junge Mann hatte seine schöne Gefährtin lange Zeit erfolglos bedrängt und nach der Ablehnung seines dritten Antrags beschlossen, dass er nie die Hand seiner Geliebten gewinnen würde, wenn es ihm nicht gelänge, ihre Ehre unschuldig zu kompromittieren?

Ja, das könnte klappen. Er würde ihr im Restaurant Geld stehlen; sie würden zum Ticketschalter gehen, wo sich die Szene abspielen würde, die ich bereits beschrieben habe. Dann würden sie in die Wohnung zurückkehren und feststellen, dass der Portier nicht da war und dass er schließlich vergessen hatte, den Scheck einzulösen, den er am Morgen ausgestellt hatte.

„Aber was soll ich tun?“, sagte sie.

Und mit gut gespielter Verwirrung murmelte er etwas davon, dass er nichts gegen eine „Erpressung“ auf dem Sofa hätte und dass, wenn sie ihm sein Zimmer nehmen würde …

„Oh, aber ich könnte nicht! Wie könnte ich? Was würde Mutter sagen?“

Nur eine kleine Berührung, die dem Leser sofort die Mutter vor Augen führt – eine mollige, schwere Frau mit einem kleinen, unbefriedigenden Ehemann. Eine Frau mit starken Leidenschaften, die sich auf die strikte Einhaltung der Schicklichkeiten konzentriert haben.

„Aber was soll man sonst tun?", rief der junge Mann und stammelte etwas davon, ihr seinen Schlüssel zu geben. Und schließlich willigte sie ein, die Nacht dort zu verbringen, und am nächsten Morgen kamen sie zusammen mit der Milch in Anerley an und wurden von der Mutter im vorderen Salon empfangen, einem kalten, melancholischen Raum, in dem das Feuer düster rauchte. Sie empfing sie mit den Händen in den Hüften, sagte nur ein Wort: „Nun!" und hörte dann zu, während der junge Mann seine Erklärungen stammelte. Natürlich glaubte sie ihm nicht: Er hatte das nie von ihr erwartet und wäre schrecklich enttäuscht gewesen, wenn sie es getan hätte. Er hörte sich ihre Drohungen und Tiraden an und richtete sich dann im richtigen Moment zu seiner vollen Größe auf.

„Madam", sagte er dann, „Ihre Anschuldigungen sind unwahr. Die Tür des Zimmers, in dem Ihre Tochter schlief, war die ganze Nacht verschlossen. Ich habe auf dem Sofa geschlafen. Aber um meine Ehre zu beweisen und ihre zu verteidigen, bin ich bereit – und werde stolz sein –, Ihre Tochter zu heiraten."

Ein Lächeln breitete sich langsam auf dem Gesicht der Mutter aus. Die Ehre war gerettet, ihre Tochter war los; und schließlich verliebte sich die Tochter, gerührt von seiner Ritterlichkeit, vielleicht sogar in ihren fahrenden Ritter.

Ich dachte über diese Lösung nach, während ich den drei Kilometer langen Fußmarsch von Hassocks Station machte. Sie war originell. Ich hatte noch nie zuvor gesehen, dass so etwas gemacht wurde. In der modernen Literatur kommt eine solche Situation häufig vor. Aber der Fehler ist normalerweise echt, und diese Szene in dem düsteren Salon ist der Auftakt zu langen Jahren des Eheelends. Gelegentlich wird die Affäre von dem Mädchen arrangiert, wenn sie der mangelnden Unternehmungslust ihres Liebhabers vertrauen kann. Denn ein Mädchen ist mehr an der Heirat interessiert als ein Mann und schlägt sie indirekter vor, als die Bewunderer des starken Mannes uns glauben machen wollen. Aber dass ein Mann ein solches Abenteuer plant – das wäre in der Tat neu. Und ich ging zufrieden schlafen, in dem Glauben, dass der nächste Tag angenehm mit angenehmer Arbeit vergehen würde.

Es gibt jedoch ein heute wenig gelesenes Gedicht einer Dichterin, das folgende Zeilen enthält:

„Bei Kerzenlicht betrachtet
sehen die Farben am Tag anders aus."

und als am nächsten Morgen die Sonne durch mein Schlafzimmerfenster schien, kam mir mein Plan weniger originell vor, als ich ihn mir am Abend zuvor vorgestellt hatte. Was war es denn anderes als eine Einbildung? Es sagte „schwarz" zu jemand anderem „weiß"; es drehte einen alten Mantel um, und obwohl es zweifellos eine Überraschung wäre, wenn ich mit meinem

Mantel umgedreht durch das Dorf ginge, wäre es keine besonders originelle Aktion, und es wäre derselbe Mantel.

So schreibt man keine gute Geschichte – eine alte Situation an eine neue anzuhängen. Ich müsste mir irgendwie ein anderes Ende einfallen lassen; es hatte keinen Sinn, jetzt schon mit dem Schreiben anzufangen. Mangels anderer Beschäftigungen ging ich hinaus und begann, den Garten zu jäten. Aber obwohl ich die Blumenbeete vor dem Haus jätete und mich tapfer mit einer Hacke zwischen den Kohlköpfen abmühte, war mir bis zur Mittagszeit keine Idee gekommen. Und obwohl ich den ganzen Nachmittag vor einem Puzzle verbrachte, der erholsamsten aller Beschäftigungen, war mein Kopf zur Teezeit leer, und in diesem Zustand blieb er, bis ein Freund, dem ich den Vorfall erzählt hatte, eine höchst treffende Bemerkung machte:

„Wenn das Mädchen ihr Gesicht auf dem Foto sehen konnte, warum hat sie dann nicht gesehen, wie der junge Mann ihr das Geld aus der Handtasche nahm?"

Ich saß da und schwieg erstaunt. Warum war mir das nicht schon früher eingefallen?

„Ja", sagte ich, „aber wenn sie es gesehen hat, warum hat sie dann nichts gesagt?"

„Das musst du selbst herausfinden."

Und in den nächsten drei Tagen suchte ich in meinem Kopf nach Gründen für ihr Schweigen.

Endlich begann ich, die ersten Ansätze einer Geschichte zu erkennen, der fünften, die ich mir über dieses romantische Paar ausgedacht hatte. Und das ist, was ich sah: Ein schüchterner junger Mann aus der Provinz kommt nach London, um ihn einigen reichen Freunden vorzustellen. Er findet eine Tochter sehr schön und glaubt, dass er sich in Kürze in sie verlieben könnte. Und er schlägt sehr schüchtern vor, dass es nett wäre, wenn sie ihm „die Sehenswürdigkeiten" zeigen würde, denn er möchte London sehen und hat dort keine anderen Freunde. Und da diese reichen Leute fortschrittliche Ansichten haben oder vielleicht weil es der Tochter gelungen ist, ihren Eltern ihre Ansichten aufzudrängen, wird sein Vorschlag angenommen; das Ergebnis ist ein Mittagessen im Criterion, ein Theaterbesuch und danach Tee. Da sie sich anscheinend ziemlich gut miteinander verstehen, schlägt er eine Dinnerparty vor. Er möchte Soho sehen.

„Oh, aber ich muss zurückgehen und zuerst Mutter fragen", sagt sie.

"Wirklich?"

„Natürlich. Es ist sehr nett von ihr, dass sie mich überhaupt rauslässt. Ich muss zurückgehen und sie fragen."

Und er bewundert dieses Pflichtgefühl, das wahrscheinlich nur ein Vorwand ist, um das Kleid zu wechseln. Und so kehrt sie nach Hause zurück, um ihrer Mutter zu erzählen, wie gut alles läuft, während er in das kleine Restaurant in Soho geht, um einen Tisch zu reservieren; und dann, während er auf sie wartet, macht er eine schreckliche Entdeckung. Er hat nur noch ein Pfund übrig; was soll er tun? Er nimmt die Speisekarte zur Hand und sieht, dass es ihm unmöglich sein wird, für weniger als dreißig Schilling so zu speisen, wie er es sich wünscht. Er ist ein Fremder; das Restaurant wird ihm keinen Kredit geben. Es gibt niemanden, bei dem er um Geld bitten kann; er kann das Mädchen nicht an ihrem ersten gemeinsamen Tag bitten, ihm Geld zu leihen. Und so schwebt während des gesamten Abendessens die Drohung dieses gefalteten Stücks Papier über seinem Kopf. Was wird mit ihm geschehen? Er erinnert sich, wie er einmal in Manchester gesehen hat, wie der Besitzer einen mittellosen Kunden kopfüber auf die Straße warf. Das könnten sie ihm kaum antun. Er wäre zu groß, aber in den Augen des Mädchens würde er eine Schande sein. Er hat nicht die Präsenz, um eine solche Szene mit Ehre durchzuziehen. Er wird stammeln und murmeln und versuchen, es zu erklären und dabei dumm dastehen; wahrscheinlich wird er am Ende seine Uhr als Kaution zurücklassen, während das Mädchen beschämt und verächtlich neben ihm stehen wird.

Er versucht, das Essen so lange wie möglich auszudehnen. Es gibt Kaffee, zwei Liköre und unendlich viele Zigaretten. Doch dann kommt der Moment, in dem sie beginnt, ihre Handschuhe zuzuknöpfen und ihre Sachen zusammenzupacken.

„Ich muss jetzt wirklich gehen", sagt sie, „und es war so ein schöner Abend. Vielen Dank."

Und er blickt voller Kummer auf das Stück Papier. Dann, gerade als er dem Kellner ein Zeichen geben und um ein Gespräch mit der Kundin bitten will, kommt die Versuchung: Ihre Tasche liegt offen vor ihm; sie schaut in die andere Richtung. Er sieht Geld. Das ist der Ausweg; vielleicht merkt sie nicht, dass sie es verloren hat. Sie ist reich. Jedenfalls muss er das Risiko eingehen. Und während sie ihr Haar im Spiegel zurechtrückt, sieht sie, wie er ihr Geld nimmt.

Sie ist schockiert, furchtbar schockiert, aber ihr Schweigen ist leicht zu verstehen; ihre Neugier ist geweckt, sie interessiert sich für den jungen Mann und ahnt, dass sie eines Tages vielleicht mehr als nur Interesse für ihn empfinden wird. Geld spielt für sie keine große Rolle.

Ja, ich konnte mir die Szene deutlich genug vorstellen; sie würde mir hervorragende Gelegenheiten für dramatische Dialoge bieten; das wachsende Unbehagen des Mannes, während das Mädchen es allmählich zu schätzen lernt und sich über die Ursache wundert, vielleicht die Hoffnung, dass dies der Beginn der Liebe ist. Eine gute Szene, aber es wäre unmöglich, mit einem solchen Setting und einer solchen Episode keine gute Szene zu schreiben. Aber schon als ich sie sah, wusste ich, dass sie nichts taugen würde. Zu welchem Höhepunkt würde sie führen: zu nichts als dem alten *Klischee* : „Ich wusste es die ganze Zeit." Es würde natürlich als Überraschung erhalten bleiben; der Leser würde nicht erfahren, dass das Mädchen den Diebstahl im Spiegel gesehen hatte. Die Geschichte würde den Verlauf ihrer Brautwerbung beschreiben; die Gewissenserforschung des jungen Mannes. „Wenn ich es ihr sage, wird sie mich dann verachten?" Wie die Maschinerie knarren würde, wie oft es schon zuvor getan wurde; und schließlich wäre die Bühne für das Geständnis bereit.

„Ich muss dir etwas Schreckliches erzählen, Liebling."

Er platzte damit heraus und verbarg dann vor Scham sein Gesicht in ihrem Schoß, und sie streichelte sanft sein Haar und lächelte.

„Du dumme alte Dame", sagte sie dann. „Ich wusste es die ganze Zeit!"

Wie abgedroschen, wie banal wäre das! Und die Tatsache, dass es sehr wahrscheinlich wahr sein könnte, würde es in keiner Weise entschädigen. Wir sind im Leben genauso Plagiatoren wie in Büchern, und es gibt bestimmte Motive, die heute in einer Geschichte nicht mehr vorkommen, obwohl sie im Leben vorkommen. Sie wurden zu oft verwendet. Wie ermüdend sind wir, wenn wir in einem Roman über Ehestreitigkeiten entdecken, dass die Frau bald Mutter wird und der Held deshalb nicht mit seiner Sekretärin durchbrennen kann.

Zweifellos kommt das häufig vor; eine bevorstehende Mutterschaft vereitelt eine bevorstehende Hochzeitsreise. Der Herbst verwüstet den Frühling. Aber kein Romanautor mit Selbstachtung würde sich von „dem kleinen Fremden" aus einer schwierigen Lage befreien lassen. Und ebenso würde kein Romanautor mit Selbstachtung zulassen, dass seine Tochter „es schon immer wusste". Es ist ein Motiv, das zu seiner Zeit seinen Zweck gut genug erfüllt hat, aber wenn eine Münze durch viele Hände gegangen ist, sind die Zeichen und Zahlen darauf abgenutzt; sie ist wertlos und wird an die Münzanstalt zurückgegeben; das ist der richtige Platz für „den kleinen Fremden" und „Ich wusste es schon immer".

Und jetzt, nachdem ich mich an fünf verschiedenen Geschichten versucht habe, die alle unbefriedigend waren, weiß ich, dass es meine Pflicht ist, einen Schluss zu liefern, der unerwartet ist und meine bisherigen Vermutungen lächerlich macht. Ich weiß, dass ich zu einem späteren Zeitpunkt im Restaurant den Helden oder die Heldin oder beide zusammen treffen und von ihnen die wahre Geschichte erfahren sollte; der letzte Absatz sollte – ich weiß es – eine Pointe enthalten; aber genau das kann ich nicht liefern, denn ich kenne das wahre Ende der Geschichte nicht und konnte mir keins ausdenken. Unbefriedigend vielleicht, aber dennoch faszinierend. In einer Welt, in der so vieles durch die unantastbaren Gesetze der Mathematik geordnet ist, ist es angenehm, etwas wirklich Unvollständiges zu finden. Zum ersten Mal in meinem Leben war ich Zeuge einer dramatischen Episode, einer Sache, die man in tausend Jahren nicht wieder erleben würde. Es war ein Fragment im Leben zweier Menschen, und es muss ein Fragment bleiben, ein verwirrendes, faszinierendes Fragment. Und im Großen und Ganzen bin ich froh, dass es so ist. Solch einen Moment werde ich nie wieder erleben. Wenn die Stimme des Vortragenden zu verklingen beginnt, wenn die Sonne auf den Hügel bei Lord's brennt und das Cricket langsamer wird: Immer wenn sich der Geist von seiner Umgebung löst, werde ich in meiner Vorstellung zu jenem Abend im Restaurant zurückkehren. Es wird ein Schatz für alle Zeiten sein, ein Buch, das ich ohne Ermüdung für immer lesen werde. Vielleicht werde ich eines Tages auf die Bedeutung dahinter kommen; aber ich hoffe nicht. Ich ziehe es vor, es als Rätsel zu behalten, meine Augen zu schließen und die wachsende Verlegenheit eines jungen Mannes zu beobachten, der einen unnatürlichen Diebstahl plant, ein junges Mädchen in der Tür eines Restaurants stehen zu sehen, eine Pelzmütze fest auf dem Kopf, eine behandschuhte Hand um den Hals gelegt.

Zwölftes Kapitel

Gewisse Motive, sagte ich, werden nach einer Weile ausgeschrieben und müssen wie Münzen zur Erneuerung an die Münzanstalt geschickt werden. Und so auch eine bestimmte Technik, bestimmte Erzählweisen, der Chronikroman zum Beispiel. 1911 erzählte jeder die Geschichte des Übergangs einer Generation von der Jugend zum mittleren Alter; es war das modische Medium der Sozialsatire geworden; es schien der vorgesehene Kanal für den Hauptstrom der Erzählungen des frühen 20. Jahrhunderts zu sein. Aber ihr Weg ist bereits durch einen Damm blockiert, den Damm der Jahre 1914-1918.

Der Leser eines Romans, vermute ich, kennt keine größere Ermüdung, kein tieferes Gefühl von Unbehagen als das, das ihn auf Seite 173 befällt, dass die Handlung ihn im Begriff ist, im Jahr 1913 landen zu lassen. Er verliert sofort das Interesse. Was macht es schon, fragt er sich, ob Jane sich mit diesem Schurken Harry verlobt oder Arthur mit der intriganten Marjorie durchbrennt? Der August 1914 naht, und aus welcher Klemme sie sich bis dahin auch immer bringen mögen, der Autor wird sie ohne Schwierigkeiten befreien können. Der Leser hat das Gefühl, getäuscht worden zu sein. Er kann mit dem *deus ex machinâ nichts anfangen*. Er fühlt sich wie der kleine Junge, der angewidert die *Ilias* durchs Zimmer schleuderte und ausrief: „Verdammt! Sie haben nie einen fairen Kampf gehabt. Es gab immer einen Gott auf der einen oder anderen Seite."

Der Krieg ist in einem gewöhnlichen Roman eine Wirkung ohne Ursache. Es steht außer Frage, dass viele Familien durch die „große Unterbrechung" völlig auf den Kopf gestellt wurden. Es besteht kein Zweifel, dass viele Schwierigkeiten durch diese himmlische Intervention beseitigt wurden, während viele einfache Situationen unendlich kompliziert wurden. Überall auf der Welt gab es Wirkungen ohne Ursache, aber im Roman, der im Wesentlichen künstlich ist, etwas, das man mit seinen eigenen Händen macht, kann es keine Wirkung ohne Ursache geben. Und der gewissenhafte Romanautor blickt voller Bestürzung auf diesen Riss im Gewebe des Lebens. Er kann seine Geschichte natürlich früher beginnen; aber ein Chronikroman, der im Jahr 1910 endet, kann keinen wirklichen Abschluss haben. Der Leser weiß, dass in vier Jahren das glückliche Zuhause, für das der Vorhang so zärtlich gefallen ist, im Chaos versinken wird und dass der Held sich erneut auf die Reise machen muss. Er kann seine Reise kaum im Dezember 1918 mit dem Bild eines jungen Mannes beginnen, der in einem grauen Tweedanzug aus dem Laden seines Schneiders kommt. Mit einem Chronikroman kann man in fünf Jahren kaum anfangen. Und ebenso schwer ist es für einen Schriftsteller, den Krieg gelassen hinzunehmen. Es gab ein oder zwei Versuche, aber mit Ausnahme der „Forsyte-Saga" waren sie alle

Fehlschläge. Für diese Art von Roman braucht man auf beiden Seiten zehn freie Jahre.

Oder vielleicht ist die treibende Kraft der Bewegung bereits erschöpft; vielleicht ist dem Leser durch die Wiederholung das Schicksal des schüchternen, sensiblen jungen Mannes gleichgültig geworden, der sich in eine Ecke zurückzog und Keats las, während seine Gefährten Fußball spielten, und dem einer der Lehrer eine so bedeutungsvolle Prophezeiung verkündete wie: „Du bist nicht für den Mittelweg. Du wirst aufsteigen oder untergehen. Die Sterne sind für dich oder die Tiefen." Und es gab sicherlich eine merkwürdige Ähnlichkeit zwischen den frühen Liebesabenteuern dieses jungen Mannes; der Lüstling mit dem Herz aus Gold; das reine Mädchen und die unglückliche Ehe; der großartige Heroismus der Untreue. Es schien 1912 sehr gewagt und originell, einen Roman mit einer Scheidung statt mit einer Heirat zu beenden. Aber war ein solches Ende schlüssiger als die viktorianischen Hochzeitsglocken? Im viktorianischen Roman verlobt sich der junge Mann mit dem falschen Mädchen, trifft aber rechtzeitig das richtige Mädchen, um sie zu heiraten. Im georgianischen Roman geht der Heirat mit dem richtigen Mädchen keine geplatzte Verlobung, sondern eine Scheidung voraus.

Moden vergehen heutzutage schnell, es gibt so viele Romane und so viele Romanautoren. Ein Mann ruft eine Bewegung ins Leben, eine ganze Reihe weniger bedeutender Autoren folgen ihm und präjudizieren ihn mit ihren Nachahmungen. Diese romantische Bewegung von Michael Sadleir: Ich gebe ihr höchstens zehn Jahre. „Desolate Splendour" ist ein gutes Buch, aber es ist unweigerlich der Vorläufer einer wahren Kavalkade melodramatischer Barone und pornografischer Herzoginnen. Als Leser eines Verlags schaudert es mich, wenn ich daran denke, was ich in den nächsten Sommern zu essen bekommen werde.

Wir haben zu viele Bücher: das ist das ganze Problem. Und ich beschwere mich nicht aus kommerzieller Sicht. Ich sage nicht, dass das Angebot größer ist als die Nachfrage. Das ist es nicht. Die Zahl der Romanautoren hat zugenommen, aber auch die Zahl der Leser. Kommerziell gesehen haben Schriftsteller heutzutage ziemlich viel Spaß. Die großen Männer, Wells, Galsworthy und Bennett, müssen mit dem Schreiben mehr Geld verdient haben als Dickens und Thackeray jemals: und für uns andere ist das Leben materiell einfacher, als es wahrscheinlich für unsere Brüder in den 1820er Jahren war. Jedenfalls kenne ich keinen anderen Beruf, in dem sich ein 25-jähriger Mann leisten kann, drei ganze Tage einer Arbeitswoche Cricket zu spielen. Ich beschwere mich nicht aus kommerzieller Sicht. Was ich sagen möchte, ist Folgendes: Es ist heute für einen Schriftsteller schwieriger als je zuvor, gute Arbeit zu leisten.

Das Tempo ist zu hoch für eine Sache. Ein Roman pro Jahr. „Sie müssen Ihren Namen beim Publikum behalten." Das ist es, was Agenten und Verleger dem Autor ständig einbläuen, und natürlich stimmt es. Das ist die kommerzielle Linie. Frühlings- und Herbstmode. Und nur wenige können sich halten. Ein Roman pro Jahr wäre für einen Mann mit der überschäumenden Vitalität eines Dickens oder Balzac keine Härte; aber davon gibt es nicht viele. Flaubert sagte in fünf Romanen und einigen Kurzgeschichten alles, was er zu sagen hatte. Fielding, Smollett, Sterne und Richardson zusammen erreichen kaum mehr als zweistellige Zahlen. Maupassant hatte sich mit 43 Jahren selbst geschrieben.

Und da es so viele Romanautoren gibt , wird von jedem erwartet, dass er ein bestimmtes Gebiet bearbeitet. Sein Name auf einem Buch ist wie das Etikett auf einer Weinflasche. „Ach ja", sagt der Bibliotheksabonnent, „Compton Mackenzie, eine Geschichte voller Klang und Farbe; ein wenig frech: viele verführerische Damen; ein glatter, kunstvoller, sentimentaler Stil." Sollte er stattdessen eine graue, politische Studie über die Auswirkungen des Gewerkschaftswesens auf den kommerziellen Wohlstand des Tynemouth entdecken, wäre er ebenso enttäuscht und würde sich als ebenso misshandelt betrachten wie Professor Saintsbury, wenn sich das Chateau Margaux, das er seinen Gästen anbot, als Clos de Vougeot entpuppte. Ein bewundernswerter Burgunder, aber er hatte Bordeaux bestellt. Der Romanautor wird nicht ermutigt, Experimente zu machen. Er wird gebeten, ein Buch auf unbestimmte Zeit umzuschreiben, bis der Stoff verwässert ist und ein neuer Unterhaltungskünstler aufgetaucht ist.

Und es sind so viele Romane erschienen. Jede naheliegende Situation wurde genutzt. Die einfachen Themen Liebe, Eifersucht und Elternschaft wurden so ausgereizt, dass es kaum noch etwas Neues zu sagen gibt. Das weite Feld wurde so oft gepflügt. Es gibt nur ein paar dunkle Flecken an der Hecke, im Schatten der Bäume, wo es wenig Sonnenlicht gibt und die Pflanzen schwach, krumm und anders als ihre Artgenossen wachsen, feuchte Orte, auf die sich die Wenigen spezialisieren können. „Wenigstens das hier", sagen sie, „können wir uns zu eigen machen."

Ulysses vorbringen mag, niemand kann leugnen, dass es von James Joyce stammt. Ein erstaunliches Werk. Ein Buch ohne Grammatik und ohne Kohärenz; wie ein Boot, das mitten im Ozean von einem Flugzeug gestartet wird, ohne Ruder, ohne Steuer und ohne Segel. Manchmal sehe ich *Ulysses* als literarische Thermopylen, als verzweifelten Widerstand gegen unüberwindliche Hindernisse. „Ich werde das Leben niederschreiben", sagte er, „so wie es ist. Ich werde nichts auslassen. Alles, was mir durch den Kopf geht, soll festgehalten werden. Indem ich alles niederschreibe, werde ich Proportionen erreichen." *Ulysses* ist vielleicht der großartigste Misserfolg der Literatur. Aber es ist ein Misserfolg. Und wenn ich ekstatisches Lob dafür höre, erinnere ich mich an die etwa fünf Wochen, in denen ich Sklave der Puzzles war. Sechs Stunden am Tag arbeitete ich daran. Ich sortierte und sortierte lächerliche Stücke aus buntem Holz neu; ich erlangte einen zweiten Blick für die Dimensionen von Rautenformen. Nach und nach, Stück für Stück, tauchte aus den unharmonischen Massen von Details auf dem Tisch ein Schema, ein Muster auf. Was ich für eine Rübe gehalten hatte, entpuppte sich allmählich als Kakadu, und was ich für eine Rote Bete gehalten hatte, wurde zu einem Gesicht. Bis schließlich das letzte Stück zusammengefügt war und vom Tisch aus die Art von Bild zu mir aufblickte, die ich im Kinderzimmer mit Wasserfarben zu malen pflegte: ein junges Mädchen, das einem Kaninchen Salat füttert; ein alter Mann, der vor einem Feuer eine Pfeife stopft; ein Hund, der im Schnee nach seinem Herrchen schreit. Aber ich hatte keine Augen für die Sinnlosigkeit des Dings. Aus dem Chaos hatte ich diese Symmetrie erreicht. „Wunderbar", sagte ich, „einfach wunderbar." Es war das Bild, das ich so ansprach. Aber eigentlich lobte ich mich selbst. Wie wunderbar es von mir war, dieses Ding geschaffen zu haben, empfand ich. Und genauso ist es, wenn wir nach einstündigem Kampf eine Passage aus Joyces Kurzschrift wieder in Sinn und Englisch gebracht haben, wir es nicht übers Herz bringen, den inneren Wert der wiederhergestellten Sache zu bedenken. Wir sind so erfreut über uns selbst, dass wir es geschafft haben. „Wunderbar", sagen wir, „wunderbar", und glauben es auch wirklich.

Ich vermute, dass das Jahr 1922 für den Literaturhistoriker unserer Tage ein Meilenstein sein wird. *Ulysses* ist ein Wegweiser. Es wird kaum noch möglich sein, dass die beiden Schreibstile, die analytische Kurzschrift und die Erzählung, sich vorstellen können, gemeinsam auf der Jagd zu sein. James Joyce hat an der Tafel das Stück Algebra ausgearbeitet, über das seine Schüler so lange rätseln. *Ulysses* ist die Antwort.

„Leben mit einem großen L. " Jede Generation hat ihr eigenes Steckenpferd, das sie zu Tode reitet, und das war unseres und ist es immer noch, denke ich. Wir alle sind auf der Suche, jeder von uns auf seine Weise, nach dieser seltsamen Lebensqualität, die unserer eigenen Existenz fehlt.

Der junge Dichter geht die Stufen des stattlichen Hauses hinunter, in dem er in einem sanft beleuchteten, weich gepolsterten Salon seine Gedichte vorgelesen und mit strahlenden Augen bewundert hat. Er winkt ein Taxi heran, und während er sich in den gepolsterten Sitz zurücklehnt, denkt er über die öde Monotonie seines Daseins nach; ein Tag gleicht dem anderen. Wo ist der Nervenkitzel, das Mysterium des Lebens? Er wird in seine Wohnung zurückkehren. Seine Kleider werden für ihn bereitliegen. Sein Mann wird ihn fragen, ob er gleich baden möchte. Er wird nicken. Er wird sich langsam ausziehen, wird in seinem Bad das Rezensionsbuch zu Ende lesen; er wird sich Zeit nehmen, um sich anzuziehen. Er speist mit Mrs. Spurway. Genau so eine Dinnerparty wie gestern und wie morgen. Lady Mary wird da sein, und er wird Gelegenheit finden müssen, ihr zuzuflüstern, dass er sie genauso verzweifelt liebt wie eh und je, obwohl er nur zu gut weiß, wie schnell seine Leidenschaft abkühlt. Sie ist wie alle anderen. Und durch das Fenster betrachtet er den festen, entschlossenen Rücken des Taxifahrers. Wie er ihn beneidet. So ist das Leben. Er ist nicht an einen Kreis gesellschaftlicher Verpflichtungen gebunden. Er lebt außerhalb der Konventionen. Er ist frei.

Die Gedanken des Taxifahrers sind nicht unähnlich. Auch er sinniert über die Monotonie seines Daseins. Wie sehr sich die Straßen Londons ähneln. Er hat versprochen, Mary Gubbins am Abend ins Kino zu führen, und er erinnert sich, dass er Mary Gubbins langsam überdrüssig wird; sie ist wie alle anderen. Er beneidet die hochgestellten Personen, die er den ganzen Tag lang von einer Festszene zur nächsten trägt. Es ist menschlich, die Lebensbedingungen anderer zu beneiden. Das junge Mädchen, das aus dem Fenster seines Schlafzimmers auf die Straße unten blickt, wird von ihrem Gefühl des Geheimnisvollen und Abenteuerlichen umworben, und der Omnibus-Fahrkartenkontrolleur bleibt auf dem Oberdeck stehen, um wehmütig auf das erleuchtete Fenster zu blicken. Es ist der Hunger nach Erfahrung, nach Abwechslung, nach einem erfüllteren Leben. Wir alle würden gerne hundert Leben leben, in das Herz jedes Mysteriums eintauchen, jede menschliche Emotion von Glück und Leid spüren. Das ist ein natürlicher Instinkt. Aber seine gegenwärtige Manifestation ist unglücklich. Es besteht eine tief verwurzelte Überzeugung, dass das Leben nur dann intensiv ist, wenn es bitter ist, dass Kellnerinnen, Müllmänner und Straßenkehrer tiefer in das menschliche Herz geblickt haben als Bankangestellte, Lehrerinnen und Anwälte, dass das Leben nur dann real ist, wenn es rau ist.

Vor einigen Jahren führte ein gemischter Wermut im Café Royal dazu, dass ich in eine allgemeine Einladung zu einer Studioparty aufgenommen wurde. Ein unbekannter Musiker feierte die heimliche Hochzeit seiner Frau. Es gab großzügige Versprechungen von Gin und Whisky. Alle würden kommen, sagte man mir. Ich hatte an diesem Abend nichts vor. Ich ging hin, auf der Suche nach dem Leben.

Es war eine Überraschung. Wir alle haben unsere Illusion von Böhmen; das heißt, wir alle, die moderne Belletristik studieren und häufig ins Kino gehen. In unserem Hinterkopf haben wir ein lebhaftes Bild von Böhmen, wie wir es uns vorstellen: eine Angelegenheit von Dämmerlicht und Parfüms und Kissen und luftigen Vorhängen. Vielleicht existiert so ein Böhmen irgendwo. Vielleicht, und das sollte es auf jeden Fall. Aber es hatte kein Gegenstück in dieser Studioparty.

Als ich ankam, war die Party schon seit ein paar Stunden im Gange. Die Atmosphäre war stickig. Der Boden war mit Zigarettenstummeln und

Glassplittern bedeckt. In verschiedenen Ecken des Raumes verloren sich halb betrunkene Paare in verliebter Hingabe aus der Welt. Ein ungewaschener, unrasierter Italiener klimperte auf einer Geige. Es wurde ein wenig getanzt. Eine Reihe Amerikaner mit lockerem Kragen unterhielten sich lautstark im Kunstjargon. In einem tiefen Sessel schlief ein Mann mit gebrochener Nase, aufgerissener und geschwollener Stirn und Augenbrauen. Ob er den Anspruch eines Künstlerkollegen auf die Gunst einer Dame bestritten hatte oder ob seine Beine ihrer Aufgabe nicht gewachsen waren und er auf eine zerbrochene Flasche gefallen war, konnte ich nicht herausfinden. Jedenfalls schlief er. Er war ein abscheulicher Anblick; und im Übrigen war die ganze Party ein ziemlich abscheulicher Anblick. Aber ich war beeindruckt. Ich war gerade frei von den Fesseln militärischer Disziplin und Etikette. Das, dachte ich, war das Leben. Hier war eine Gesellschaft, die die Freiheit gewonnen hatte, die sich von allen vorgefassten Meinungen, von jeder aufgezwungenen Tradition des Geschmacks und Verhaltens losgelöst hatte. Es war in der Tat ein ziemlicher Schock für mich, dass der einzige Mann im Raum, der ein Rasiermesser zu besitzen schien, mit trockener Stimme sagte: „Was für eine Show. Sehen Sie sich all diese Idioten an, die so tun, als wären sie Dostojewskies." Natürlich hatte er recht. London ist voll von Leuten, die versuchen, Dostojewski zu sein, und insgeheim den Kummer hegen, keine Epileptiker zu sein. Dostojewski predigte das Evangelium des Leidens, und weil er sein Leben in Armut verbrachte, scheint die moderne Vorstellung zu sein, dass das einzige wirkliche Leiden materielle Entbehrungen sind, dass der Mensch nicht gelebt hat, der nicht verhungert hat. Das ist der neue Snobismus. Früher war jeder darauf erpicht, seine Abstammung von einem Baron nachzuweisen. Heute ist jeder betrübt, wenn in seinem Stammbaum kein Müllmann steht.

So ist James Joyce, denke ich, oder besser gesagt, so ist das, was er schreibt. Und er hätte ein so großer Schriftsteller sein können, wenn er nicht von seinem rücksichtslosen Heldentum in die Irre geführt worden wäre, von seiner Entschlossenheit, das Leben um jeden Preis niederzuschreiben. Aber vielleicht ist *Ulysses* für eine bestimmte Art von Fiktion mehr als nur Journey's End: Vielleicht ist es Journey's End für den Roman als Vehikel der Erzählung; vielleicht ist der Roman zu Ende.

Seit Anbeginn der Zeit wurden der Welt Geschichten erzählt. Aber immer in anderer Form. Es gab das Epos, und das ist verschwunden; die Ballade, und die ist verschwunden; das Drama, und das vergeht; den Roman, und wer weiß, ob der Roman als Medium des Geschichtenerzählens nicht seine Zeit ausgedient hat, ob das zwanzigste Jahrhundert seine Geschichten nicht lieber im Kino erzählen lassen wird und ob der Roman zu einer Waffe der Dialektik, einer glorifizierten Form des Journalismus oder einem bloßen Medium psychologischer Untersuchung wird.

Dreizehnte

Ich bin mir nicht sicher, wie die offizielle intellektuelle Haltung gegenüber den „Filmen" aussieht. Ich bezweifle tatsächlich, dass es überhaupt eine gibt. Die intellektuelle Haltung soll alle Objekte der allgemeinen Begeisterung mit kaltem, richterlichem Blick betrachten, die vielfältigen Sinnlosigkeiten jedes neuen Ausdrucks der unvollkommenen menschlichen Vernunft abwägen und vergleichen und ein endgültiges, unwiderrufliches Urteil fällen. Das ist jedenfalls das, was der verbitterte Autor uns glauben machen möchte. „Ein Zirkel der Intellektuellen", wird er sagen. Und ich nehme an, das ist in Ordnung. Ich nehme an, dass es irgendwo, in irgendeiner Form, tatsächlich intellektuelle Haltung gibt. Ich kann nur sagen, dass ich sie noch nicht erlebt habe. Die Männer und Frauen, die mir als „unglaublich intellektuell" beschrieben wurden, entpuppen sich bei näherer Bekanntschaft zumeist als sehr einfache, gewöhnliche Leute, die sich mehr für Cricket als für russische Politik und mehr für Gerichtsberichte als für beides interessieren. Dies ist vielleicht nur ein weiterer Beweis für Gerissenheit. Doch wie gesagt, ich hege den begründeten Verdacht, dass es sich bei „Intellektualität" um nichts weiter als eine weit verbreitete Vorstellung handelt und dass die Rede von einer „intellektuellen" Haltung ungefähr so sinnvoll ist, wie siebzig Millionen Menschen als Franzosen zu bezeichnen und sie als eine Person zu behandeln.

Aber ob es nun Intellektualismus gibt oder nicht, eine populäre Auffassung ist immer ein nützlicher Aufhänger für ein Kapitel. Als ich am Fuße des Geschichtsunterrichts saß und gezwungen war, viele raffinierte Tricks anzuwenden, um meine Unwissenheit und Faulheit zu verbergen, griff ich häufig auf eine List zurück, die zweifellos zu ihrer Zeit vielen anderen bedrängten Historikern geholfen hat, die ich aber gern für meine eigene Erfindung halten würde. Ich erfand eine verblüffend dogmatische Übertreibung, schrieb sie einem Autor zu, dessen Namen ich sorgfältig geheim hielt, und verdeutlichte das Zitat anschließend mit historischen Illustrationen. Die Antwort auf eine Frage zur preußischen Diplomatie würde beispielsweise folgendermaßen beginnen: „Ein gewisser Essayist des 18. Jahrhunderts, ein Autor, der vielleicht mehr durch die Energie als durch die Genauigkeit seiner Behauptungen auffällt, hat einmal gesagt, um erfolgreich zu sein, müsse man skrupellos sein, und obwohl es glücklicherweise viele Berufe gibt, denen man einen solchen Vorwurf mit Recht nicht machen kann, gibt es doch andere, zu denen zweifellos der von Bismarck gehört ..." usw. usw. Ein solcher Beginn setzte einen gelehrten Ton an, der, so hoffte ich, den Leser zumindest eineinhalb Seiten lang davon abhalten würde, zu entdecken, dass das Essen, das ich ihm vorsetzte, „eine Menge Sack und sehr wenig Brot" enthielt.

Und so komme ich zu meinem Eingangssatz zurück: Obwohl ich nicht weiß, wie die offizielle intellektuelle Haltung gegenüber dem Kino aussieht, würde ich, wenn ich sie für ein Symposium in hundert Worten definieren müsste, ungefähr so schreiben: „Der Intellektuelle gibt vor, das amerikanische Schunddrama zu verachten: Er wendet sich gegen die Verfilmung von Theaterstücken und Romanen. Er sucht in klassischen Aufführungen nach Anachronismen und historischen Schnitzern. Er genießt jedoch die Gymnastik von Douglas Fairbanks, die Slapstickkomödien, Charlie Chaplin und die Pathé Gazette." Und wenn meine Meinung weiter gefragt wäre, würde ich erklären, dass ich dieser Haltung überhaupt nicht zustimme. Ich genieße amerikanisches Schunddrama; ich empfinde im richtigen Moment die richtigen Emotionen. Ich bete, dass das Missverständnis zwischen dem Helden und der Heldin schnell und wirksam ausgeräumt werden möge. Es fällt mir äußerst schwer, mich zurückzuhalten, von meinem Sitz aufzustehen, um dem jungen Esel zu erklären, dass die wohlhabende Person mittleren Alters, mit der er sie in der Oper gesehen hat, in Wirklichkeit ihr Onkel war. In diesen Tagen der unendlichen Komprimierung ist es nicht unangenehm, in 80 Minuten eine Geschichte erzählt zu bekommen, für deren Lektüre man anderthalb Tage brauchen würde, und die insgesamt, wie ich finde, unterhaltsamer ist als ein ganzer Roman. Es gibt keine psychologischen oder soziologischen Zwischenspiele; man kann sich auf die Arbeit konzentrieren. Tatsächlich bin ich, so nehme ich an, bei 99 Prozent der langen Filme, die auf den Markt kommen, die Art von Person, an die der Produzent denkt, wenn er sie produziert. Wie der Theaterkritiker sagt: „Wer so etwas mag, dem gefällt das hier."

Aber ich gestehe, dass mich die kurzen, einzeiligen Filme nicht berühren. Es amüsiert mich nicht, dem Duke of York dabei zuzusehen, wie er in Northampton die Pfadfinder inspiziert, und ich bin auch nicht begierig zu erfahren, wie Sardinen aus dem Atlantik auf den Frühstückstisch gelangen. Filme, die als „interessant" beschrieben werden, langweilen mich. Und ich kann auch nicht glauben, dass Larry Semon ein Komödienkönig ist. Selten hat sich ein zivilisiertes Volk von primitiverem, weniger subtilem Humor unterhalten lassen. Er ist ganz von der Sorte „Zylinder auf dem Stuhl" und endet wie die Harlekinade in einer Verfolgungsjagd.

Es gibt jedoch einen Trick in der Komödie, der mich immer wieder fasziniert: den Trick, Sie durch eine Rückwärtsbewegung des Films und Drehen der Kurbel nach hinten einen alten, verkümmerten Mann sehen zu lassen, der aus dem Stand fünf Meter rückwärts auf eine schmale Mauer springt. Sie sehen, wie ein in Stücke zerbrochener Teller sich wieder zusammensetzt und ganz wird. Sie sehen, wie verschüttete Milch in den Krug zurückfließt. Ein paar Rüpel haben einen Raum in drei Minuten völlig verwüstet; die Kurbel wird gedreht und der Raum wird wieder instand gesetzt. Ein Wunder, sagen

Sie. Denn obwohl Sie ganz genau wissen, dass es sich um einen Trick handelt, können Sie im Moment nicht anders, als es zu glauben. Schließlich geschieht es dort, vor Ihren Augen.

Ich finde es immer schade, dass die Produzenten so wenig mit diesem Trick spielen. Es könnte unendlich unterhaltsam sein. Es wäre nicht nötig, die kaputten Dinge immer wieder ganz zu machen. Es ist amüsant zu sehen, wie ein Haus, das in Atome zerbombt wurde, stolz aus den *Trümmern aufsteigt* und zu herrschaftlicher Unzerstörbarkeit wird. Aber es wäre genauso amüsant zu sehen, wie ein Bautrupp langsam, Stein für Stein, ein Herrenhaus abreißt. Das Ende würde immer dem Anfang vorausgehen. Dieser Trick könnte sogar als Vehikel für subtile Satire verwendet werden. Ein Dienstmädchen würde zum Beispiel rückwärts in ein aufgeräumtes Wohnzimmer gehen und den Boden mit Zigarettenasche übersät, die Regale mit Staub bedecken und die Papiere auf Ihrem Schreibtisch durcheinanderbringen. Es wäre nicht nötig, dass sich der Produzent auf materielle Zufälle beschränkt. Er könnte so die rückwärts gerichtete Entwicklung der Gefühle und Empfindungen beschreiben. Stellen Sie sich beispielsweise einen Tag rückwärts vor, wie ihn der Film Ihnen zeigen würde.

Sie würden um Mitternacht aus dem Bett aufstehen und müde Ihren Abendanzug anziehen. Sie würden vielleicht feststellen, dass Sie betrunken waren, aber obwohl Sie die nächsten zwei Stunden an einem Tisch mit Walnüssen und Wein vor sich verbringen würden, würden die Schalen der Walnüsse ganz werden und das Glas, das Sie an Ihre Lippen führten, wäre leer; während das Glas, das Sie vor Ihnen zurückstellten, voll wäre. Sie würden tatsächlich nüchtern vom Tisch aufstehen. Sie würden merkwürdige Gemütszustände durchleben. Sie würden sich hinsetzen, um ein Buch zu lesen, und wüssten die Handlung, das Thema, die Behandlung; aber während Sie lesen, würde dieses Wissen Seite für Seite an Ihnen vorübergehen. Und Sie würden aus Ihrem Sessel aufstehen und sagen: „Ich habe gerade dieses neue Buch von Michael Sadleir aus der Bibliothek geholt. Ich glaube, ich werde es genießen." Es könnte der Nachmittag einer Verabredung sein. Träge und ruhig würden Sie in die Arme der Liebe kommen; lebhaft und mit begierigen Augen würden Sie aus ihnen springen. Während die Sonne sich nach Osten bewegte und Sie bis drei Uhr morgens trug, saßen Sie gemütlich und warm im Café Royal, den Stummel einer Zigarre zwischen Ihren Fingern, ein leeres Likörglas auf dem Tisch. Doch in zwei Stunden falteten Sie eine Serviette neu und sagten Ihrem Gast, dass Sie hofften, er sei ebenso ungewöhnlich hungrig wie Sie.

Und dann wäscht man sich die Hände. Beim Abtrocknen werden sie weniger trocken, bis sie ganz nass sind. Dann legt man sie weiß und glänzend in ein Becken mit schmutzigem Wasser, und der ganze Schmutz aus dem Wasser setzt sich auf den Händen ab, bis das Wasser sauber und die Hände schmutzig sind. Und wenn das Wasser ganz sauber ist, nimmt man die Hände heraus, und sie werden sofort trocken und schmutzig und unbequem. Man zieht den Mantel an und geht rückwärts aus dem Restaurant in Richtung Büro.

Und so verging der Tag. In Ihrem Büro vergaßen Sie die Dinge, die Sie eine Stunde zuvor erledigt hatten, und fragten Ihre Sekretärin nach Informationen dazu. Während die Sonne im Osten unterging, wurde Ihr Hunger weniger. Sie fühlten sich tatsächlich zunehmend wohler, bis Sie sich am Frühstückstisch wiederfanden und zusehen mussten, wie sich Ihr leerer Teller mit Nieren, Speck und Tomaten füllte. Schließlich, nachdem Sie gebadet und sich rasiert hatten und dabei Ihrem Kinn sein raues, borstiges Aussehen zurückgegeben hatten, lagen Sie im Bett, mit klaren Augen, frisch, bereit für die Arbeit des Tages; Sie sahen zu, wie die Sonne langsam hinter einer Wolkenbank versank: „Ein herrlicher Tag", sagten Sie sich. Sie sahen zu, wie das Zimmermädchen leise im Zimmer umherging; sie ließ die Jalousien herunter; das Zimmer wurde dunkel. Sie fühlten sich ein wenig benommen, ein wenig schläfrig. Einen Moment lang fragten Sie sich, wo Sie waren. Es klopfte laut an der Tür; Sie befanden sich in den bitteren Qualen eines Albtraums; seine Qualen gingen vorüber. Sie würden in einen tiefen, ungestörten Schlaf gleiten.

Aber das, werden Sie sagen, ist ein gewöhnlicher und im Großen und Ganzen ziemlich unromantischer Tag. Es ist die Stunde der Anspannung, des Deliriums, des Aufruhrs, die Sie, wenn Sie die Vergangenheit noch einmal erleben möchten, gerne noch einmal erleben möchten. Lassen Sie den Telefondienst mit diesem Routineverkehr fertig werden, sagen Sie. Lassen Sie uns zu etwas Größerem entführen. Wir müssen eine Wahl treffen? Also zu der Stunde des ersten gemeinsamen Tanzes, zu der Stunde, an die wir uns nie mehr erinnern können; zu der Stunde, die wir nichts Frischeres, Spannenderes, Romantischeres erlebt haben.

So sei es; Sie sind wieder einmal in dieser mit Seide behangenen Nische, in Ihren Ohren der Klang von Musik und das Rühren von Füßen, in Ihrem Herzen eine überschäumende Ekstase. Lassen Sie die Klinke drehen. Sie sitzen dort allein. Der graue Vorhang wird zurückgezogen; sie tritt auf Sie zu. Sie bemerken ihren Partner nicht. Er verbeugt sich, tritt zurück und lässt Sie allein zurück. Der Klang der Musik verstummt. Es herrscht Stille. Ihre Arme liegen um ihren Hals, Ihre Lippen liegen auf ihren. Sie ziehen sich zurück, Sie sehen ihr in die Augen, tiefe, große, haselnussbraune Augen unter dem Haarkranz: das dunkelbraune Haar, das in einer geflochtenen Schleife um ihre Ohren gelockt ist; Sie denken, wie wundervoll es wäre, sie zu küssen. Ihre Hand gleitet aus ihrer und Sie reden, eifrig, glücklich, und sie lächelt zu Ihnen auf und Sie denken: „Wenn das für immer dauern könnte." Sie sind im Ballsaal. Sie liegt in Ihren Armen. Was spielen sie, fragt sie Sie, obwohl

Sie ihr gesagt haben, es sei „Honolulu Eyes". Sie hätten nie gedacht, dass ein Walzer so sein kann. Das Leben ist plötzlich etwas ganz Wunderbares, etwas ganz Kostbares. Die Musik verstummt; Sie stehen neben ihr und reden. Sie denken: „Gleich werde ich mit ihr tanzen. Gleich wird sie in meinen Armen liegen." Ihre Gastgeberin steht neben Ihnen. Ihr Name und ihr Name werden zur Vorstellung gemurmelt. Sie geht rückwärts neben Ihrer Gastgeberin weg. Sie denken: „Ich werde ihr vorgestellt." Sie steht in der Tür des Ballsaals. Sie ist geblendet, als sie dort einen Moment zögert, strahlend in dem schwarzen, tief taillierten Kleid; dann wendet sie sich hinter dem Vorhang ab. Und alles Wissen, jede Erinnerung an sie ist verloren. Sie sind ihr nie begegnet. Sie sind müde und entmutigt; das Leben ist wertlos geworden, eine leere Sache. Nichts bleibt von dieser großen Ekstase, außer tief unten ein vager Groll, dass Ihnen kein solches Wunder widerfahren ist.

Und Sie haben genug von dem Film. Es ist ohne Zweifel sehr amüsant, das eigene Leben rückwärts gelebt zu sehen, seine alten Begeisterungen, Vorurteile und Loyalitäten wiederzuentdecken. Aber es ist eine ziemlich grausame Angelegenheit, denn der Abend kommt vor der Morgendämmerung; Freundschaften müssen zu der Stunde enden, zu der sie beginnen; der erste Kuss muss immer der letzte sein; und Sie sitzen in Ihrem Sessel, ziehen unangenehme Parallelen und fragen sich, ob das Alter nicht eher so ist: die Umkehrung des Films. Ob nicht mit fünfundvierzig, mit fünfzig oder mit sechzig eine Zeit kommen wird, in der Sie sich beim Bankett sitzend wiederfinden, zuversichtlich und glücklich, in Harmonie mit sich selbst und mit Ihren Gefährten, erfüllt von den guten Dingen des Lebens. Und dann wird sich das Rad langsam drehen. Die Szene der Ruhe wird vorübergehen. Sie werden allmählich nicht mehr genug von gutem Essen und Wein haben. Sie werden ein wenig frieren, ein wenig hungrig werden. Sie werden sich unter Fremden wiederfinden; Sie werden verlegen und unglücklich sein und mit dem *Mauvais Quart d'heure* vor sich vom Tisch aufstehen .

Ein weit hergeholter Vergleich, der zweifellos kaum einer näheren Betrachtung standhält. Vielleicht auch morbide, aber es ist das Vorrecht der Jugend, ihre grauen Haare „nachzuahmen". Es ist nur natürlich, dass unsere Vorstellungskraft wie ein Kundschafter vor uns her in das Land fliegt, in das wir reisen müssen. Das Alter ist für uns jetzt so real, wie unsere Jugend für uns sein wird, wenn wir alt sind. Es ist fern, unbekannt: romantisch also. Wie wird sie zu uns kommen, fragen wir uns, diese Prüfung, die uns aufbauen oder zerstören muss? Mit welchen Worten wird sie uns ansprechen, in welcher Gestalt wird sie sich präsentieren? Mit welcher Rüstung werden wir verteidigt? Sollen wir gereizt, verärgert und mit Kämpfen in die mittleren Jahre übergehen? Sollen wir weinen, wie ein Kind im Kinderzimmer, das hilflos über ein kaputtes Spielzeug schreit? Sollen wir mit den Händen gegen die vergitterten Tore des Zaubergartens schlagen? Es ist unvorstellbar, dass es nicht einen solchen Moment der Wut, Bitterkeit und Frustration geben sollte. Aber wird er langsam vorübergehen? Das ist die Frage, die wir uns stellen. Soll es uns schwerfallen, mit den Schultern zu zucken und zu sagen: „Der Wein ist anders, aber immer noch gut."

Wir suchen unsere Antwort in der Gesellschaft des Alters. Ehrwürdige, weißhaarige Herren, die ihre Nachmittage schlafend in den Bibliotheken ihrer Clubs verbringen, sind Boten aus diesem fernen Land für uns. Sie kennen die Geographie der Straße, die wir bereisen müssen. Sie haben auf der Straße viel hinter sich gelassen. Auch sie kannten einst Mut, Gefahr und Ehrgeiz. Aber es ist kein Mitleid, dass wir sie wegen des Verlusts dieser wertvollen Ware mitbringen. Wir stellen ihre Müdigkeit nicht bewusst unserer Kraft gegenüber, unsere Hoffnung ihrer Resignation, ihre Schwäche unserer Fähigkeit. Wir kommen in einer Stimmung demütiger Neugier; gibt es Trost, fragen wir sie in dieser letzten Taverne: Das Leben ist ein Handel; Sie haben viel verloren; sind Sie mit dem Tausch zufrieden?

Und sie erzählen uns so wenig. Sie prahlen übertrieben mit ihrer Jugend, mit ihren Heldentaten, Tapferkeiten und Katastrophen. „Wir haben gelebt, gekämpft und gelitten, und das Leben war schön." Aber sie übertreiben die Rolle. Sie sind zu herzlich dabei. Wir sind, was sie einmal waren, und wir wissen, dass es eine weit weniger ekstatische Angelegenheit ist, als sie uns glauben machen wollen. Wenn sie im Gegensatz zu unseren Sympathien an uns appellieren, haben wir das Gefühl, dass sie sich im Großen und Ganzen wirklich ziemlich amüsieren. Ab einem gewissen Alter scheinen die Menschen die Fähigkeit zur Selbstkritik zu verlieren. Sie stellen ihr Leben, wie sie es gestaltet haben, nicht neben das Leben, wie sie es gestalten wollten. Sie geben vor, etwas zu sein, was sie nicht sind. Anstatt sich selbst zu finden, verlieren sie sich selbst.

Aber hin und wieder trifft man tatsächlich einen alten Mann, der einem die Wahrheit über sich sagt, der nicht versucht, sein Leben zu dramatisieren, der der Vergangenheit so ins Auge blickt, wie er einst der Zukunft ins Auge blicken konnte, nämlich mit unverblindeten Augen. Einen solchen Mann habe ich das Privileg zu meinen Freunden zählen zu dürfen. Wir treffen uns zwanglos, ein- oder zweimal im Monat, in unserem Club zum Mittagessen. Und normalerweise sitzen wir anschließend bei Kaffee und Likören zusammen. Und im Sommer können wir von der Terrasse aus dem grauen Wasser des Flusses zusehen, das träge unter uns dahinfließt und auf seiner schlammigen Oberfläche Vergnügungsboote, Landstreicher und Dampfer zur See oder in den Hafen trägt. Und wir können dort leicht über das Treiben und die Eile, den Verkehr und die Verwirrung des menschlichen Lebens reden und über diesen beständigen Rhythmus, der aus Zwietracht Harmonie macht.

Er spricht immer bescheiden und immer selbstbewusst, wie es ein Mann tun sollte, der Ausgeglichenheit erreicht hat.

„Das Leben ist für mich immer noch so unterhaltsam“, sagt er, „so überraschend, so abenteuerlich wie vor dreißig Jahren. Ich bin der Zuschauer, und das ist der einzige Unterschied. Ich sitze mit „ruhiger Hand“ im Schatten und finde die Antwort auf vieles, was mich in meiner Jugend verwirrt hat.

„Mit sechzig hören wir auf, Liebe zu machen, wenn wir klug sind. *On fait voyeur* und Frauen lüften ihre Maske. Es ist unsere Entschädigung für den Verlust der Jugend: dieses Privileg des Vertrauens.“

Er erzählt mir von seinen Freunden, die er in aller Ruhe beobachten und verstehen kann, und insbesondere von einer gewissen Dame, die den Reiz der Jugend durch das Witwendasein bereichert hat.

„Ein Mann meines Alters“, sagt er, „kann mit einer jungen und attraktiven Person über alles reden, sogar über die Liebe, und zwar in völliger Angemessenheit. Und während ich neben ihr in diesem sanft beleuchteten Salon sitze, in diesem Dämmerlicht aus Flieder und Lavendel, den Klang einer Frauenstimme um mich herum, und vor meinen Augen die Schönheit braunen Haares und haselnussbrauner Augen und eines Schmollmunds, und in meinem Herzen das Wissen, dass sie lieben könnte, denke ich darüber nach, wie ich einst der Gefangene eines einzigen Impulses gewesen sein sollte, und ich sage mir, dass ich jetzt glücklicher bin, wenn ich dort sitze und zuhöre, während sie mir ihre Seele offenbart, so wie sie vor dreißig Jahren ihren Körper offenbart hätte.

„ ‚ Das ist es nicht wert, mein lieber Gerald‘, wird sie sagen; ‚das ist es wirklich nicht wert. Es gibt so wenig Harmonie, so viel Reibereien. Wir lesen von Liebe auf den ersten Blick, von Menschen, die sich gegenseitig in die Arme fallen. Aber wie oft passiert das? Die Hälfte der Zeit versuchen wir, einen gleichgültigen Mann dazu zu bringen, sich in uns zu verlieben, und die andere Hälfte, einen Mann loszuwerden, der uns langsam zu ermüden beginnt. Es ist immer dasselbe.‘

„Es entsteht eine Pause, und sie lehnt sich mit einem kleinen Seufzer, der halb Langeweile, halb Gereiztheit ausdrückt, gegen den hohen Kissenstapel zurück.

„ ‚ Da war Roger‘, sagt sie. ‚Anfangs mochte ich ihn gar nicht. Ich fand ihn ungehobelt und unhöflich, und er drängte mich ständig, mit ihm auszugehen. Und wenn ich ausging, war mir immer so langweilig. Er sagte nie etwas: Er saß mir einfach gegenüber und starrte mich mit gierigen, anbetenden Augen an, und dann küsste er mich eines Tages. Diesen Moment werde ich nie vergessen. Wir standen nach einer Partie Tennis im Schatten der großen

Eiche am See in Barolin, lehnten an der Brücke, und plötzlich spürte ich seine Finger auf meinen Armen, hart und bezwingend. Ich wurde zu ihm gedreht. ‚Du kleiner Narr‘, sagte er, ‚ich habe das satt. Du musst mich lieben!‘ Und dann küsste er mich.‘

„Das hat sie mir erst vor einer Woche erzählt. Die weit auseinander stehenden, leuchtenden Augen waren geweitet und sehr zart; die Linien des Schmollmunds wurden weicher und weniger sinnlich. Dann zuckte sie mit den Schultern und war wieder das launische, zynische Kind der Lust. ‚Aber danach‘, seufzte sie.

„Aber du hattest diesen Moment", sagte ich und begann, Meredith zu zitieren: „ , Liebe, die uns der Unsterblichkeit beraubt hat.‘ Aber sie unterbrach mich. ‚Ich weiß, ich weiß, aber ich musste dafür bezahlen und ich frage mich, ob es den Preis wert war. Männer und Frauen sind nur Wege, die sich kreuzen und dann ihre eigenen Wege gehen. Wir lebten eine Zeit lang in perfekter Harmonie; dann wurde Roger meiner müde, genau in dem Moment, als ich begann, ihn wirklich zu lieben. Obwohl ich wusste, dass er mich nicht liebte, versuchte ich, ihn zu behalten; und das ist erniedrigend, es verletzt die Selbstachtung. Es ist immer so, oder es ist andersherum; man will einen Mann, man wirbt um ihn, man liebt ihn; und sobald man ihn hat, ist man seiner müde.‘

„ , Daraus‘, sagte ich, ‚kann man schließen, dass Sie Paul ein wenig zu anspruchsvoll finden.‘

„In den haselnussbraunen Augen blitzte ein Ausdruck dankbaren Erkennens auf.

„ , Es gibt nichts an diesem Mann, meine Liebe, das mich nicht völlig zur Weißglut treibt, und er lässt mich nicht in Ruhe. Er ruft mich zu jeder Tageszeit an; er schickt mir Briefe per E-Mail. Ich kann nicht von ihm loskommen. Es erscheint mir unglaublich, dass ich vor achtzehn Monaten ohne ihn nicht glücklich sein konnte; dass ich an nichts anderes denken konnte als an ihn; dass mein Herz jedes Mal schlug, wenn der Postbote klopfte, jedes Mal, wenn das Telefon klingelte. Ich weiß nicht, wie das passierte. Seine Frau, glaube ich, größtenteils. Ich hasste sie, die große fette Kuh, so herrschsüchtig und unweiblich. Ich hasste die besitzergreifende Art, in der sie „mein Mann" sagte. Ich wollte sie demütigen. Es lag auch Mitleid darin: Paul sah so verloren aus, wie er dasaß und sich den Bart zupfte, während die Stimme seiner Frau über den Esstisch dröhnte. Aber es ist schwer genug zu wissen, wie man sich vor anderthalb Jahren fühlte, geschweige denn, warum. Ich wollte ihn; das ist alles, was zählt. Ich wollte ihn. Es dauerte lange: Nach und nach brach ich seine Zurückhaltung. Ich fühlte, wie sein Mitgefühl, sein Interesse an mir sich in Zärtlichkeit verwandelten. Seine Stimme war wie eine schüchterne Liebkosung. Ich sehnte mich danach, mich in seine Arme zu werfen, ganz ihm zu gehören, ihm Liebe zu geben, wie keine andere Frau sie ihm je gegeben hatte; und dann, innerhalb von ein paar Monaten, war er wie jeder andere Mann geworden. Wenn der Glanz vorüber ist, sind sie alle ziemlich gleich. Und natürlich bedeutete ich ihm von Tag zu Tag mehr; ein endloser Strom von Telefonanrufen und Sonderbotschaften; verzweifelte, flehende Briefe. Er musste mich sehen. Er konnte nicht ohne mich leben. Und die ganze Zeit wurde ich seiner immer überdrüssiger; er brachte mich mit seiner ruhigen Stimme und seinen Frauenhänden zur Verzweiflung. Ich begann all die Dinge an ihm zu hassen, die ich früher geliebt hatte: seine Schwäche, seine Schüchternheit, sein Selbstmitleid, seine ständigen Verweise auf seine Frau: wie sie ihn tyrannisierte; wie abhängig er von ihr war; wie es seinem Vater das Herz brechen würde, wenn er sie verließe; wie er es nicht ertragen könnte, sein Kind zu verlassen. Ich wurde mit diesen beiden Worten „meine Frau" genauso ungeduldig wie früher mit dem besitzergreifenden „mein Mann". Ich wollte ihn anschreien: „Um Gottes Willen, sei ein Mann!" Ich versuchte, ihn eifersüchtig zu machen, indem ich mit ihm über frühere Liebschaften sprach. Niemand, nicht einmal du, Gerald, weiß so viel über mich wie er. Ich habe ihm all diese kleinen intimen Dinge erzählt, die jeden anderen Mann dazu gebracht hätten, mich zu hassen oder sich selbst dafür zu hassen, dass er mich liebt. Aber nichts bewegte ihn.

„ ' Ich erzählte ihm einmal von einem Streit, den ich mit Roger gehabt hatte. Roger hatte gedroht, mich zu verlassen und mich nie wiederzusehen. Ich sagte nichts. Ich stand aufrecht vor ihm und sah ihm in die Augen; dann riss ich mit einer plötzlichen Bewegung die weiche Seide meines Abendkleides von meinen Armen und stand da, meine Schultern nackt, die weiße Haut befleckt von den blauen Flecken unseres Liebesspiels. Wir standen da, wir sagten nichts, aber wir lasen in unseren Augen jene Erinnerungen, für die es keine Worte gibt. Dann machte er einen schnellen Schritt nach vorne, nahm mich in die Arme und küsste unseren Streit weg. Das erzählte ich Paul. „Da war ein Mann", sagte ich zu ihm. Ich schleuderte ihm die Worte entgegen, wie man einen Handschuh bei einer Herausforderung wirft. Aber er schlug nicht zurück. Er sagte nichts von dem, was er hätte sagen können. Er nahm einfach meine Hand. „Margaret", sagte er, „ich kann dich nicht so lieben; jeder Mann hat seine eigene Art zu lieben, und das ist nicht meine." Aber auf meine Art liebe ich dich mehr als die anderen. Glaub mir, meine Liebe, das tue ich – das tue ich! '

„ Was sollte ich tun, Gerald – was sollte ich sagen? Ich war gerührt. Welche Frau wäre das nicht? Ich fühlte mich wie ein Schwein, küsste ihn und ließ mich von ihm lieben. Das ist das Schlimmste an diesen Leuten – sie geraten in Panik, sie entwaffnen einen, man kann ihnen nicht wehtun, sie sind zu schwach, und, oh! Gerald, das ist mehr, als ich ertragen kann. Es ist abscheulich, einen Feigling zum Liebhaber zu haben: Ich wäre viel lieber das Spielzeug eines starken Mannes. Ich sage mir immer: „Margaret, mein Mädchen, du musst dem ein Ende setzen.“ Aber ich kann nicht. Am Ende überlistet er mich immer. Man kann nur gegen das kämpfen, was stärker ist als man selbst.“

„Sie hielt inne, außer Atem, errötet, mit leuchtenden Augen, unglaublich attraktiv. Dann, mit plötzlicher, gedemütigter Stimme: ‚Oh! Gerald, Gerald, warum halten die Menschen in der Liebe nicht Schritt, warum verlieben sie sich nicht gleichzeitig und entlieben sich nicht gleichzeitig? Warum muss es ein Rennen sein, bei dem jeder behindert ist und zu unterschiedlichen Zeiten und in unterschiedlichem Tempo startet, wenn es nur ums Jagen und Gejagtwerden geht und man nur ein paar Meter Seite an Seite läuft ?‘

„Niemals zuvor, glaube ich, hatte sie sich mir so vollständig offenbart, oder vielleicht wäre es zutreffender zu sagen, niemals zuvor hatte sie diese besondere Facette ihrer Persönlichkeit offenbart. Sie war plötzlich eine wehmütige und an sich selbst zweifelnde Frau geworden, die Angst vor ihrer Sterblichkeit hatte und vom Kontrast zwischen Traum und Wirklichkeit und vom Vergehen guter Dinge traurig war.

„Ich saß da und beobachtete sie, war still im Bann ihrer Schönheit und fragte mich, was als Nächstes passieren würde, als von unten das leise Läuten einer elektrischen Klingel zu hören war, das Geräusch einer sich öffnenden Tür und das leise Rascheln von Schritten auf der Axminster Street.

„ , Mr. Paul Johnson, Madam!‘

„Es entstand eine Pause. Ich sah einen Ausdruck, der halb Angst, halb Erleichterung ausdrückte, über Margarets Gesicht huschte; dann schien sie sich wieder zu fassen. ‚Also gut, Parker‘, sagte sie, ‚zeigen Sie ihm, wo er ist.‘

„Ich stand auf, um zu gehen. Aber sie streckte mir ermahnend die Hand entgegen.

„ Nein , bitte, Gerald, nein“, sagte sie mit zitternder, nervöser Stimme. „Vielleicht – ich weiß es nicht – mir wäre es lieber, du bliebest.“

„Ich kannte Paul Johnson schon lange. Ich hatte miterlebt, wie er sich von einem schweigsamen Jugendlichen in einen schüchternen, ineffektiven Mann verwandelte; ich war bei seiner Hochzeit dabei gewesen; und ich hatte ein leichtes Mitleid mit ihm empfunden, als ich seiner Braut die Hand schüttelte und einen flüchtigen Moment lang die harte Strenge ihres Mundes betrachtete. Ich hatte bemerkt, dass er nicht mehr im Club war, und erfuhr später von seinem Rücktritt. Von Zeit zu Zeit hatte ich ihn bei Dinnerpartys und Gartenfesten gesehen, immer schweigsam, fast schüchtern, seine Augen folgten schüchtern seiner Frau. Seit seiner Romanze mit Margaret hatte ich ihn jedoch nicht mehr gesehen. Ich war neugierig, ob ihn das verändert hatte, ob er männlicher und selbstbewusster geworden war oder ob er von der heißen Flamme ihrer Liebe zu ihm überwältigt, versengt und verdorrt worden war.

„Sein Aussehen, als er einen Moment unentschlossen in der Mitte des Raumes stand, von einem Fuß auf den anderen trat, mit einem Finger am unteren Knopf seiner Weste zupfte und mit der anderen Hand seinen Bart streichelte, gab mir wenig Aufschluss über die Veränderung, die die letzten achtzehn Monate in ihm bewirkt haben könnten. Er war offensichtlich Opfer einer Emotion, einer Emotion, die die zufälligen Eigenschaften der Umgebung auslöschte. Er war ein verletzter, verängstigter, verzweifelter Mann. Ohne meine Anwesenheit zur Kenntnis zu nehmen, ohne mich auch nur zu bemerken, begann er einen eifrigen Wortschwall auszustoßen.

„, Oh, Margaret, meine Liebe! Meine Liebe! Ich weiß nicht, was ich tun soll. Es ist schrecklich, dass das nach all diesen Monaten, nach all dem, was wir einander bedeutet haben, passiert. Oh! Meine Liebe! Meine Liebe!'

„Er stolperte auf sie zu, setzte sich auf die Kante des Schemels zu ihren Füßen und stützte sein Gesicht mit den Händen nach vorne.

„Sie legte ihre Hand auf seine Schulter.

„, Was ist los, Paul, Liebling?'

„Ihre Stimme war sanft und schmeichelnd: der Unterton von Zorn und Ungeduld war völlig verschwunden. ‚So wird er sie immer wieder für sich gewinnen', dachte ich. ‚Er ist schwach und bringt sie dazu, Mitleid mit ihm zu haben, eine Art mütterliche Geliebte.'

Und wieder sagte ihre Stimme sanft: ‚Was ist los, mein Liebling, erzähl es mir?'

„Um eine Antwort zu erhalten, griff er in seine Brusttasche, holte einen Brief heraus und reichte ihn ihr.

„, Lies das', sagte er. ‚Da wird alles erklärt. Jemand hat meiner Frau geschrieben und ihr alles über uns erzählt. Du wirst sehen, es steht da, lies es!'

„Sie nahm den Brief, ein kurzes, fünfzeiliges Ding, ohne Unterschrift und Datum. Ihre Wangen wurden rot, sie drehte sich zu ihm um und legte ihre Hand auf seine. ‚Oh, Paul!', sagte sie, ‚Paul!'

„Es herrschte eine ergreifende, dramatische Stille. Dann sprach er wieder im ruhigen Ton der Verzweiflung.

„ ‚ Da ist nichts zu machen; du weißt ja, wie es um mich steht. Ich bin wohl schwach, aber ich werde tun müssen, was meine Frau will. Da ist mein Vater, siehst du; es würde ihm das Herz brechen, und unser Kind, ich kann ihn nicht bei meiner Frau lassen; das kann ich nicht, so viel bin ich ihm schuldig.'

„ ‚ Also ist es dann vorbei, Paul?'

„Er nickte, und ich konnte an der plötzlichen Blässe seiner Haut erkennen, wie fest ihre Finger seine drückten. Es schien mir, als hätten sie im Moment der Trennung die Ekstase ihrer ersten Umarmungen wiedererlangt: als wären sie sich jetzt näher als seit vielen Monaten.

„Ich erhob mich von meinem Stuhl.

„ ‚ Auf Wiedersehen, Margaret, meine Liebe', sagte ich. ‚Auf Wiedersehen!'

„Sie sagte nichts, aber der Blick, der mir begegnete, war trüb und sehr zärtlich.

„Und als ich die Straße entlangging, dachte ich über die Widersprüche und Ungleichheiten des Lebens nach. Noch vor wenigen Minuten hatte sie gebetet, ihn loszuwerden, und jetzt konnte sie sich nichts Besseres wünschen, als für immer in seinen Armen zu sein.“

Er hielt inne, um einen Kommentar abzugeben, um Ermutigung zu bekommen.

„Und die Fortsetzung?“, sagte ich.

Er lächelte.

„Drei Tage später“, sagte er, „traf ich sie im Haus eines Freundes.

„ ‚ Also ist es vorbei?', sagte ich zu ihr.

"Sie nickte.

„ Und haben Sie eine Ahnung, wer den Brief geschrieben hat?“

„Sie gab keine Antwort, aber über ihre Lippen und in ihre Augen flackerte ein seltsames Lächeln, ein Lächeln, das teils List, teils Stolz, teils Triumph war.

„ Ich frage mich“, fuhr ich fort, „ob es ein Mann oder eine Frau war. Eine Frau wahrscheinlicher. Constance vielleicht oder Mrs. Berridge oder Marjorie Godwin – Marjorie war einmal in ihn verliebt, also sagte man, sie könnte es gewesen sein.“

„ ‚ Das glaube ich nicht!' Und das seltsame Lächeln wurde tiefer, rätselhafter, beschwörender, triumphierender.

„Plötzlich hatte ich eine Welle der Intuition; unsere Blicke trafen sich im Blick zweier Verschwörer, die ein Geheimnis teilen.

„ , Margaret', sagte ich, ,du hast diesen Brief geschrieben.'

„Das seltsame Lächeln wurde unendlich vielsagend. ,Aber, meine Liebe', sagte sie, ,natürlich.' “

Er muss ein guter Trinker sein, dieser Wein nach der Schlacht! Wir spielen Football nur, denke ich manchmal, um dieser Stunde der Trägheit und Erschöpfung willen, wenn wir uns nach einem heißen Bad bequem zurücklehnen, steif und müde, um den Kampf des Nachmittags noch einmal zu kämpfen. Es ist gut, unsere Innings früh zu beenden und mit einem Bierkrug neben uns im Pavillon zu sitzen, während wir unseren Nachfolgern beim Kampf im Sonnenlicht zusehen, und wenn wir zufällig ein paar gewonnen haben, ist die Welt ein sehr geselliger Ort. Es lohnt sich, sich dort draußen im Freien zu quälen, und sei es nur wegen des Gefühls der Sicherheit und Zufriedenheit danach. Dann besteht keine Versuchung, zu murren und neidisch auf diejenigen zu sein, deren Wickets noch intakt sind und deren Innings noch vor ihnen liegen. Und es lohnt sich für uns, um dieser etwa fünfzehn Jahre willen, wenn wir über dem Kampf stehen werden, das Beste aus unserer Jugend zu machen, solange sie noch da ist. Wenn wir uns selbst bewusst sind, wenn wir jetzt voll leben, werden wir geselliger, großzügiger und gutherziger sein, wenn die Arterien anfangen, sich zu verdicken. Wir werden der jüngeren Generation ins Gesicht blicken können. Wir werden sie wie ein Gastgeber höflich willkommen heißen. Wenn wir jetzt weise sind oder vielmehr aus unserer Gleichgültigkeit Weisheit machen, werden wir feststellen, dass unsere letzten zehn Jahre die glücklichsten von allen sind.

Es gibt tatsächlich Zeiten, in denen wir geneigt sind, die Gebrechen und Immunitäten des Alters zu begrüßen.

Während des Kohlestreiks von 1921 bewachte mein Zug das Eigentum der Shell Motor Spirit Company in Newcastle. Es war ein ziemlich trostloser Ort neben dem Fluss. Zwischen meiner Unterkunft und dem Wachraum befand sich eine lange Reihe von Bergarbeiterhäusern, und nach dem Tee saßen die Frauen auf ihren Türschwellen und unterhielten sich, während die Kinder auf einem Grasstreifen spielten, der sich trübe bis zum Wasser hinzog. Außer einer mehr oder weniger mechanischen Aufsicht hatte ich sehr wenig zu tun, und abends stand ich auf der Straße und sah zu, wie die Dämmerung langsam über dem Fluss aufstieg und die harten Umrisse von Schornstein und Fabrik milderte. Ich fühlte mich einsam und ein wenig wehmütig, als sich die Dämmerung zärtlich auf die armen Häuser legte, die das Sonnenlicht so trist gemacht hatte. Der Abend ist immer schön. Und ich pflegte, die Stunde der Empfindsamkeit mit romantischen Träumereien über ein junges und bezauberndes Mädchen zu genießen, das Abend für Abend neben seiner Mutter saß und strickte.

Ich kann mich jetzt an kein einziges Merkmal von ihr erinnern; ob sie dunkel, blond oder groß war; aber ich meine mich vage daran zu erinnern, dass sie rundlich war und dass das Licht in ihren Augen schelmisch war. Ich dachte immer, wie angenehm eine Liebesaffäre die Langeweile der militärischen Routine auflockern würde. Ich hatte, das muss klar sein, nicht die geringste Absicht, mich auf ein solches Unterfangen einzulassen. Aus den niedrigsten Gründen wäre es unsoldatenhaftes Verhalten gewesen. Die Vorspiele jedenfalls hätten vor den Augen meines Zuges stattgefunden. Und ein Offizier sollte bei einem einfachen Soldaten nicht den Verdacht wecken, dass er ein Geschöpf aus demselben Holz geschnitzt ist und dieselben Instinkte besitzt. Es gibt viel zu sagen über die Ouida-Konvention mit Bier in der Kantine und Champagner in der Messe.

Aber Träume sind angenehme Dinge, und meine Fantasie schuf eine Reihe romantischer Situationen, in denen sich dieses Mädchen und ich eines Tages wiederfinden könnten. Ich verließ mein Quartier nie ohne ein leichtes Pulsieren. „Wird sie da sein?", fragte ich mich. „Wird sie so hübsch sein wie gestern?" Einmal lächelte sie mich an, und meine Eitelkeit begann sich zu fragen, ob sie nicht auch bedauerte, dass zwischen uns die Barriere des militärischen Rangs lag. Vielleicht sinnierte auch sie in der Dämmerung wehmütig über die Ungleichheit von Zeit und Ort. Vielleicht träumte auch sie von einer romantischen Begegnung im Frühling auf einer Gasse an den Klippen von Cornwall.

„Du!", würde ich keuchen. Und wir würden still stehen und einander anstarren. Und dann würden wir beide gleichzeitig anfangen, eifrig zu reden. „Ich wollte so gerne mit dir sprechen", würde ich sagen.

„Ich auch", würde sie antworten. Und wir würden Arm in Arm den Weg an den hohen Klippen entlang gehen und vielleicht eine Weile schweigend stehen bleiben, traurig über die Beständigkeit dieser hohen Klippen. So waren sie gestern, so würden sie morgen sein; ihr Schweigen könnte durchaus als Kritik an unserer Verzauberung erscheinen.

Aber dieser flüchtige Kummer verging schnell genug im hellen Sonnenlicht eines Apriltages. Und sie erzählte mir, dass sie nicht wirklich die Tochter eines Bergarbeiters aus Tyneside war, sondern eines verarmten Gutsherrn vom Lande, der einen reichen Schurken heiratete, um eine überfällige Rechnung teilweise zu begleichen. „Ich konnte es nicht ertragen", sagte sie, „ich rannte weg. Aber er fand mich und schleppte mich zurück. Er ist jetzt bei mir im Hotel in Boscastle."

Aber sie sollte nie wieder zu ihm zurückkehren. Wir sollten nach Padstow eilen und den nächsten Zug in die Stadt nehmen. Ich sollte zu Grant Richards eilen. „Ärger", sollte ich sagen, „ich fahre morgen nach Österreich. Ich muss sofort hundert Pfund haben. Meine Adresse ist bei niemandem." Eine grandiose Geschichte, fand ich, die vielleicht mit einem Duell auf den Stufen eines Wiener Hotels endete. Ich hatte tatsächlich schon angefangen, mich zu fragen, an welchen Redakteur ich mich mit dem Szenario wenden sollte, als der Traum zerplatzte.

Kurz vor Lichtausschalten entdeckte ich sie, wie sie in der dunklen Ecke einer Wand an die schlagende Brust eines Unteroffiziers lehnte.

Wäre ich sechzig statt zweiundzwanzig gewesen, hätte mich die Entdeckung zweifellos höchst begeistert. Ich hätte mich selbst allerdings nicht in meine romantischen Träumereien einbezogen. Ich hätte mir ein attraktives Mitglied meines Zuges ausgesucht und bestimmt, dass er sich in sie verlieben solle, ich hätte ihrem Liebesspiel mit jener Mischung aus subjektivem und objektivem Interesse zugesehen, mit der wir dem Liebesspiel im Kino und auf der Bühne zuschauen, ich hätte mich durch meine Vorstellungskraft mit ihrer Verzückung identifiziert. Es wäre eine Fokussierung auf mich selbst gewesen, wie beim Schreiben einer Liebesgeschichte, wenn man für eine Weile aufhört, man selbst zu sein, oder vielleicht in der Person seines Helden und seiner Heldin wahrhaftiger man selbst wird .

Es muss jedoch raue See herrschen, bevor die ruhigen Gewässer des Hafens erreicht werden. Es wurden viele Geschichten über die erste Liebe geschrieben, aber ich kann mich im Moment an keine einzige Geschichte über die letzte Liebe erinnern. Ich meine nicht den „Vater Goriot" oder „Arme Leute"; die „gaga"-Liebesgeschichten. Ich meine eine Geschichte von zielstrebiger, gebieterischem Liebesleben; einer Liebe, die in ihrer Morgendämmerung schön und frisch und kraftvoll ist; die aber zu spät im Leben kommt, die die letzten Jahre des Mannesalters stiehlt, die sich selbst verschwendet und erschöpft; an der sich ihr Objekt aber verzweifelt festklammert, wissend, dass es das letzte Mal ist, wissend, dass er nicht den Glauben, die Kraft, das Vertrauen haben wird, um noch einmal von vorne anzufangen. Und sie muss sehr oft vorkommen, sie muss, so oft wie nicht, ein unvermeidliches Stadium in der natürlichen Entwicklung des Menschen sein; sie muss den Übergang an der Grenze zwischen mittlerem und hohem Alter markieren.

Nehmen wir als Beispiel einen wohlhabenden Mann Mitte fünfzig, sagen wir einen Politiker, grauhaarig, graubärtig, mit einem starken, massigen, faltigen Gesicht. Seine zweite Tochter ist seit zwei Jahren verheiratet. Er ist emotional ungebunden. Seine Frau war für ihn seit vielen Jahren kaum mehr als eine Gefährtin. Er kann in seinen Töchtern nicht mehr so leben wie in den zehn oder zwölf Jahren zuvor. Er hat begonnen, die Ausflüchte, die Täuschungen und die Unaufrichtigkeit der Parteipolitik ein wenig zu leide. Im Haus eines Freundes lernt er ein junges Mädchen kennen, das davon träumt, auf die Bühne zu gehen. Es ist nicht schwer zu verstehen, dass sie sich gegenseitig anziehend finden. Sie ist klein, zierlich, hat helles, flachsblondes Haar, das tief im Nacken geschnitten und streng aus der Stirn zurückgekämmt ist, so dass es sich wie Blumen um ihre Ohren bauschen kann. Ihre Augen sind blau, ein blasses Kornblumenblau. Hübsch ist sie vielleicht nicht; Sie ist die Art von Mädchen, die auf einem Foto ganz gewöhnlich aussehen würde, denn der Charme ihrer Gesichtszüge liegt in ihrer Beweglichkeit. Sie ist nie still. Sie hört eifrig zu oder redet eifrig, und ihr Lachen ist schnell und kurz, wie Kommas in ihrer Konversation. Zwischen ihnen liegt eine Kluft von über dreißig Jahren. Aber ihre Unschuld entspricht seiner Erfahrung. Er kann ihr so viel beibringen. Und für ihn sprechen die Gier des Lebens, die Neugier, die Frische, die Begeisterung dieser tanzenden Augen und lachenden Lippen von einem Land, in das er nie wieder reisen wird.

Er gewinnt sie, wie sie gewonnen werden möchte. In seinem Werben um sie ist nichts Schüchternes, kein Zögern zu erkennen. Sie essen zusammen zu Mittag; kein Wort der Liebe fällt zwischen ihnen. Er spricht von sich und nicht von ihr; von den Männern, die er gekannt hat, den Orten, die er besucht hat, von seinen Anfängen in der Politik; seinem ersten Wahlkampf, der Umkehrung einer Zweitausend-Stimmen-Mehrheit. Beiläufig erwähnt er die großen Männer der Stunde als Männer, die er kannte. Und während er spricht, überkommt sie der Zauber seiner Dominanz. Sie analysiert das Gefühl nicht, fragt sich nicht, ob sie in ihn verliebt ist oder nicht. Aber sie weiß, dass hier ein Mann ist, dem sie sich anvertrauen kann, in dessen Armen sie sicher und in vollem Umfang die Erleichterung der Selbsthingabe finden würde.

Zwei Tage später essen sie zusammen zu Abend. Es ist das erste Mal, dass sie im Savoy ist. Sie ist begeistert und verängstigt vom grellen Licht und ist maßvoll dankbar für die leitende Hand an ihrem Ellbogen. In dieser neuen Atmosphäre von Luxus und Prunk spürt sie mehr denn je, dass sie seine Erfahrung braucht. Sie bemerkt mit Stolz und Freude die Sicherheit, mit der er dem sich verbeugenden Kellner zu ihrem Tisch am anderen Ende des Raumes folgt, und er bringt sie nicht in Verlegenheit, indem er ihr eine Speisekarte reicht und sie fragt, was sie wählen wird. Er entscheidet, was sie nehmen werden. „Ein herzhaftes Abendessen, denke ich", sagt er, „Kaviar; Schildkrötensuppe und *Truite au bleu* und ein Fasan, und vielleicht – ja, ich denke, wir nehmen zum Abschluss ein herzhaftes Sardellengericht. Und eine Flasche von diesem 103." Neunzig Sekunden und es ist vorbei. Diesmal ist sie es, die spricht. Sie ist glücklich und aufgeregt und erzählt ihm von ihren Ambitionen, von ihren Hoffnungen, ein Engagement in einer Tourneegesellschaft zu bekommen. „Es wird nicht viel Spaß machen", sagte sie, „aber ich werde Leute kennenlernen und Erfahrungen sammeln." Er lächelt. „Wir müssen sehen, was wir für Sie tun können", sagt er.

Sie tanzen danach, und sie stellt fest, dass er, wie erwartet, gut tanzt, wenn auch konventionell, und sich eng an die Musik hält. Sie wird vom Rhythmus des Tanzes eingelullt, gestützt durch den Druck seiner Hand auf ihrer

Schulter. Sie verfehlt einmal ihren Schritt, und sein Zeh stößt gegen ihren Spann. Er entschuldigt sich, aber in einem Ton, der sie daran erinnert, dass der Fehler bei ihr liegt, nicht bei ihm. Und zum ersten Mal in ihrem Leben ist sie zufrieden damit, korrigiert zu werden. Auf der Heimfahrt im Taxi gesteht er ihr keine Liebe, aber kurz bevor das Auto vor ihrer Tür langsamer wird, schließt sich seine Hand fest um ihre. „Mittwoch also, um ein Uhr", sagt er. Sie nickt schwach, glücklich und unterwürfig.

Von Heirat ist nie die Rede. Er hat eine politische Karriere. Und da sind seine Töchter. Ihretwegen muss er seinen Namen frei von Skandalen halten. Und selbst wenn er frei wäre, ist es fraglich, ob sie ihn heiraten möchte. Über dreißig Jahre liegen zwischen ihnen. Sie wird nicht einige der besten Jahre ihres Lebens damit verbringen wollen, einen alten Mann zu pflegen. Aber sie ist zufrieden, dass er ihr seinen Schutz bietet, solange ihre Liebe währt. Eine Zeit lang sind sie wunderbar glücklich. In seinen Armen und an seinen Lippen gelangt sie in das reiche Reich ihrer Weiblichkeit. Durch sie gewinnt er die verlorenen Länder seiner Jugend zurück.

Es sind glückliche Tage. Er führt sie in Restaurants aus, von denen sie nur den Namen kennt, Orte, die ihre Fantasie mit dem Glanz der Romantik erfüllt hat. Sie gehen ins Theater, zu Tanzveranstaltungen und in Varietés und wissen immer, dass dort die kleine Wohnung auf sie wartet, die er so hübsch für sie eingerichtet hat und wo ihre Liebe die Stunden auf so schnell in Sandalen gehüllten Füßen vergehen lässt.

Sie gibt ihren Plan, einer Tourneegesellschaft beizutreten, natürlich auf. Für ein paar Monate vergisst sie in ihrem Glück tatsächlich ihre Ambitionen, und als sie wieder den Reiz der Schminke und der Rampenlichter spürt, hat ihr der Einfluss und Reichtum ihres Beschützers eine Hauptrolle in einer bevorstehenden West-End-Produktion verschafft. Sie ist unglaublich dankbar und unglaublich glücklich. Die Tage der Aufregung, wenn die Premiere näher rückt, sind fast mehr, als sie ertragen kann, und es bedeutet ihr viel, in einer solchen Zeit einen starken Arm um ihre Schultern und den Klang einer festen Stimme in ihren Ohren zu haben.

Sie hätte jedoch keine Angst vor einem Misserfolg haben müssen. Es ist ein gutes Stück, und sie hat Talent. Aber genau im Moment ihres Triumphs bekommt ihr Liebhaber zum ersten Mal Angst. Er steht im Schatten der Loge und beobachtet sie, wie sie sich vor der Bühne über eine Blumenbank zu einem vom Geschrei heiseren Publikum beugt. Plötzlich blickt er ins Herz ihrer Beziehung. Er sieht sie als junge Frau am Anfang ihrer Karriere – frisch, strahlend, berauscht vom Gefühl des ersten Erfolgs. Und er ist ein alternder Mann, der die besten Jahre seines Lebens hinter sich hat. Wie kann er hoffen, sie zu halten? Sie wird sich nun im Mittelpunkt eines Kreises brillanter und charmanter Personen wiederfinden. Sie wird in Häuser eingeladen, in die er sie, seines guten Namens wegen, kaum begleiten kann. Jetzt, da sie eine Persönlichkeit des öffentlichen Lebens ist, muss er auf ihren und seinen Ruf achten. Er wird nicht mehr so viel mit ihr ausgehen können. Sie wird ihre eigenen Freunde finden. Sie wird ihn vergessen. Er wird ein Sprungbrett in ihrem Leben gewesen sein; mehr nicht.

Für ihn bietet ihr Liebesspiel keinen festen, befriedigenden Trost mehr, nur noch gelegentliche Momente, in denen er vergessen kann. Das Leben holt sie ein. Sie hat Verabredungen zum Mittagessen und zu Wochenendpartys. Und sobald der Vorhang fällt, wird sie zu Tanzveranstaltungen bei Murray oder Ciro geschleift. Die Namen ihrer neuen Freunde, meist Vornamen, kommen ihr bei jeder Wendung ihres Gesprächs über die Lippen. Er kennt keinen von ihnen; sie sind ihm fremd. Und er erkennt, dass er jetzt, da sie in der Welt Fuß gefasst hat, seine Macht über sie verloren hat. Sie braucht seine Hilfe nicht mehr. Er kann den dominierenden Einfluss von Erfahrung und Erfolg nicht mehr ausüben. Wahrscheinlich hat sie bereits begonnen, ihn als alten Mann zu betrachten.

Ist sie ihm noch treu, fragt er sich. Er kennt die Moral des Greenrooms — eine Intrige nach der anderen. „Und die betreffenden Leute", erinnert er sich, „sind immer die Allerletzten, die etwas erfahren." Er erkundigt sich verstohlen nach ihren besonderen Freunden. Er ertappt sich dabei, wie er in seinem Club den langweiligen Erinnerungen veralteter Tragödiendichter lauscht. Er fragt zufällige Bekannte im Zug, ob sie jemals von ihr gehört haben. „Das ist eine wunderbare Entdeckung", sagt er, „dieser neue Star im Adelphi." Und er wartet ängstlich, ob der Fremde einen Skandal über sie zu erzählen hat. Er sieht sie jetzt sehr selten. „Aber Sie können sich nicht vorstellen, wie eine Sache auf die andere kommt", erklärt sie. „All diese Leute; das Geschäft ist die Hälfte davon, und ich bin so glücklich. Und Sie wollen, dass ich glücklich bin, nicht wahr, Liebling?" Und jeden Tag wird er eifersüchtiger; jeden Tag wird die Spannung größer. Abend für Abend isst und tanzt sie auf Kosten anderer Leute; und in dieser Welt gibt man nichts umsonst, besonders diese Art von Menschen. Es gibt Zeiten, in denen er denkt, er würde alles dafür geben, um Gewissheit zu haben, um es auf die eine oder andere Weise zu wissen. Aber es gibt Zeiten, in denen er weiß, dass dieses Wissen das Einzige ist, was er vermeiden würde. Er ist sich fast sicher, dass etwas zwischen ihr und dem jungen Anwalt ist, mit dem er sie letzten Sonntag im Berkeley essen sah. Aber er wagt es nicht, sich zu vergewissern. Er wagt es nicht, sich zwingen zu lassen, mit ihr Schluss zu machen.

Denn er weiß, wenn er einmal mit ihr Schluss machen würde, müsste er der Liebe für immer Lebewohl sagen. Er weiß, dass er weder den Glauben noch die Kraft hat, noch einmal von vorne anzufangen. In den letzten achtzehn Monaten hat er zehn Jahre gelebt, und zehn Jahre bringen ihn sehr nahe an die vorgeschriebenen Grenzen der Lebenserwartung. Er kann nicht mehr sagen, wie er es in den frühen Vierzigern konnte: Was ist schon eine Liebesaffäre, ist die Welt nicht voller freimütiger Damen? Dies ist das letzte Mal, das allerletzte. Er hat nicht den Mut, dem Vergnügen Lebewohl zu sagen.

Und dann erreicht eines Abends die Eifersucht ihren Höhepunkt. Im House of Lords findet eine nächtliche Sitzung statt, und er geht von seinem Club nach Westminster. Es ist kurz nach elf. Die Theater leeren sich bis Piccadilly. Die Bürgersteige sind überfüllt. Auf den Straßen treiben Autos und Taxis ihre Insassen auf der Suche nach weiterer Unterhaltung. Neidisch verfolgt er den flüchtigen Blick auf die hellen Innenräume. Er bedauert die langen Stunden, die ihn auf einer harten Bank erwarten, wo er langweiligen Reden lauscht. Er wünschte, er wäre wieder jung und würde im Rausch des Abends die Rechnungen und Überziehungen des Morgens vergessen. Und plötzlich erhascht er in der Ecke eines Taxis, das plötzlich vom Schein einer Straßenlaterne beleuchtet wird, einen Blick auf flachsblondes Haar, das straff aus der Stirn zurückgekämmt ist, auf Haare, die sich wie Blumen um die Ohren bündeln, auf blassblaue kornblumenblaue Augen und auf Lippen, die so nah an denen eines Mannes sind, als ob sie gerade geküsst worden wären oder sich küssen würden. Eine Sekunde später ist das Taxi wieder im Schatten.

Langsam, wie ein alter Mann, dreht er sich um und geht zurück nach Westen nach Piccadilly. Nach einem solchen Anblick konnte er die oberflächliche Rednerkunst, die unwirkliche Feindseligkeit des Hauses nicht ertragen. An einem solchen Abend musste er allein mit seinen Gedanken sein. Vor und zurück geht er in seinem langen, mit Büchern vollgestopften Arbeitszimmer auf und ab. War sie es, fragt er sich. Nur für den Bruchteil einer Sekunde hatte das grelle Licht der Lampe das dunkle Innere enthüllt. Und es mussten so viele Mädchen mit flachsblondem Haar und blassen kornblumenblauen Augen da sein.

Aber nicht wie ihre, nicht ganz wie ihre: Nirgendwo hatte er solche Augen, solches Haar gesehen. Und er hatte im letzten Jahr gelernt, jedes wechselnde Licht und jeden Schatten dieser geliebten Züge auswendig zu kennen. Sicherlich konnte er sich jetzt in ihr nicht irren. Aber selbst wenn sie es war, was dann? Was war ein Kuss überhaupt? Für manche Mädchen bedeutete er alles. Es gab einige Mädchen, deren Lippen, wenn sie einmal nachgaben, bereit waren, alles aufzugeben . Es gab andere, für die ein Kuss nicht mehr war als ein beiläufiges Berühren einer Hand; die aus Freundlichkeit, aus Zuneigung küssten. Und sicherlich würde sie eine von ihnen sein, sie, die jeden Abend vor tausend Leuten geküsst wurde, mit dem Rampenlicht auf ihrem nach oben gerichteten Gesicht, von einem Mann, den sie im Großen und Ganzen fast körperlich nicht mochte. Was konnten Küsse für sie bedeuten?

Und doch war sie so schüchtern gewesen, als er sie vor fast zwei Jahren zum ersten Mal geküsst hatte. Sie hatte gezittert und auf der Sofakante in diesem privaten Raum gesessen, ihre Finger zupften an ihrem Rock, aus Angst, ihn anzusehen. Diese Nervosität war schnell genug vergangen. Aber sie war damals nicht das Mädchen gewesen, das leichtfertig Küsse mit jedem Mann austauschte. Und wenn sie es seitdem geworden war, war die Veränderung nicht sein Verschulden gewesen.

Die schwere Alabasteruhr auf dem Kaminsims schlägt eins. Sie müsste jetzt zurück sein. Sie waren sich so oft einig, dass eine Schauspielerin, wenn sie am nächsten Tag frisch für ihre Arbeit sein will, ihre Energie nicht Abend für Abend bis zum Morgen vertanzen darf. Sie haben so oft darüber gesprochen, wie klug es ist, seine Abendessen abzukürzen. „Ein paar Stunden, Liebling, das ist alles, was man braucht." Und am nächsten Tag ist eine Matinee. Bestimmt wird sie jetzt zu Hause sein. Er geht zu seinem Schreibtisch und nimmt den Telefonhörer ab. „Hammerton 5769", ruft er. Die Telefonistin wiederholt die Nummer. Er sitzt da, den Hörer am Ohr, und wartet, wartet auf den Klang der schnellen, atemlosen Stimme, die all seine Ängste vertreiben wird. Aber sie kommt nicht. Vielleicht schläft sie. Es war egoistisch von ihm, sie anzurufen. Sie war müde und ist nach dem Theater direkt in die Wohnung zurückgekehrt. Die Vision im Taxi war der Trick einer verwirrten Fantasie. Er wird sie aufgeweckt haben. Sie wird wütend auf ihn sein. Er wird ihr am Morgen ein paar Blumen schicken und sie wird ihm vergeben. Aber es kommt keine Antwort. Und nach einer langen Verzögerung teilt ihm eine schläfrige, männliche Stimme mit, dass er „keine Antwort bekommt, Sir". Aber er ist sicher, dass er die richtige Nummer hat? „Ja, Sir, Hammerton 5769."

Er legt den Hörer wieder auf. Sie ist nicht da. Sie hat einen leichten Schlaf; sie wäre bestimmt aufgewacht. Ihm kommt die Erinnerung an einen Abend vor vierzehn Monaten in den Sinn, den Abend seiner großen Rede im Parlament über Irland. Er war eifrig und begeistert zurückgekehrt und hatte das Gefühl, ihr von seinem Triumph erzählen zu müssen. Eine schläfrige Stimme hatte ihm geantwortet, eine Stimme, die ihre Schläfrigkeit sofort verloren hatte, als sie erkannte, wer sprach. „Oh, du, Liebling", hatte sie gesagt. „Ja, was ist los?"

Und sie hatte seinem Bericht über die Debatte des Abends aufmerksam zugehört.

„Aber ich bin ein egoistisches Schwein", hatte er gesagt, „dich so aufzuwecken."

Und in seinem ganzen Leben hatte er nichts Intensiveres erlebt als die Erregung, die er verspürte, als er ihre schnelle, atemlose Antwort hörte.

„Aber, mein Liebling, weißt du, ich möchte das ganz sicher, immer, immer. Das ist das Zweitbeste, nachdem ich dich gesehen habe."

Das waren die Tage, als sie nie zu beschäftigt, zu spät oder zu beschäftigt gewesen war, um mit ihm zu sprechen oder ihn zu sehen. Er war oft nach einer langen Nacht in die Wohnung gekommen, und sie hatte das Feuer für ihn wieder angezündet und sich davor gesetzt und sich an seine Knie gelehnt. Das war natürlich unvermeidlich vorbei, so wie es der Natur der Dinge entsprach. Aber es hätte sicherlich etwas anderes geben müssen. Sicherlich hätten sie sich ein bleibendes Anwesen bauen sollen. Hatten sie ihr Kapital verprasst? War nichts mehr für sie übrig?

Er geht in seinem Arbeitszimmer auf und ab. Sie ist noch nicht zu Hause, und er weiß, dass er nicht schlafen kann, solange sie nicht zu Hause ist. Er würde sich im Bett hin und her wälzen und seiner fiebrigen Fantasie ausgeliefert sein. Irgendwie muss er es wissen. Es ist eine Viertelstunde her, seit er angerufen hat. Vielleicht ist sie inzwischen zurück. Wieder nimmt er den Hörer ab. Wieder ruft er ihre Nummer an. Wieder gibt es die lange Verzögerung. Wieder das schläfrige „Entschuldigen Sie, ich bekomme niemanden ans Telefon, Sir."

Diesmal steht er nicht vom Stuhl auf. Er nimmt die Uhr aus der Tasche und lehnt sie vor sich an den Telefonständer. „Alle zehn Minuten", sagt er, „werde ich sie anrufen. Ich werde die genaue Minute wissen, in der sie zurückkommt. Ich werde dafür sorgen, dass sie mich nicht anlügt. Ich werde wissen, ob sie mir die Wahrheit sagt oder nicht."

Und alle zehn Minuten von halb zwei bis zwei und von zwei bis drei nimmt er den Hörer ab und ruft mit derselben festen Stimme: „Hammerton 5769". Und jedes Mal gibt es dieselbe Verzögerung und dann dieselbe Antwort. Er bewegt sich nicht von seinem Stuhl. Das Feuer ist zu einem matten Glühen zwischen verkohlter Asche geworden; der Raum ist kalt. Aber er sitzt da, seine Augen sind auf den Sekundenzeiger seiner Uhr gerichtet, der die Minuten herunterfrisst.

Dann überkommt ihn plötzlich eine neue Angst. Sie war die ganze Zeit zu Hause. Sie hat ihren Geliebten mitgebracht und lässt sich nicht stören. Er kann sie in der warmen Dämmerung ihres Zimmers sehen, die kleine Tischlampe wirft durch ihre Seidenbespannung einen blassrosa Schimmer auf das weiße Leinen der mit Spitzenfransen besetzten Kissen und betont die Schönheit ihres Gesichts, als sie es umdreht, um ihn zu küssen. Im anderen Zimmer klingelt das Telefon.

„Dein dummer alter Mann", sagt er, und sie lachen gemeinsam. Und er hält ihr die Ohren zu, damit sie es nicht hört, und seine Lippen wandern über ihr Gesicht und ihren Hals. Die Klingel hört auf zu läuten, und wieder sind seine

Hände um sie gelegt und sein Mund an ihrem Ohr und flüstert: „Jetzt kann ich dir wieder sagen, wie sehr ich dich liebe."

Er sieht es mit der harten Klarheit von Eifersucht und vereiteltem Verlangen. Er steht rasch auf, schiebt dabei seinen Stuhl zur Seite und schreitet vor und zurück durch das Zimmer. Auf dem Treppenabsatz hört man das Geräusch einer sich öffnenden Tür, das Getrappel von Pantoffeln auf der Treppe, das Klopfen eines Knöchels im Gang. „Herein", sagt er. Und seine Frau steht in der Tür.

Alt, verschrumpelt und mitleiderregend sieht sie aus, mit ihrem schütteren Haar, das über das Schwarz und Gold ihres langen seidenen Morgenmantels fällt. Und doch ist sie jünger als er; er erinnert sich, dass sie beide schon ein alter Knacker sind, und in ihm erwacht das erstickende Bedürfnis nach Mitgefühl, nach mütterlicher Güte, nach jemandem, zu dem er in seiner Einsamkeit sagen kann: „Ich bin müde, ich bin ein alter Mann, sei gut zu mir."

„Aber, meine Liebe", sagt sie, „ich dachte, du wärst die ganze Nacht im Haus."

„Ich weiß, ich weiß", sagt er und ist sofort auf der Hut vor einer Kapitulation. „Es war nicht sehr interessant und ich dachte – na ja, ich bin gerade zurückgekommen und habe ein paar Minuten gelesen, bevor ich hochgegangen bin."

Doch kaum hat er es gesagt, merkt er, dass sie ihm nicht glaubt. Sie hat das Krachen seines Stuhls neben dem Telefon gehört: das hat sie aufgeweckt; und sie hat ihn im Zimmer auf und ab gehen hören, und auf dem Tisch liegt kein aufgeschlagenes Buch; vor dem Feuer ist kein Stuhl zurechtgerückt, und im Kamin brennen nur ein paar glühende Kohlen; auf dem kleinen Tisch steht kein Whisky; kein Zigarrenrauch; nichts von der üblichen Umgebung für eine abendliche Lektüre, und nach dreißig Ehejahren kennt eine Frau die Gewohnheiten ihres Mannes.

„Meine Liebe", beginnt sie. Aber er lässt sie nicht ausreden. Auf jeden Fall muss er sich vor Entdeckung schützen und vor dieser fatalen Schwäche in sich selbst, die ihn vor ihr auf die Knie und in ihr Mitleid werfen würde. „Es ist schon in Ordnung", sagt er; „ich gehe gleich hoch. Ich möchte nur erst meinen Geist ein wenig beruhigen. Ich kann nicht schlafen, wenn ich auch nur ein bisschen aufgeregt bin. Und du wirst dich hier erkälten, Liebes. Du darfst wirklich nicht in diesem Morgenmantel bleiben."

Sie schauen einander ins Gesicht. Sie weiß, dass er lügt, und er weiß, dass sie es weiß. Aber sie besitzt eine Würde, die sich nicht bis zur Vulgarität eines Kreuzverhörs herablässt. „Also gut", sagt sie und dreht sich wieder um, um ihn dem Stachel seiner Eifersucht zu überlassen.

Und erst gegen vier hört er endlich die schnelle, atemlose Stimme; hört ihre Antwort „Hallo!" im beiläufigen Tonfall eines Menschen, der glücklich und müde ist und zu dieser späten Stunde keine Lust mehr hat.

„Was, du!", sagt es, „zu dieser Zeit. Wo bist du herumgehangen?"

Er bewahrt seine Würde; er würde ihr das Geheimnis seiner langen Nachtwache nicht verraten. Der Ton seiner Stimme, als er ihr antwortet, ist ebenso beiläufig wie geistesabwesend . „Eine lange Sitzung im Haus", sagt er. „Ich bin gerade erst zurückgekommen. Ich dachte, ich rufe an und sage gute Nacht. "

„Und ich bin auch gerade erst reingekommen."

"Wirklich!"

„Ja, Tanzen bei Jack, eine Studioveranstaltung, eine lustige Party. Alle waren da, Sybil und Ernest und Marjorie Cooper und Arthur Winston. Oh, und wissen Sie, ich glaube, Forsters Ménage geht zu Ende. Sie hat den ganzen Abend mit einem anderen Mann getanzt; ziemlich komisch, nicht wahr, nach allem, was wir gesagt haben?"

Er findet es witzig und hört sich ein paar Augenblicke lang die eifrige Unterhaltung an. „Nun, ich nehme an, Sie sind müde", sagt er schließlich. „Sie haben morgen eine Matinee. Ich darf Sie nicht aufhalten. *A bientot.* " Und er hört das Klicken des Telefonhörers am anderen Ende.

Und am nächsten Tag essen sie zusammen zu Mittag, und die elende Angelegenheit beginnt wieder von vorne. Er wagte es nicht, die Sache auf die Spitze zu treiben; er wagte es nicht, sich von ihr zu trennen. Er wagte es nicht, sicherzugehen, und es war die Liebe eines starken Mannes, mit der er sie gewann.

Wie endet es? Wenn ich mich an eine konventionelle Kurzgeschichte für ein Magazin wagen würde, müsste ich vermutlich einen dramatischen Höhepunkt erfinden. Aber so etwas passiert eigentlich selten. Es gibt eine Hinführung zu einem Punkt und ein Abklingen davon. Wenn der Frühling in den Sommer übergeht, tritt eine nachlassende Begeisterung an ihre Stelle. Wir werden unsere Wünsche nie los; wir verändern sie, das ist alles.

Das Leben aller Sterblichen sollte in Küssen vergehen,
Lippe an Lippe, solange wir jung sind, dann die Lippe ans Glas.

Und die letzte Liebe verläuft ebenso wie die zweite und die erste Liebe am Ende wahrscheinlich ziemlich ruhig. Vielleicht wird es eine Amerikatournee geben. Und wenn sie zurückkommt, werden sie sich als Freunde wiedersehen. Es wird keine abrupte Trennung geben, „ *coupé net en plein ardeur*

". Es wird eine Pause geben, und während dieser wird er entscheiden, dass die Zeit gekommen ist, in Würde alt zu werden. Aber das Ende ist sowieso unwichtig. Der emotionale Höhepunkt wird in dieser Nacht der Eifersucht erreicht, in der Schwäche eines starken Mannes, in seinem verzweifelten Festhalten an einer schwindenden Ekstase, seiner Feigheit, seiner Entschlossenheit, die Wahrheit herauszufinden, seinem erbärmlichen Wunsch, getäuscht zu werden; und darin, wie er im letzten Moment seine Würde wiedererlangt, indem er sich weigert, „gaga" zu sein und „Vater Goriot" zu spielen.

Und weil der Höhepunkt einer solchen Beziehung dann kommt, habe ich es vorgezogen, darüber in Form eines Essays statt einer Erzählung zu schreiben; eine Kurzgeschichte muss mit einem dramatischen Vorhang enden. Und wenn eine Situation keinen dramatischen Vorhang bietet, ist es falsch, eine Erzählung daraus zu machen: Es wäre entweder eine schlechte Erzählung, weil sie keinen Höhepunkt hätte, oder es wäre eine unwahre Erzählung, in der das Licht auf einen Höhepunkt geworfen wird, der konstruiert und nebensächlich ist, statt auf den bedeutenden, den universellen Moment, die Stunde der Eifersucht und Selbstverachtung, die Stunde, in der ein starker Mann vor einem Telefon sitzt und zusieht, wie der Sekundenzeiger die Minuten verstreicht.

In einem Roman ließe sich das jedoch tun; es wäre ein bewundernswertes Eröffnungskapitel für die Lebensgeschichte einer Frau: Es müsste wahrscheinlich aus der Sicht der Frau erzählt werden; sein erstes *Motiv* wäre die Arroganz der Jugend, die verächtlich über das Alter hinwegschreitet. Es gäbe die mittleren Jahre voller Aufruhr und Erfolg, und dann würde sich die Geschichte wieder umdrehen. Die Frau würde sich in einen jüngeren Mann verlieben und sich selbst als Sprungbrett für die Jugend wiederfinden. Und während sie dasteht und zusieht, wie die Jugend an ihr vorbeizieht, wüsste sie alles, was ihr früherer Liebhaber erlebt und erlitten hat.

Die Liebe einer reifen Frau zu einem Jungen ist ein Thema, das oft genug verwendet wurde, vor allem in der französischen Literatur, aber vielleicht nie ganz auf diese Weise, nie als Schlüssel zum Herzen der letzten Liebe eines Mannes. Aber es ist vielleicht eher ein Frauenthema als ein Männerthema; und wir müssen immer bedenken, dass mit Ausnahme einiger Dutzend Bücher die Meisterwerke der Prosaliteratur und tatsächlich aller Literatur und aller Kunst das Werk einer männlichen Intelligenz sind. Es kann sein, dass die zeitgenössischen Romanautorinnen besser sind als die zeitgenössischen männlichen Romanautoren. Es kann sein, dass bis in die 1980er Jahre May Sinclair und Clemence Dane sowie Rebecca West und Sheila Kaye-Smith die großen Schriftsteller der Nachkriegszeit sein werden. Es kann sein, ich weiß es nicht. Ich selbst würde bezweifeln, dass es heute, mit Ausnahme vielleicht von Edith Wharton, eine einzige Schriftstellerin gibt, die einem Vergleich mit

Thomas Hardy und George Moore, mit Cavell, mit Conrad, mit Max Beerbohm, mit Galsworthy und mit de la Mare standhalten kann. Aber man zögert, über lebende Schriftsteller dogmatisch zu sein. Das ist zumindest sicher. Viele Jahrhunderte lang wurden Bilder gemalt, Gedichte geschrieben und Geschichten erzählt. Es gab einige geniale Schriftsteller und viele Maler, Dichter und Musiker mit großem Talent. Es gab ein oder zwei kleinere Dichterinnen, und es gab Jane Austen, George Eliot und George Sand. Frauen haben Bücher inspiriert, aber Männer haben sie geschrieben, vielleicht, so denke ich manchmal, hauptsächlich mit dem Ziel, Frauen Freude zu bereiten, sich für sie attraktiv zu machen. Der Affe und der westindische Wilde betrüben ihre Gefährten mit Tanz, Schmuck und Schaustellung. Der mittelalterliche Baron führte Turniere und Kraft- und Mutdemonstrationen ein. Kunst ist das feine Gewand, in das sich der zivilisierte Mann vor einer Frau kleidet. Und vielleicht sind ihre Beiträge zum Museum der Weltkunst deshalb so beiläufig und so unwägbar, weil Frauen keine solche Kunstfertigkeit brauchen.

Ich glaube, dass es schon früher eine solche Rechtfertigung gegeben hat, und ich neige fast dazu, zu glauben, dass es George Moore war. Sicherlich hat er irgendwo gesagt, dass der wertvollste Dienst, den die Kunst dem Leben erwiesen hat, darin besteht, dass sie einen Instinkt in eine Offenbarung verwandelt, die Liebe in ein prächtiges Gewand hüllt. Und ob er nun die Tatsache betont hat, dass es sich um eine männliche Leistung handelt, oder nicht, es ist ein Punkt, den der Kritiker der Prosaliteratur sicherlich nicht außer Acht lassen sollte. Denn darauf läuft es hinaus, dass die Themen der großen Geschichten der Welt männlich sind. Und nur die Jugend kann ehrlich und überzeugend über das Alter schreiben.

Wir stehen immer im Bann dessen, was weit von uns entfernt ist. Von der Knechtschaft der Ehe aus betrachten wir die Wonnen der freien Liebe. Und von der Täuschung, den Ausflüchten, der Vorsätzlichkeit einer Intrige wenden wir unseren Blick der anständigen Weide der Ehe zu. Der Aufruhr ist für die Tugendhaften so real wie die Tugend für die Ausschweifenden. Es ist die Erfahrung, die Unschuld anzieht. Und wenn ein junger Mann über die letzte Liebe schreiben würde, hätte er in der Liebe einer reifen Frau zu ihm die Situation zur Hand. Er braucht nicht weiter zu suchen; so wird ihm die Geschichte der Jugend und des mittleren Alters erzählt. Wenn er über das Alter eines Mannes schreiben würde, über die Reife hinausgehen würde, würde er sich einen Pater Goriot aussuchen, einen Aspekt ungerechtfertigter Senilität, einen Fouan oder König Lear. Und wenn er selbst das mittlere Alter erreicht hat, wenn er dieses Grenzland erreicht hat, ist das Thema Alter, weil er nicht mehr weit davon entfernt ist, unattraktiv. Der alternde Romanautor kehrt zu seiner Jugend zurück, zu seiner ersten Liebe und den Verzückungen des Frühlings. In „Der Mann mit dem Vermögen" erzählt Galsworthy die

Geschichte einer reifen, verheerenden Leidenschaft; er befand sich damals an dem Punkt des Gleichgewichts, von dem Shakespeare schrieb. Aber die reife Liebe und die Liebe der mittleren Jahre zur Jugend hatten ihn, als er die Saga vollendete, nicht mehr angesprochen. Die Liebe Jolyons zu Irene ist für uns nie wirklich; aber von der ersten Liebe, von Val und Holly, von Jon und Fleur; vom Zögern, der Blindheit, der Verzückung der aufkeimenden Liebe schreibt er wie kaum ein anderer außer Turgenjew.

Die Jugend bedeutet uns nichts, wenn wir jung sind. Sie ist Gold, das wir freizügig ausgeben. Wir drängen an ihr vorbei in Richtung Zukunft. Das Heute ist uns so gleichgültig wie das Gestern. Wir nehmen uns vor, ein Buch zu schreiben, und finden erst heraus, was wir eigentlich sagen wollten, wenn wir es fertig haben. Wir haben das Interesse an unserem Buch verloren, lange bevor wir die letzte Korrektur gemacht haben. Wir arbeiten bereits an etwas Neuem. Wir halten kaum inne, um die Kritiken des Buches zu lesen, das wir unserem Verleger vor sechs Monaten mit so viel Begeisterung übergeben haben. Was macht es schon, was sie über das Buch sagen. Wir haben es hinter uns gelassen. Es ist ein Teil unseres toten Selbst. Wir leben im Morgen. Die Leute kommen und sagen: „Ihr letztes Buch hat uns gefallen", oder „Wir glauben nicht, dass sich Ihre Heldin in diese Art von Mann verliebt hätte", oder „Glauben Sie, dass er sich wirklich ganz so verhalten hätte?" Und wir lächeln und sagen: „Vielleicht." Aber wir denken an die neue Geschichte, die sich in unserem Gehirn formt, die neue Geschichte, für die wir bereits eine Reihe brandneuer Notizbücher vorbereitet haben. Ich bin immer wieder überrascht, wenn ich einen Schriftsteller unter vierzig treffe, der von seinen Kritiken wirklich deprimiert ist. Ich denke, er muss doch wissen, dass dies alles nur seine Lehrzeit ist, dass er das Schreiben lernt und dass ein großzügiges Publikum seine Ausbildung finanziert. Er hat noch nicht einmal begonnen.

Und dieses Buch, dessen letzte Seiten ich gerade schreibe: Ich bin für eine Woche nach Albany in Hastings gekommen, um es fertigzustellen. Fünf Tage lang habe ich kaum mit einer Menschenseele gesprochen, außer mit dem Kellner und dem Mädchen, das mir mein Rasierwasser bringt und mir morgens mein Bad bereitet. Ich habe mich den ganzen Tag in meinem Zimmer eingeschlossen und geschrieben. Ich glaube, das Schreiben dieses Buches hat mir mehr Freude gemacht als das Schreiben aller meiner anderen Bücher. Aber schon, noch bevor es fertig ist, hat es begonnen, ein Stück Vergangenheit zu werden. Ich lebe bereits im Morgen. Ich denke an die Erleichterung, die ich am Samstag empfinden werde, wenn ich den Zug nach Charing Cross um 8.30 Uhr nehme: Ich spiele Fußball gegen die Exiles. Dann werde ich an nichts denken wie letzte Woche, was mir die Freude am Spiel verderben könnte. Ich werde danach nicht losrennen müssen, um einen frühen Zug zu erwischen. Ich werde mit dem Rest des Teams zu de Hem's gehen, und wir werden unseren Tanz in Dansey Yard tanzen, und wir werden mit Pints lauwarmem Bier auf unseren Sieg anstoßen, und um elf Uhr werden wir das Gefühl haben, dass die Welt ein sehr geselliger Ort ist. Und am Montagmorgen werde ich ins Büro zurückkehren, und gegen elf wird Douglas Goldring mit dem neuesten Clubskandal von 1917 und einer Anfrage nach den Verkaufszahlen seines neuen Romans vorbeischauen; aber der Clubskandal von 1917 wird mir ausnahmsweise gleichgültig sein. Ich werde ihm sagen, dass ich seit er mich das letzte Mal gesehen hat, 20.000 Wörter geschrieben habe und dass ich für einen weiteren Monat nicht vorhabe, die Feder zu Papier zu bringen, und wir werden besprechen, mit welchen Weinen wir unseren Genuss von *Polly am Freitag* im Kingsway steigern können. Und am Abend, wenn ich die North End Road hinauf nach Hause gehe, werde ich die ersten Anzeichen von knospenden Blättern bemerken, Vorboten des Frühlings und des Sonnenscheins und der langen Junitage. „Cricket kommt", werde ich mir sagen. Das letzte Testspiel in Südafrika ist vorbei; nur noch ein Monat Football. Es ist höchste Zeit, dass ich daran denke, meine alten Schläger mit Öl zu behandeln. Und jetzt, da mein Buch fertig ist, werde ich mich daran erinnern, dass meine Cricketsaison nicht von finanziellen Sorgen geplagt sein wird. Ich werde dreimal pro Woche spielen und am vierten Mal in Lord's auf der obersten Galerie des Pavillons sitzen und zusehen, wie Hearne und Hendren ihrer Liste von Partnerschaften am dritten Wicket einen weiteren Doppel-Century hinzufügen.

Und wenn der Sommer vorbei ist und ich Mitte September wieder mein rot-weißes Trikot und meine Nietenstiefel aus dem Regal nehme; wenn diese Seiten bei den Buchhändlern und Kritikern sind, werde ich hart an einem anderen und hoffentlich weniger unwürdigen Buch arbeiten. Der heutige Tag wird dann so tot sein wie der gestrige Tag. Natürlich werde ich enttäuscht sein, wenn den Leuten mein Buch nicht gefällt, aber ich werde nicht untröstlich sein. Es ist noch genug Zeit.

Aber ich weiß auch, dass in vierzig Jahren, wenn die Ecke erreicht ist , wenn ich der Zukunft endgültig den Rücken gekehrt habe – der langweiligen, uninteressanten, unromantischen Zukunft, der Zukunft, die mir nichts Neues bringen kann – wenn ich zu meiner zweiten Reise ins Unbekannte angetreten habe, meiner Reise „ *auf der Suche nach der verlorenen Zeit* ". Wenn ich versuchen werde, die Vergangenheit durch eine endlose Reihe von Assoziationen wiederaufleben zu lassen. Der Geruch von nassem Stein wird mich an die Kreuzgänge und hohen Gartenmauern von Sherborne erinnern. Der Geschmack von Kakao wird mir die Depression der Sonntagabende im Herbst 1915 und im Frühjahr 1916 wieder ins Gedächtnis rufen, als ich nach einem frühen Abendessen und einer Tasse Kakao mit meinem Vater aufbrach, um den letzten Zug von Euston zurück ins Lager zu erwischen.

Der Klang von Tanzmusik, von „The Sheik“ und „Honolulu Eyes“. Die zufälligen Blicke durch das Waggonfenster auf eine Kirche mit quadratischem Turm, auf das plötzliche Aufleuchten des Sonnenlichts auf altem Stein. wenn ich durch die damit verbundenen Erinnerungen an Geschmack, Aussehen, Geruch und Sinne dieses Bild von allem, was mein Leben war und was es nicht ist, neu zusammensetzen werde; dann weiß ich, dass ich die Bücher, die ich in den frühen Zwanzigern geschrieben habe, wieder aus dem Regal nehmen werde und dass sie für mich eine Bedeutung haben werden, die sie für mich nie zuvor hatten und für niemanden sonst haben können. Sie werden der Spaten sein, mit dem ich die Vergangenheit ausgraben werde.

Ich weiß nicht, wie der alte Mann sein wird, der sie in vierzig Jahren lesen wird; was ihm von dem, was ich mir jetzt als mich selbst vorstelle, noch bleiben wird. Ich weiß nicht, ob er traurig oder glücklich sein wird, verheiratet oder alleinstehend, reich oder arm, einsam oder befreundet. Ich weiß nicht, welchen Schaden ihm die Jahre zufügen oder welche Belohnungen er dafür erhält. Das Einzige, was ich weiß, ist: Was auch immer er sonst aufgeben mag, er wird sich nie von den Büchern trennen, die er geschrieben hat. Und wenn er bei Einbruch der Nacht vor seinem Kamin sitzt und diese Seiten umblättert, wird er hier wieder die Kraft, den Aufruhr und das Selbstvertrauen eines Fünfundzwanzigjährigen finden.